한국 고대 정토신앙 연구

프라즈냐 총서 18

한국 고대 정토신앙 연구

-『삼국유사』에 나타난 신라 정토신앙을 중심으로-

현송 著

운주사

추천사

정토사상은 대소승 불교경전의 4분의 1에서 강조하고 있을 정도로 아주 중요한 불교수행의 가르침이다. 이것을 본격적으로 꽃피운 분은 용수보살로, 『십주비바사론』에서 불교수행을 난행도難行道와 이행도易行道로 나누고 이중 이행도인 염불의 수행을 실상염불, 법신염불, 색신염불, 십호염불로 분석하여 수행자들의 근기에 맞게 선택하도록 한 것에서 비롯되었다. 뒤이어 천친天親보살이 무착의 18원정圓淨을 세분화하여 『왕생론』에서 정토의 장엄을 의보依報인 17종의 국토장엄과 정보正報인 8종의 부처님 장엄과 4종의 보살 장엄 등 총 29종 장엄으로 나누어, 극락세계를 구체적이고 사실적으로 분석해서 관찰하게 하여 수행자들에게 확고한 믿음을 주었다.

 이렇게 인도에서 태동한 정토사상이 중국에 들어오면서 여산혜원이 동림사 반야대에서 123명과 염불결사를 시작하였고, 이어서 담란대사가 천친보살의 『왕생론』에 주석을 달아 노자와 장자 사상에 물들어 있는 중국인들에게 공空을 천명한 중관사상으로 유有의 세계인 정토를 밝힘으로써 중국인들의 마음에 정토신앙을 굳건히 뿌리내리게 하였다. 이후 정영사 혜원, 도작선사, 선도대사 등 많은 정토의 선지식들이 정토사상을 대성시켰다.

 한국에서는 신라시대에 원효, 경흥, 현일 등 많은 선지식들이 정토를 신앙하였고, 이를 민중들에게 전파하였다. 이러한 영향으로 신라시대의 사람들은 현세에는 미륵보살이 이 땅에 내려와 현세적인 정토를 구원해 주기를 염원하였고, 다음 생에는 생로병사하는 윤회의 괴로움이 없을 뿐만 아니라 무생법인無生法忍을 증득할 수 있는 정토세계에 왕생하기를 기원하면서 수행하였다. 이러한 염원을 가진 분들의 마음이 향가로 표현되었으며, 『삼국유사』에는 그 수행과 결과 등이 기록되어 있다.

현송 스님은 이 『삼국유사』에 기록된 내용들을 분석하여 한국 고대(삼국 및 통일신라)의 정토신앙을 드러내었고, 오늘을 살고 있는 우리들이 어떠한 마음을 가져야 하는가를 논하였다. 다시 말하면, 그 시대 사람들이 왜 현실정토를 추구하였고 그것을 어떻게 현실화하려고 했는가를 규명하였으며, 그들이 어떤 내세관을 가지고 어떤 자세로 수행하여 정토에 왕생하기를 바랐는가를 분석하면서, 그들의 창의적인 염불사상과 인간평등사상을 밝혀내었다. 그리고 왕생에는 믿음과 발원, 염불의 실천이 없이는 안 된다는 결론을 맺으면서, 현대인들로 하여금 정토의 중요성과 참된 의미를 불러일으키고자 하였다. 그러므로 많은 독자분들이 이 책을 통하여 우리 고대 민중들의 정토신앙을 쉽게 이해할 수 있고, 이 시대에 진정 필요한 정토에 대한 믿음과 마음을 새로이 다잡을 수 있으리라 본다.

전 중앙승가대학교 총장 태원

저자의 말

불교의 본의는 '성취중생成就衆生과 불국토의 완성'에 있다고 하였다. 이 말은 일체 중생으로 하여금 깨달음을 얻게 하여 그 깨달음을 얻은 땅에서 모두가 안락한 삶을 누리게 하려는 데 그 목적이 있다는 뜻이다. 이 목적을 이루기 위하여 부처님은 이 고통 많은 사바에 오시어 8만 4천의 방편문을 설하셨다.

  이 일대불교一代佛敎를 중국의 정토 논사인 도작(道綽, 476~542)은 그의 저서 『안락집安樂集』에서 '성도교聖道敎와 정토교淨土敎'로 나누었다. 성도교란 스스로의 능력에 의지하여 현세에서 깨달음을 여는 수행문을 말하고, 정토교는 이와 반대로 아미타불의 본원本願을 믿고, 이에 의지하여 현세에서 부처님의 가호를 입어 장차 그 국토에 태어나서 깨달음을 여는 수행문을 말한다. 그래서 성도교를 증득하기 어려운 자력교自力敎 또는 자력문自力門이라 하고, 정토교를 증득하기 쉬운 타력교他力敎 또는 타력문他力門이라 하였다. 이와 같이 두 수행문은 처음부터 서로 대립되는 것처럼 보인다. 그러나 이는 중생의 근기에 따라 분류한 것일 뿐, 결국 대승의 이념인 '성취중생과 불국토의 완성'이라는 목적은 같다.

  역사 속에서 불교를 받아들인 수많은 사람들은 자력문과 타력문이라는 이 양자의 수행문을 각자의 근기와 상황에 따라 수행해 왔지만,

신앙사적으로 볼 때는 타력문인 정토를 널리 받아들였음을 알 수 있다. 특히 우리나라의 경우, 정토신앙의 중요한 역사적 근거 자료로는 『삼국유사三國遺事』가 거의 유일하게 남아 있다.

필자는 이러한 정토의 신앙성이 지닌 의미와 그것의 현대적 가치를 증명하기 위하여 박사학위논문을 제출했다. 힘들게 논문은 통과하였으나 안타까움이 남았다. 그것은 이 훌륭한 사상과 신앙관을 왜 우리는 계승 발전시키지 못하였는가라는 것이다. 비교하자면 중국은 최초로 정토교를 대성시켰고, 일본은 그 교학을 잘 연구하여 나름대로의 정토종을 성립시켰다. 그런데 우리는 어떠한가. 민중 고유의 뿌리 신앙인 정토불교를 크게 살리지 못한 채 일부의 수행문으로만 삼고 있는 실정이다. 필자는 이 수승한 신앙관을 좀 더 체계적으로 세워 장차 한국의 뚜렷한 실천신앙으로 대중화하고 싶은 마음이 간절하다.

이 책은 한국불교에 정토신앙이 더욱 활성화되는 데 초석이 되고자 하는 바람과 희망으로 필자의 박사학위논문을 수정·보완한 것이다. 논문의 딱딱하고 지나치게 학술적인 부분을 나름대로 쉽게 표현하고자 노력했으나 많이 미흡함을 느낀다. 또한 이 책에서 밝혀내고자 한 정토신앙의 종지와 대의도 정토 본래의 그것을 다 감당하기 힘든, 실로 빙산의 일각임을 인지해 주시면 감사하겠다.

삼가 본서를 학술적 가치가 있도록 엄하게 지도해 주신 중앙승가대의 태원 스님, 종석 스님, 본각 스님, 그리고 동국대의 보광 스님, 김상현 교수님께 예를 올리옵고, 또한 이 글을 쓰도록 격려해 준 도반 스님들과, 기꺼이 출판해 준 도서출판 운주사에도 두 손 모아 감사한 마음 올린다. 모쪼록 서툰 글에 대한 독자 제현의 혹독한 지적을 바랄 뿐이다.

추천사 • 5
저자의 말 • 7

제1장 서론

1. 한국 초기불교의 정토신앙관 • 11
2. 『삼국유사』에 보이는 신라인의 미륵신앙과 미타신앙 • 15

제2장 현신왕생과 정토신앙

1. 현신왕생의 교학적 근거 • 21
2. 천인의 현신왕생 • 32
3. 출가비구의 현신왕생 • 48
4. 재가 승려의 현신왕생 • 68

제3장 미륵·미타 병립과 정토신앙

1. 미륵·미타의 우위설 • 87
   1) 미륵정토신앙 • 87
   2) 미타정토신앙 • 95
   3) 미륵·미타의 우위설 • 103
2. 현신성불관과 병립왕생설 • 109
3. 현세 정토설과 내세 왕생설 • 136
   1) 도솔가와 현세 정토설 • 137
   2) 제망매가와 내세왕생설 • 152

제4장 여인왕생과 정토신앙

1. 여인득도장애설 • 163
2. 여인성불관과 왕생설 • 172
3. 신라의 여인왕생설 • 182

제5장 향가와 왕생발원 신앙

1. 원왕생가와 왕생발원 • 191
2. 제망매가와 왕생발원 • 207
3. 도솔가와 왕생발원 • 223

제6장 염불결사와 정토신앙

1. 만일염불결사 • 237
2. 오대산의 염불결사 • 257
3. 신라 비구들의 결사 정신 • 275

제7장 결론 • 291

참고문헌 • 299
찾아보기 • 309

제1장 서론

1. 한국 초기불교의 정토신앙관

정토신앙은 서력기원 전후에 서북 인도에서 발생하여 중앙아시아를 경유하면서 중국으로 전해져 사상적으로 완성을 보았다는 것이 학계의 통설이다. 이 신앙이 고구려와 백제로 들어와 삼국통일을 계기로 신라에 뿌리내려 성행한 뒤에, 오늘날까지 민중의 신앙으로서 그 맥을 전승하여 오고 있다.

   삼국의 초기 불교는 교리의 난해함과 실천의 어려움 등으로 인하여 민중에게 쉽게 접근할 수가 없는 귀족화된 불교였다. 따라서 이와 같은 사변적이고 난해한 불교교리는 자연히 귀족층이나 지식층에 한정될 수밖에 없었다. 이때에 우리의 선각자들이 불교의 대중화를 위하여 민중들을 쉽게 불교로 귀의할 수 있게 수용한 것이 바로 정토신앙이다. 이 정토신앙의 수용은 민중들로 하여금 복잡하고 어려운 논리체계의 이론보다는 부처님의 원력에 의지하여 쉽고도 빠르게 성취할 수 있는 순수 타력신앙관을 깃들게 하였고, 결국 현세와 내세의 이익을 추구하는 신앙으로 성행하게 하였다.

일반적으로 정토에는 여러 유형의 설이 있다. 정토교에서는 제불의 정토설淨土說에 입각한 타방정토설他方淨土說, 영장정토설靈場淨土說, 유심정토설唯心淨土說, 범신론적汎神論的 정토설 등으로 분류하고 있는데, 이 네 가지 정토설 가운데 우리 민중의 주된 정토신앙은 타방정토설에 근거한 미륵보살의 도솔정토와 아미타불의 극락정토라고 하겠다.[1]

이 두 가지 신앙은 왕을 비롯한 귀족은 물론 하층의 천민에 이르기까지 더없는 귀의처로서 영원한 마음의 고향이 되었다고 본다. 그리고 오늘날 신봉·실천되고 있는 우리 불자들의 기도 유형도 이 신앙들의 범주를 크게 벗어나지 않는다. 그것은 이 신앙들이 그만큼 뿌리 깊게 민중신앙으로 자리 잡고 있다는 반증이기도 하다.

특히 『삼국유사三國遺事』에 나타나는 설화와 향가鄕歌를 보면 민중들의 정토신앙은 그 형태가 매우 기복적이고 구복적인 특징으로 나타나는데, 이는 당시의 시대적 배경을 반영한 것으로서 정토불교에서 말하는 말법관에 의한 중생심이 그대로 표출된 것이라 볼 수 있다. 즉 말법시대의 중생들은 불·보살에게 의지해야만 하기 때문에 나약한 범부중생들은 자연히 복을 바라고 구하기 마련인 것이다. 이와 같은 신앙관을 일부 선학先學들은 무속적인 기복신앙으로 단정 짓기도 하는데, 이는

---

[1] 타방정토설이란 객관적인 정토설로서 이 세계로부터 멀리 떨어진 곳에 부처님이 머무시는 정토가 있다는 것과 시방에 정토가 있다고 하는 설이다. 여기서 전자는 아촉불의 동방 묘희세계, 약사불의 동방 정유리세계, 석가불의 서방 무승세계, 아미타불의 서방 극락세계, 미륵불의 도솔천 등을 말하는 것이고, 후자는 『兜沙經』·『隨願十方往生經』에서 설한 十方淨土說을 말한다. 坪井俊映 著, 韓普光 譯, 『淨土敎槪論』(如來藏, 2000) p.22 참조.

불교의 진리를 여법하게 이해하지 못한 주장이라고 본다. 왜냐하면 무속의 기복과 불교의 기복은 그 차원 자체가 엄연히 다르기 때문이다. 차원이 다르다는 것은 복을 기구하는 목적과 대상이 다르다는 것이다. 즉 목적이 개인의 이익을 위한 것인가, 타인의 이익을 위한 것인가에 따라 달라지며, 그 대상이 불·보살인가 아니면 무속적 신들인가에 따라 그 의미가 달라진다는 것이다.

또한 『삼국유사』에 실린 정토왕생 설화와 향가는 그 내용이 경전과 상당히 다르게 나타나기도 한다. 예를 들면 경전에는 미륵보살이 56억 7천만 년 후에나 이 사바세계에 하생한다고 되어 있는데, 신라의 설화와 향가에서는 미륵보살이 당장 신라에 하생하기를 염원하고 있다. 즉 현세 정토를 추구하고 있다는 것이다. 이러한 이유와 문제들을 본문에서 구체적으로 논하고자 한다.

이 책의 목적은 우리 고대 민중의 정토신앙을 『삼국유사』에 실린 설화와 향가를 통하여 정토교학의 이론과 대비하면서 그 신앙관을 논증하는 데 있다. 그리고 그것은 세 가지, 즉 설화와 향가를 통해서 정토행자의 마음가짐인 믿음(信)과 발원(願)과 실천(行) 사상을 추출해 내는 일이 될 것이다. 왜냐하면 이 세 가지가 이론적으로 원만히 추출된 다면 그들이 지닌 정토신앙관은 한낱 허구가 아닌, 진취적이고 창의적인 신앙심이었다는 것이 구체적으로 드러날 것으로 판단되기 때문이다.

『삼국유사』는 이러한 정토신앙관이 오롯이 담겨 있는 책이다. 이 책은 전편을 통해서 불연국토설佛緣國土說과 이에 따른 신비하고 초월적인 이적담들이 주된 관심사로 나타나고 있다. 이와 같은 사상을 지닌 『삼국유사』는 민족의 삶과 정신세계를 그대로 간직한 보고로서 우리나라 전통적 민중불교의 맥락인 정토신앙관을 확인할 수 있는 적절한 텍스트라고 할 수 있다. 그러함에도 그동안 『삼국유사』의 설화와 향가에 대한 수많은 연구는 어문학적 연구나 역사 일반[2] 등이 대부분이었으며, 불교학적 관점의 연구도 대부분 역사적 고증을 중심으로 하고 있다.

또한 『삼국유사』에 수록된 설화와 향가에 나타난 정토신앙 사례들이 신앙적으로 연구가 되었다고 하더라도 모두 단편적이다. 다시 말해 『삼국유사』의 설화와 향가에 나타난 정토신앙을 관련 경론과 대비하면서 구체적으로 그 핵심적 신앙성을 논증한 연구는 드물다고 본다. 이에 그동안 축적된 『삼국유사』의 설화와 향가의 어문학적 연구 및 불교 신앙적, 사상적 연구 등에 관한 논저들을 다각도로 검토하고 수렴하여 정토신앙을 원만히 추출하여 이론적으로 체계화할 수 있을 것이라 본다.

따라서 이 책은 텍스트인 『삼국유사』에 수록된 설화와 향가에 대한 주관적이고 인상적인 판단을 자제하고, 정토사상 내지 신앙에 관한 경전적 근거를 통하여 우리나라 초기 민중불교의 정토신앙관을 구체적으로 논증하는 데 목적이 있다.

---

[2] 강인구는 일본과 서양의 자료까지 포함하여 해제(58), 역사일반(210), 고고·미술(50), 민속·신화(271), 사상·종교(150), 어·문학(1,015)으로 여섯 항목으로 나누어 1,754편의 논저를 분류하였다. 불교사학연구소는 해제(48), 역사(223), 화랑(137), 사상·종교(151), 사회·민속(53), 고고·미술·음악(55), 신화·설화(184), 단군신화(122), 문학일반(191), 이두·향가(802), 처용가(101), 어학(119)로 나누어 2,186편의 논저 제목을 소개한 다음, 다시 95편을 추가하여 도합 2,281편의 논저 목록을 작성하였다. 박진태 외, 『삼국유사의 종합적 연구』(박이정, 2002) pp.39~40 참조.

2. 『삼국유사』에 보이는 신라인의 미륵신앙과 미타신앙

본서의 목적은 크게는 한국 고대 정토신앙에 대한 고찰이지만, 주로 신라인의 미륵신앙과 미타신앙에 대한 연구로 한정될 것이다. 『삼국유사』에는 이들 신앙이 나타나는 설화와 향가가 많은데, 본서에서 집중적으로 연구될 설화는 「욱면비 염불서승郁面婢念佛西昇」, 「포천산 오비구布川山五比丘」, 「염불사念佛師」, 「광덕 엄장廣德嚴莊」, 「오대산 오만진신五臺山五萬眞身」, 「남백월南白月 이성二聖 노힐부득과 달달박박」, 「포산이성包山二聖」조條이고, 향가는 「도솔가兜率歌」, 「원왕생가願往生歌」, 「제망매가祭亡妹歌」 등이다.

이상과 같이 7편의 설화와 3편의 향가를 통해서 본서에서 목적하는 한국 고대(삼국 및 통일신라)인의 정토신앙을 유형별로 규명하고자 한다. 또한 연구의 진행에 따라 그와 관련된 여러 설화와 향가가 논의되지만 부분적으로만 언급되는 까닭에, 여기서는 그 제목들을 다 소개하지 않았다. 본서는 전체 7장으로 구성되어 있다.

제1장 서론에 이어, 제2장에서는 세 편의 설화를 통하여 현신왕생現身往生의 도리와 그 신앙성을 밝히고자 하였다.

제1절에서는 현신왕생의 교학적 근거를 살펴보았다. 현신왕생의 교학적 근거가 자료상으로 궁색하여 논리화하기가 어려운 것은 사실이다. 그래서 모색해본 결과 이러한 논리는 오직 한 가지, 즉 아미타불의 본원本願과 그 본원을 성취하고자 하는 염불삼매의 증득에 있다고 보고, 이러한 도리를 경설과 대표적인 정토교 논사들의 논증을 통하여 증명하였다. 이것이 제대로 증명되면 제2, 3, 4절을 비롯하여 본서에서 고찰되는 모든 설화와 향가에 나타나는 현신왕생의 관념을 근본적으로 이해할

수 있을 것이다.

　제2절에서는 「욱면비 염불서승」조의 설화내용을 통해 욱면이 어떻게 천인의 몸으로 현신왕생을 할 수 있었는가를 정토경론을 통하여 논증하였다.

　제3절에서는 「포천산 오비구」조의 설화를 통해 오비구가 어떠한 염불수행으로 현신왕생을 하였는지 살펴보았다. 또 오비구가 왕생하면서 공중에서 무상無相·고苦·공空의 법문을 설했는데, 이 법문의 도리를 교리적 근거를 제시하여 논증하였다.

　제4절에서는 광덕과 엄장의 설화를 통해 이들의 신분이 출가자의 몸이기는 하지만 처자식을 거느리고 생계를 꾸려가면서 어떻게 대보리를 이루어 현신왕생을 할 수 있었는가에 대한 것을 관계 경론을 대비하여 논증하였다.

　제3장에서는 미륵과 미타의 병립왕생並立往生에 대한 것과 신라인의 현세 정토와 내세 정토에 대한 신앙관을 밝히고자 하였다.

　제1절에서는 미륵·미타가 병립하는 데 있어서 양자의 우위설을 고찰하였다. 여기에서 시대적으로 각 신앙을 추구하게 된 동기가 밝혀질 것이다. 구체적으로, 먼저 미륵신앙과 미타신앙의 이론적 특성을 교리적으로 정리하고, 미륵과 미타의 우위설에 대해서 고찰하였다. 근거자료로 원효의 저술로 알려진 『유심안락도遊心安樂道』를 통하여 살펴보았다.

　제2절에서는 노힐부득과 달달박박의 설화를 통하여 이들이 처자식을 거느린 몸으로 어떻게 나란히 현신성불하여 왕생하였는가에 대하여 경론에 근거하여 논증하였다. 그 현신성불의 도리란, 곧 선불교에서 주장하는 유심정토관의 원리와 상통하는 개념이라고 생각하여 이 도리를 관계 경론을 근거하여 밝혀본 것이다. 한편 이들이 현신성불하여

왕생을 하게끔 도와준 낭자는 사실 관세음보살이었는데, 이에 대해서도 간략히 고찰하였다.

제3절에서는 향가 「도솔가」와 「제망매가」를 통하여 신라인의 현세 정토관과 내세 정토관에 대해 고찰하였다. 또한 「도솔가」를 선학들이 무속적 관념으로 보는 데 대해, 이것은 세속의 무속 관념이 아닌 불교의 정법 주문임을 밝혔다.

제4장은 여인왕생에 대한 고찰이다.

제1절에서는 여인득도장애설女人得道障碍說에 대해 살펴보았다. 그 이유는 부파불교 시대에는 여인성불을 부정했기 때문이다. 따라서 이 부정설을 먼저 이해하면, 다음으로 고찰되는 여인성불과 여인왕생에 대한 개념을 충분히 이해할 수 있을 것이다. 또한 본설과는 직접적인 관련은 없지만 당시의 사회적 배경인 인도의 카스트 제도를 간략히 부연하였다. 왜냐하면 이러한 원시 사회제도가 여인이 성불할 수 없다는 부정적인 관념을 들게 하는 간접적 원인이 되었다고 보기 때문이다.

제2절에서는 여인성불과 왕생에 대해 고찰하였다. 앞 절에서는 여인이 성불하지 못한다고 하였는데, 여인도 결국 성불할 수 있고 왕생할 수 있다는 도리를 경전과 역대 논사들의 증명을 통하여 밝혔다. 여기서 부파불교와 대승불교의 차이점이 비교될 것이다.

제3절에서는 신라의 여인이 왕생하였다는 실제의 예를 욱면 설화에 근거하여 밝히면서 왕생의 인因이 무엇인지 논증하였다.

제5장은 세 편의 향가에 나타난 왕생발원심往生發願心에 대한 고찰이다.

제1절에서는 향가 「원왕생가」에 나타난 왕생발원심을 고찰하였다. 여기서는 역대 논사들의 발원사상을 「원왕생가」에 대비하여 이를 증명하였다. 또한 이 발원심은 결국 본원本願에 의한 것이므로 아미타불의

본원을 구체적으로 살펴보았다.

제2절에서는 「제망매가」에 나타난 왕생발원심을 고찰하였다. 여기서도 제1절과 마찬가지로 경전과 논사들의 논증을 통해 월명사의 발원심을 증명하였다. 특히 여기서는 자력과 타력의 개념을 경론을 통해 논증하였다.

제3절에서는 「도솔가」에 나타난 상생上生과 하생下生의 발원심에 대해 고찰하였다. 「도솔가」를 살펴보면 월명사의 염원은 두 가지로 나타난다. 하나는 도솔천 왕생을 발원하고, 또 하나는 신라에 미륵불이 하생하기를 발원하고 있다. 즉 현세 정토를 염원하고 있다. 그런데 이러한 발원은 스스로의 발원이 아니라 미륵보살의 본원에 의한 발원임을 밝혔다. 따라서 여기서는 미륵보살의 본원을 구체적으로 살펴보면서 월명사의 발원심을 증명하였다.

제6장은 신라의 염불결사신앙에 대한 고찰이다.

제1절에서는 만일염불결사萬日念佛結社의 의의에 대해서 고찰하였다. 여기서는 만일염불결사의 원류를 살피기 위하여 먼저 중국 여산혜원의 염불결사가 일어나게 된 동기와 목적에 대해 살펴본 다음, 신라의 만일염불결사에 대해서 살펴보았다. 그 근거자료는 설화「욱면비 염불서승」조와 「포산이성」조에 나타나는 만일염불에 대한 내용으로, 여기서도 혜원의 고찰과 마찬가지로 결사가 이루어진 동기와 목적을 고찰하였다.

제2절에서는 설화「오대산 오만진신」조에 나타난 오대산의 정토염불결사를 살펴보았다. 여기서는 오대산 신앙의 기원 및 신앙결사의 동기와 목적을 밝히고, 본 신앙결사의 성격이 밀교적 바탕에서 이루어졌음을 경론을 통하여 논증하였다.

제3절에서는 신라 비구들의 염불결사 정신을 고찰하였다. 즉 설화 「포천산 오비구」조와 「염불사」조에 나타난 결사 정신을 여산혜원의 결사 정신과 대비하여 오비구와 염불사의 결사 정신을 새겨보았다.

제7장은 결론으로, 그동안 고찰한 내용의 신앙적 특성을 유형별로 정리하였다. 즉 본서를 통해 드러나는 한국 고대(삼국 및 통일신라)인의 신앙적 특성으로, 현실정토를 추구하였다는 것, 뚜렷한 내세관을 가지고 그곳에 태어나기를 추구하였다는 것, 인간평등을 추구하였다는 것으로 크게 요약될 것이다. 이 세 가지 신앙적 특성을 관련 설화와 향가를 대비하여 정리하였다. 또한 이 신앙관을 정토행자가 반드시 구족해야 할 세 가지 왕생행도往生行道인 믿음(信)과 발원(願)과 실천행(行)과도 결부하여 이 행도가 한국 고대인의 순수하고 진취적인 정토신앙관이었음을 증명하면서 본서를 마무리하였다.

전술한 바와 같이, 본서는 『삼국유사』의 설화와 향가에 나타난 우리 민중의 전통적 정토신앙을 정토경전과 선각자들의 논서를 근거로 하여 그 신앙성을 논증해 내기 위한 것이 목적이다. 경전적 근거로 인용되는 주 경전은 『신수대장경』에 수록된 『미륵삼부경彌勒三部經』, 『미타삼부경彌陀三部經』 등을 활용하였다. 주석서로는 원효의 『미륵상생경종요彌勒上生經宗要』, 『무량수경종요無量壽經宗要』, 『불설아미타경소佛說阿彌陀經疏』 등을 주로 인용하며, 인도와 중국의 역대 대표 논사들의 논서를 참고하고, 이 외에 역사서와 민속서 및 관계 저서와 여러 논문을 참고하였다. 인용되는 『삼국유사』의 원문은 『신수대장경』의 내용이며, 해석은 선학들의 역본을 참조하였다.[3] 따라서 해석본이 정해진 관계로 매

---

3 본 책에서는 姜仁求 外 4인, 한국정신문화연구원, 『譯註 삼국유사』 전5권(以會文化社, 2003) ; 김원중 역, 『삼국유사』(을유문화사, 2002)를 주로 참조하였다.

작품마다 주석 표기를 생략하였음을 밝혀둔다. 또한 경전문의 주석도 원문이 너무 장황할 때는 편의상 생략하였다.

제2장 현신왕생과 정토신앙

1. 현신왕생의 교학적 근거

현신왕생現身往生이란 현재의 몸으로 왕생하는 것을 말한다. 이 현신왕생설에 대해서는 이미 선학들의 연구 성과가 있는데, 연구내용을 보면 주로 이와 관련 된 신앙 사료들을 통해서 신라 미타정토신앙의 신앙적 특성 등에 대한 것을 주제로 다룬 것이다.[4] 즉 신라인의 현실위주적인 신앙관이 그와 같은 현신왕생 내지 현신성불의 사상을 깃들게 했다는 신앙사적인 논증이라 하겠다. 따라서 선학들의 논증을 참조하여 현신왕

---

[4] 현신왕생에 대한 논의는 김영태가 대표적이라 할 수 있는데, 예를 들자면 郁面婢와 布川山 五比丘의 현신왕생에 대해 설명하기를 "서방왕생은 현재의 생명이 끝남으로써, 즉 죽은 뒤에야 비로소 가능한 것이므로 그 영혼만이 가기 때문에 왕생의 사실을 아무도 볼 수가 없고 또 알 수가 없는 것이다. 그런데 여기서는 그와 같이 현신왕생의 설화를 너무도 구체적으로 선명하게 나타내고 있어서, 신라인의 창의적이며 생동력 넘치는 현실적 정토왕생사상을 보여주고 있다고 하겠다"라고 그 신앙적 특징을 밝히고 있다. 金煐泰,「新羅의 彌陀思想-信仰史料를 中心으로-」(『佛敎學報』12, 1975) p.75 참조.

생의 교학적 근거를 마련하기는 다소 어렵다고 여겨진다.

이에 대한 논자의 견해를 제시하자면, 그 교학적 근거는 '현신왕생을 이룰 수 있는 근본도리'를 밝히면 될 것으로 본다. 그러면 그 근본도리란 무엇인가? 이는 곧 '아미타불의 본원에 따른 염불삼매의 증득'이라고 하겠다. 왜냐하면 정토교에서 주장하는 가장 큰 왕생의 인因은 오직 이 염불삼매를 증득해야 된다고 설하고 있기 때문이다. 결론적으로 근본도리를 이해하기 위해서는 왕생인往生因을 밝히면 되는 것이다.

따라서 본고에서는 이에 관련된 경설과 역대 정토 논사들의 증명을 통해 그러한 도리를 밝혀보고자 한다. 그런데 경전의 근거가 궁색하다. 경에서 이에 대한 설이 보이는 곳은 겨우 밀교부에 기록된 『구력가라용왕의궤俱力迦羅龍王儀軌』에서 설한 "이 진언을 외우면 반드시 현재의 몸으로 시방정토에 왕생하리라"[5]고 한 것과 『삼보감응요략록三寶感應要略錄』에 기록된 짧은 설화 한 편이 보일 뿐이다. 그러나 이 한편의 설화에는 현신왕생의 도리가 잘 나타나고 있어서 유일한 자료가 될 것으로 본다. 그러면 먼저 이 설화를 통하여 현신왕생의 도리를 새겨보기로 하자. 설화는 다음과 같다.

안식국의 사람들은 변두리의 땅에 살기에 어리석고 부처님의 법을 알지 못하였다. 그때 앵무새가 그 빛이 황금색에다가 푸르고 흰 무늬로 꾸며졌고, 능히 사람의 말을 하므로 왕과 신하와 사람들이 다함께 사랑하였다. (그러나 앵무새는) 몸은 살쪘어도 기력은 약하였다. 사람들이 묻기를 "너는 무엇을 먹느냐?" 하니 앵무새가 말하기

---

5 『俱力迦羅龍王儀軌』(대정장 21, 39상) "誦此眞言 必現身往生 十方淨土."

를 "나는 아미타불을 부르고 듣는 것으로 먹는 것을 삼아 몸이 살찌고 힘이 강해집니다. 만약 나의 힘을 길러 주려면 부처님의 이름을 부르는 것이 옳을 것입니다"라고 하니 모든 사람들이 아미타불을 불러 주었다. 앵무새는 허공을 날아올랐다가 땅으로 돌아와서 말하기를 "그대들은 풍요로운 나라를 보고 싶은가?" 이에 사람들이 "보고 싶다"고 대답하니 새가 말하기를 "보고 싶으면 나의 날개를 타라"고 하였다. 여러 사람들이 그 날개에 올라타니 새의 힘이 약해졌다. 새가 사람들에게 염불하기를 권하였다. (사람들이 염불을 하니 새는) 곧 허공으로 날아올라 서쪽을 가리키며 갔다. 왕과 신하들이 그 기이함을 칭찬하여 말하기를 "이는 아미타불이시다. 새의 몸으로 화작化作하여 변방의 어리석은 사람들을 인도하여 가신 것이니 어찌 현재의 몸으로 왕생하는 것이 아니랴!" 곧 그 땅에 절을 세우고 앵무사라고 불렀다. 매 재일 때마다 염불삼매를 닦게 하였으니, 그 이래로 안식국 사람들은 조금만 부처님의 법을 알아도 정토에 왕생하는 이가 대체적으로 많았다.[6]

이 설화는 아미타불께서 원력願力으로 저 어리석은 변방의 중생들을 정토로 인도하기 위해 잠시 새의 몸으로 화작하여 현신왕생의 모습을

---

6 『三寶感應要略錄』(대정장 51, p.831하) "安息國人不識佛法 居邊地鄙質愚氣 時有鸚鵡鳥 其色黃金靑白文飾 能作人語 王臣人民共愛 身肥氣力弱 有人問曰 汝以何物爲食 曰我聞阿彌陀佛唱以爲食 身肥力强 若欲養我 可唱佛名 諸人競唱 鳥漸飛騰空中還住地 鳥曰 汝等欲見豐饒土不 答欲見之 鳥曰 若欲見當乘我羽 諸人乘其羽翼 力猶少弱 鳥勸令念佛 卽飛騰虛空中 指西方而去 王臣歎異曰 此是阿彌陀佛 化作鳥身 引攝邊鄙 豈非現身往生 卽於彼地立精舍 號鸚鵡寺 每齋日修念佛三昧 以其已來 安息國人 少識佛法 往生淨土者蓋多矣."

생생하게 보여줌으로써 미혹한 중생들로 하여금 불법의 숭고함과 왕생의 도리를 신심 나게 가르쳐주는 영험설화라고 할 수 있다. 이 설화에서 "너는 무엇을 먹느냐" 하니 앵무새가 말하기를 "나는 아미타불을 부르고 듣는 것으로 먹는 것을 삼아 몸이 살찌고 힘이 강해집니다"라고 하였는데, 이러한 비유는 왕생인을 말하는 것으로서, 이는 곧 왕생의 도리를 보여주는 것이라 본다. 이것은 마치 용수(龍樹, nāgārjuna, 150~250)가 문명聞名과 칭명稱名의 공덕을 강조한 것과도 일치함을 볼 수 있다. 용수는 『십주비바사론』에서 말했다.

> 만약 어떤 사람이 모든 부처님께서 명호를 설하는 것을 들으면 곧 무량한 공덕을 얻는다. 이것은 보월寶月을 위하여 설한 것과 같기에, 나는 모든 부처님께 예배한다. 현재 시방세계에서 부처님 명호를 부르는 사람이 있다면 곧 불퇴전의 지위를 얻을 수 있다.[7]

이와 같이 용수는 부처님 명호를 듣는 것만으로도 무량한 공덕을 얻고, 부처님의 명호를 부르는 것만으로도 불퇴전의 지위를 일는다고 하였디. 이것은 곧 왕생을 하는 데는 오직 염불삼매밖에는 없다는 것을 말해주는 것이다. 앞에서 본 짧은 설화에는 정토왕생의 근본도리가 모두 나타나 있다. 즉 정토왕생을 원하는 자는 대자비의 원력을 세운 아미타불의 본원에 의지하여 오로지 염불삼매를 증득해야 한다는 것을 가르쳐 주고 있는 것이다.

이 설화에서 핵심이 되는 것은 현신왕생의 모습을 생생하게 보여준

---

[7] 『十住毘婆沙論』「易行品」(대정장 26, p.42상) "若有人得聞 說是諸佛名 卽得無量德 如爲寶月說 我禮是諸佛 今現在十方 其有稱名者 卽得不退轉."

것이지만, 더욱 중요한 것은 현신으로 왕생할 수 있는 방법을 가르쳐주고 있다는 것이다. 그 방법이란 다름 아닌 염불삼매에 드는 실천수행법이라고 말할 수 있다. 따라서 이 삼매에 든다는 것이 바로 현신왕생을 이룰 수 있는 도리와 같다고 할 수 있다. 이러한 도리를 『반주삼매경』에서는 다음과 같이 설한다.

비유하자면 사람이 잠들어 꿈속에서 온갖 금·은·보배·부모·형제·처자·친족·아는 사람들을 보고 서로 오락을 즐겁고 기쁘게 즐기니 어긋남이 없었다. 무릇 깨어나서 사람을 위해서 이것을 설하니 나중에 눈물을 흘리며 꿈속에서 생각하는 것과 같다. 이처럼 발타화보살이여, 만약 사문과 재가신자가 서방극락 아미타불의 정토를 들으면 마땅히 아미타불을 생각해야 하느니라. 계를 어기지 말아야 하며, 한결같은 마음으로 아미타불을 염하기를 하루 밤낮이나 혹은 7일 밤낮을 염하면 7일이 지난 후에 아미타불을 뵙게 되느니라. 깨어나서 뵙지 못하면 꿈속에서라도 뵙느니라.[8]

이와 같이 계를 지키면서 7일 밤낮을 오로지 아미타불을 염하면 7일 후에 꿈속에서라도 아미타불을 친견하게 된다는 것을 강조하고 있다. 이것이 곧 염불삼매에 들어 부처님을 뵙는 방법인 것이다. 또 같은 경에서는 다음과 같이 설한다.

---

8 『般舟三昧經』「行品」(대정장 13, p.905상) "譬如人臥出於夢中 見所有金銀珍寶 父母兄弟妻子親屬知識 相與娛樂喜樂無輩 其覺以爲人說之 後自淚出念夢中所見 如是跋陀和菩薩 若沙門白衣 所聞西方阿彌陀佛刹 當念彼方佛不得缺戒 一心念若一晝夜 若七日七夜 過七日以後 見阿彌陀佛 於覺不見 於夢中見之."

발타화여, 보살이 이 세간의 국토에서 아미타불을 듣고 끊임없이 염불하는 까닭에 아미타불을 친견하게 되느니라. 부처님을 친견하고 나서 여쭙기를 "마땅히 어떤 법을 지니어 아미타불의 정토에 왕생하겠습니까?" 하니, 그때 아미타불께서는 보살에게 말씀하셨다. "나의 나라에 태어나길 원한다면 항상 나를 생각하기를 끊이지 않고 마땅히 생각을 지켜서 쉬어서는 안 된다. 이와 같이 하면 곧 나의 나라에 왕생하게 되느니라."[9]

이와 같이 아미타불을 끊이지 않고 생각하며 염불하면 반드시 정토에 왕생할 수 있다고 하였다. 이것이 염불삼매로써 왕생한다는 것인데 이는 곧 현신왕생의 도리와 같다고 본다. 그래서 역대의 논사들은 이 염불삼매를 증득하기 위해 많은 수행법을 터득하고 가르쳤다. 따라서 여기서는 인도와 중국의 대표적인 정토 논사들의 왕생행도를 간략히 살펴보고자 한다.

먼저 인도의 마명(馬鳴, Aśvaghoṣa, 약 100~150)은 『대승기신론』[10]에서 다음과 같이 말했다.

---

9 위의 경전(대정장 13, p.905중) "跋陀和 菩薩於是間國土聞阿彌陀佛 數數念 用是念故 見阿彌陀佛 見佛已從問 當持何等法生阿彌陀佛國 爾時阿彌陀佛 語是菩薩言 欲來生我國者 常念我數數 常當守念 莫有休息 如是得來生我國."
10 『대승기신론』은 인도에서 찬술되었다는 설과 중국에서 찬술되었다는 설 등 서로 다른 견해가 있다. 이 문제를 백본홍웅은 여러 설을 인용하여 인도찬술이라고 주장하고 있다. 그러나 인도 누구의 찬술인지 확실히 밝히지 않고 막연히 인도에서 찬술되었다는 추정으로 주장하고 있어 아직까지는 통일된 합의를 보지 못한 문헌이다. 柏本弘雄, 『대승기신론의 연구』(東京: 春秋社, 1981) pp.141~182 참조.

중생이 처음으로 이 법을 배우는 사람이 바른 믿음을 구하고자 하나 그 마음이 겁약한 이는 이 사바세계에 머물러서 스스로 능히 항상 모든 부처님을 만나 친히 받들어 공양하지 못할까 두려워하며 이르되, 신심을 가히 성취하기 어렵다 하여 생각을 뒤로 물러서는 사람은 마땅히 알라. 여래께서는 수승한 방편이 있어 신심을 섭호하여 이르시기를 "뜻을 오로지하여 부처님을 염하는 인연으로 원에 따라 타방의 부처님 국토에 태어나 항상 부처님을 친견하여 길이 악도를 여의느니라"고 하셨고, 저 수다라에 설하신 것과 같이 "만약 사람이 오로지 서방극락세계의 아미타불을 염하여 닦은 선근을 회향하여 저 세계에 나기를 원하면 곧 왕생함을 얻는다"고 하셨느니라. 항상 부처님을 친견하는 까닭으로 마침내 물러남이 없으며, 만약 저 부처님의 진여법신을 관하여 항상 부지런히 수습하면 필경에 왕생하여 정정에 머문다.[11]

이와 같이 왕생을 발원하는 자(願生者)는 신심을 가지고 뜻을 오로지하여 부처님을 염하는 인연으로 원에 따라 타방의 부처님 국토에 태어난다고 하였다. 그리고 오로지 서방극락세계의 아미타불을 염하여 닦은 선근을 회향하여 저 세계에 나기를 원하면 곧 왕생하여 정정취에 머문다고 강조하고 있다. 위 논의 핵심은 왕생의 인은 오직 염불에 있다는 것을 가르쳐주고 있다. 한편 용수는 이와 같은 삼매에 들어갈 수 있는

---

11 『大乘起信論』(대정장 32, p.583상) "衆生初學是法 欲心正信其心怯弱 以住於此娑婆世界 自畏不能常值諸佛親承供養 懼謂信心難可成就意欲退者 當知如來有勝方便攝護信心 謂以專意念佛因緣 隨願得生他方佛土 常見於佛永離惡道 如修多羅說 若人專念西方極樂世界阿彌陀佛 所修善根迴向願心生彼世界 卽得往生 常見佛故終無有退 若觀彼佛眞如法身 常勤修習畢竟得生住正定."

것은 오직 부처님의 본원으로 성취된다고 설하고 있다. 이를 『십주비바
사론』에서 다음과 같이 증명하고 있다.

부처님 명호를 듣고 반드시 삼매에 들어갈 수 있는 것은 부처님의
본원이 있기 때문이다. 혹 나의 명호를 듣는 사람이 곧 삼매에 들어가
는 것은 부처님을 친견하는 것과 같다. …… 만약 사람이 신해력信解力
이 많고 모든 선근을 성취하여 업장의 장애가 이미 다했다면 부처님의
명호를 들을 수 있다. 또 모든 부처님의 본원의 인연으로 왕생할
수 있다.[12]

이와 같이 용수는 본원에 의해 왕생함을 강조하고 있다. 즉 부처님의
명호를 들은 사람이 반드시 삼매에 들어갈 수 있는 것은 부처님의
본원이 있기 때문인데, 이는 곧 문명聞名의 공덕을 강조하는 것으로서
앞에서 살펴본 『삼보감응요략록』의 이야기와 일맥상통하고 있음을
볼 수 있다.

다음 중국 논사들의 설명을 보면, 이 논사들 역시 왕생을 할 수
있는 길은 오직 염불삼매를 닦는 것임을 강조하고 있다. 여산혜원(廬山
慧遠, 335~417)은 중국 정토교의 시조로서 그의 염불사상은 반야사상에
입각한[13] 견불삼매見佛三昧, 즉 반주삼매般舟三昧라 할 수 있는데, 혜원의

---

[12] 『十住毘婆沙論』「釋願品」(대정장 26, pp.32하~33상) "聞佛名入必定者 佛有本願
若聞我名者卽入必定 如見佛聞亦如是 …… 若人信解力多 諸善根成就 業障礙已盡
如是之人得聞佛名 又是諸佛本願因緣得往生."
[13] 태원 스님은 혜원이 반야사상에 근본을 두었다는 것을 뒷받침해주는 것으로, '백련사
염불결사를 한 정사의 이름이 반야정사라고 한 것을 보면 혜원을 비롯한 여기에
모인 대중들이 반야사상을 좋아하였고, 그 사상 위에서 염불하였다고 생각할 수

행적을 보면 그가 견불한 사실을 『불조통기』 제26권에서는 다음과 같이 기록하고 있다.

> 사師가 산에 거주한 지 30여 년, 자취는 세속에 들어간 적이 없고 오직 정토에 대한 염을 부지런히 했다. 처음 11년은 마음을 밝히는 생각을 이어가니 세 번이나 성상을 보았으나 침착하고 진득하게 말하지 않았다. 그 후 19년 7월 그믐날 저녁, 반야대 동감東龕에서 바야흐로 정定에서 일어나니 아미타불의 몸이 허공에 가득 찼고, 원광圓光 가운데 모든 화불이 계시고 관음과 세지 등 두 보살이 좌우에서 모시는 것을 보았다. 또 물의 흐르는 광명을 보니 열네 가지로 나누어지고 상하로 흘러 들어가면서 고·공·무상·무아의 소리를 연설하였다. 부처님께선 이것을 일러 "나의 본원력을 사용하기 때문에 와서 너를 위하여 안위한다. 너는 7일 후에 마땅히 나의 국토에 태어날 것이다"라고 하셨다.[14]

이와 같이 혜원의 염불은 부처님을 친견하는 견불을 목적으로 한 반주삼매에 근본을 둔 염불관임을 볼 수 있다. 위에서 "나의 본원력을 사용하기 때문에 와서 너를 위하여 안위한다. 너는 7일 후에 마땅히 나의 국토에 태어날 것이다"라고 한 것 또한 정토왕생은 오직 아미타불의 본원에 의한 것임을 증명하고 있다. 이러한 감응사례에서 현신왕생의

있다'고 하였다. 李太元, 『念佛의 源流와 展開史』(운주사, 1998) p.275.
14 『佛祖統紀』(대정장 49, 262하) "師居山三十年 跡不入俗 唯以淨土克勤於念 初十一年 澄心繫想 三睹聖相比厚不言 後十九年七月晦夕 於般若臺之東龕方從定起 見阿彌陀佛身滿虛空 圓光之中有諸化佛觀音至左右侍立 又見水流光明 分十四支流注上下演說苦空無常無我之音佛告之日 我以本願力 故來安慰汝 汝後七日當生我國."

도리를 충분히 볼 수 있는 것이다. 그래서 담란(曇鸞, 476~542)은 『왕생론주』의 서두에서 용수의 『비바사론』에 있는 난행문과 이행문의 두 문(難易二門)을 인용하여 아미타불의 본원을 다음과 같이 설명한다.

말하자면, 단지 부처님을 믿는 인연을 가지고 정토에 왕생하기를 원하면 부처님 원력을 입어 저 청정한 국토에 왕생할 수가 있고, 부처님의 힘에 주지하여 곧 대승정정취에 들어간다. 정정이란 곧 아비발치이다. 비유컨대 물 위에서 배를 타는 즐거움과 같다.[15]

이와 같이 부처님을 믿고 발심하여 왕생을 원하면 부처님의 원력으로 극락세계에 왕생하기가 쉽다고 하였다. 현신왕생의 근본도리는 바로 이와 같은 본원에 의해서 이루어진다고 설하고 있다.

한편, 중국 정토교를 크게 일으킨 선도(善導, 613~681)는 칭명염불로써 왕생하기를 강조하여 이를 대성시켰는데 이 칭명염불에는 참회를 근본으로 하고 있다. 그래서 그는 『왕생예찬』에서

귀의하여 시방의 부처님께 참회하옵나니, 원하옵건대 일체 모든 죄의 뿌리를 멸하여 주옵소서. 이제 멀고 가깝게 닦은 바 선을 나와 남이 함께 안락국에 회향합니다. 항상 원하옵건대 일체 임종 시에 수승한 반연과 수승한 경계가 다 현전하게 하여 주시고, 대비주이신 아미타와 관음, 세지, 시방 존을 친견하기를 원하오며, 우러러 원하

---

15 『往生論註(無量壽經優婆提舍願生偈)』(대정장 40, p.826중) "謂但以信佛因緣願生淨土 乘佛願力便得往生彼清淨土 佛力住持卽入大乘正定之聚 正定卽是阿毘跋致 譬如水路乘船則樂."

옵건대 신령스런 광명의 손으로 가피를 내리시어 섭수하시고 부처님의 본원을 입어 저 국토에 태어나게 하여 주시옵소서.[16]

라고 참회 발원하고 있다. 선도의 염불사상은 담란과 도작의 영향을 받았는데, 특히 그의 스승 도작의 말법관에 의해 심심深心 가운데 신기信機를 자각한 염불을 주장하였다. 다시 말해, 염불하는 사람은 본인 스스로가 말법시대에 태어난 죄악범부, 번뇌구족의 범부, 근기하열의 범부, 생사 윤회하는 범부임을 자각하고 이를 깊이 참회하여 극락에 태어나기를 발원해야 한다고 하였다. 그리하면 때가 이르러 부처님의 본원을 입어 저 국토에 왕생할 수 있다는 것이다. 여기서도 본원을 강조하고 있다.

이와 같이 인도와 중국의 대표적인 논사들의 정토왕생 행도에 대해 살펴보았는데[17] 모두 한결같이 정토왕생의 인은 오직 염불을 수행하여 삼매를 증득하는 데 있고, 또한 이 염불삼매는 아미타불의 본원에 의한 것임을 강조하고 있다. 그래서 『관불삼매해경』에서도 "이 염불삼매의 힘 때문에 시방의 모든 부처님께서 큰 광명을 발하며 그 수행자 앞에 나타난다"[18]라고 하였다.

이상과 같이 현신왕생의 교학적 근거를 마련하고자 경론과 역대

---

16 『往生禮讚』(대정장 47, p.440중) "南無懺悔十方佛 願滅一切諸罪根 今將久近所修善 回作自他安樂因 恆願一切臨終時 勝緣勝境悉現前 願睹彌陀大悲主 觀音勢至十方尊 仰願神光蒙授手 乘佛本願生彼國."
17 태원 스님(李太元)은 『念佛의 源流와 展開史』(운주사, 1998)에서 여러 논사들의 염불관에 대해 종합적으로 정리하고 있다.
18 『佛說觀佛三昧海經』(대정장 15, p.693하) "以是念佛三昧力故 十方諸佛放大光明現其人前."

논사들의 염불관을 통해 살펴보았는데, 체계적으로 교학적 근거를 정립하진 못하였으나 최소한 현신왕생의 도리는 이론적으로 밝혀졌다고 생각한다.

이를 요약해보면, 현신왕생이란 곧 염불삼매를 증득하는 이치와 같은 것이고, 이 염불삼매의 증득은 스스로 염불을 실천하여 얻어야 하지만, 이것은 이미 아미타불이 세워놓은 본원에 의해서 이루어진다는 결론이다. 이것이 현신왕생의 도리라고 본다. 또한 본 절에서 밝히고 싶은 것은 이와 같은 염불삼매를 증득하는 것은 오직 원생자願生者의 세 가지 근본 자량인 신信·원願·행行이 구족됨으로써 이루어진다는 것이다. 이 세 가지는 솥의 세 다리와 같아서 이 가운데 어느 것 하나라도 결여되면 솥이 곧 무너지듯 염불삼매를 이룰 수 없다는 이치이다. 이와 같은 왕생행도는 신라인의 신앙적 특성을 밝히는 것으로서 본고에서 궁극적으로 증명해야 하는 중심적 주제이기도 하다. 이러한 신앙관은 앞으로 고찰되는 모든 설화와 향가에 잘 나타나고 있음을 볼 수 있다.

2. 천인의 현신왕생

여기서는 비천한 노비의 신분으로 염불에 의해 서방극락정토에 현신왕생했다는 것을 설화「욱면비 염불서승」조를 통하여 밝혀보고자 한다. 이러한 천인賤人 왕생에 대한 소식은 당시 시대 상황 속에서 소외된 하층의 민중들에게는 더없는 희망과 용기를 주었을 것이라 본다. 일연은 이 설화에 향전鄕傳과 승전僧傳의 두 기록을 동시에 실었다. 이 두 기록이 왕생 시기에 대한 연대 차이가 난다는 연구자들의 논의가 있으나,[19] 본 고찰은 신앙적 연구가 중심이므로 연대에 대한 논증은 다음으로 미루고, 향전 기록에 나타난 왕생 신앙관을 집중적으로 논의하고자 한다. 설화 내용은 다음과 같다.

경덕왕 대에 강주의 남자 신도 수십 명이 극락세계를 정성껏 구하여 주州의 경계에 미타사를 짓고 1만 일을 기약하며 계를 만들었다. 그때 아간 귀진의 집에 욱면이라는 계집종이 있었다. 그의 주인을 따라 절에 가 뜰 가운데 서서 스님을 따라 염불하였다. 그러나 주인은 그녀가 자기 일을 제대로 하지 않는다고 하면서 날마다 곡식을 두 섬씩 주고 하루저녁 내내 찧도록 하였다. 그러나 계집종은 초저녁에 다 찧고는 절로 돌아와 밤낮으로 염불을 게을리 하지 않았다. 그녀는 뜰의 좌우에다 긴 말뚝을 세우고 두 손바닥을 뚫어 새끼줄로 꿴 다음 말뚝 위에 매달아 합장하고 좌우로 흔들면서 스스로 위로하였다. 이때 하늘에서 "욱면 낭자는 불당으로 들어가 염불하라"고 하였다. 절 사람들이 그 말을 듣고는 계집종에게 권유하여 법당 안으로 들어와 이전과 같이 정진하게 하였다. 얼마 후 서쪽 하늘에서 음악소리가 들려오자, 계집종이 솟아올라 지붕을 뚫고 나갔다. 서쪽 교외에 가 육신을 버리고 참모습(眞身)을 드러내더니, 연화대에 앉아 큰 빛을 내며 천천히 가버리자 공중에서 음악소리가 끊이지 않았다.[20]

---

19 僧傳은 鄕傳과 조금의 기록 차이가 있다. 승전에는 前生에 郁面이 犯戒하여 畜生道에 떨어져 부석사의 소가 되어 佛經을 싣고 가다가 불경의 힘을 입어 다시 사람으로 還生하여 阿干 貴珍의 집 계집종으로 태어났다는 욱면의 前生을 기록하고 있다. 이 두 가지 기록을 찬술한 일연도 연대적으로 60년의 차이가 난다고 하였다. 이 왕생 시기와 연대 차이에 대해서는 한보광 스님의 자세한 논증이 있다. 韓普光, 『信仰結社硏究』(如來藏, 2000), pp.135~145 참조.

20 『삼국유사』 卷5 感通 第7「郁面婢 念佛西昇」(대정장 49, p.1012상) "景德王代

본 설화의 특성은 크게 세 가지로 나타난다. 첫째는 욱면이 염불수행으로 현신왕생을 하였고, 둘째는 천인의 몸으로 왕생하였고, 셋째는 이때부터 염불결사念佛結社가 싹트기 시작하였다는 점이다. 이와 같이 세 가지의 특성 중에서 여기서는 첫째의 염불수행으로 현신왕생했다는 것을 중점적으로 밝혀보려고 한다. 나머지 대목들은 앞으로 장을 달리하면서 구체적으로 논의가 되므로 우선 대강의 흐름만 파악하여 전체적 의미를 새겨 보고자 한다.

첫째, '염불수행으로 현신왕생했다'는 것은 본 장의 핵심 주제로서 매우 중요한 대목이다. 앞에서 살펴본 바와 같이 현신왕생이란 현재의 몸으로 왕생한다는 것인데, 왕생을 이루기 위한 방법은 오직 한 가지, 염불삼매에 의한 것이라 할 수 있다. 이 도리의 근거는 정토경전이다. 그 가운데 대표적인 경전은 『정토삼부경』인데 이 세 경전에는 염불왕생에 대한 가르침이 곳곳에 나타나고 있다. 여기서는 부처님께서 설하신 『아미타경』의 한 대목을 토대로 하여 왕생의 이치를 밝혀보고자 한다.

사리불이여, 조그만 선근복덕의 인연으로는 저 극락세계에 가서 태어날 수 없느니라. 사리불이여, 만일 선남자 선여인이 아미타불의 이름을 듣고 그 이름을 마음속으로 간직하고 외우기를 하루나 이틀,

---

康州(今晉州 一作剛州 則今順安)善士數十人志求西方 於州境創彌陀寺 約万日爲契 時有阿干貴珍家一婢名郁面 隨其主歸寺 立中庭 隨僧念佛 主憎其不職 每給穀二碩 一夕舂之 婢一更舂畢 歸寺念佛(俚言己事之忙 大家之舂促 蓋出乎此)日夕徹怠 庭之左右竪立長橛 以繩穿貫兩掌 繫於橛上合掌 左右遊之激勵焉 時有天唱於空 郁面娘入堂念佛 寺衆聞之 勸婢入堂 隨例精進 未幾天樂從西來 婢湧透屋樑而出 西行至郊外 捐骸變現眞身 坐蓮臺放大光明 緩緩而逝 樂聲不徹空中."

사흘, 나흘, 닷새, 엿새, 이레 동안 한결같은 마음으로 염불하여 마음이 조금도 흐트러지지 아니하면, 그 사람이 목숨을 마치려 할 때에 아미타불께서 여러 거룩한 제자들과 그 앞에 영접하러 오실 것이다. 이 사람의 마음이 뒤바뀌지 아니하면 아미타불의 마중을 받아 극락세계에 가서 태어날 것이다.[21]

이와 같이 부처님께서는 저 나라에 태어나고자 하는 자는 오로지 일심으로 염불해야 한다는 것을 강조하신다. 이러한 도리는 욱면이 때와 장소를 가리지 않고 일심으로 염불한 것과 일맥상통하고 있다. 모름지기 원생자는 반드시 믿음과 발원과 행이 구족되어야 하는데, 위의 경설을 보면 이 세 가지 가운데 특히 실천행이 잘 나타나고 있음을 볼 수 있다. 경설에서 "조그만 선근복덕의 인연으로는 저 극락세계에 태어날 수 없다"고 한 것은 아미타불의 이름을 듣고, 마음으로 생각하고, 입으로 외우는 염불 이외에 여러 가지를 섞어서 닦는 일은 모두 적은 선근복덕이라는 말이다. 그래서 선도는 『법사찬』에서 다음과 같이 설명하고 있다.

극락세계는 무위열반의 세계이다. 인연에 따라 행하는 염불 이외의 잡선으로는 태어나지 못한다. 그러므로 여래께서는 가장 중요한 법(염불)을 선택하도록 하시어 전적으로 염불하고 거듭 염불하도록

---

21 『阿彌陀經』(대정장 12, p.347중) "舍利弗 不可以少善根福德因緣得生彼國 舍利弗. 若有善男子善女人 聞說阿彌陀佛 執持名號 若一日 若二日 若三日 若四日 若五日 若六日 若七日 一心不亂 其人臨命終時 阿彌陀佛與諸聖衆 現在其前 是人終時心不顚倒 即得往生阿彌陀佛極樂國土."

가르치신 것이다.[22]

이와 같이 선도는 극락세계가 무위열반의 세계라고 하면서 염불 이외의 적은 선근으로는 태어나지 못한다고 하였다. 이러한 해석은, 왕생의 인因은 오직 염불수행에 있다는 것을 강조하는 것이라고 본다. 욱면이 현신왕생을 하게 된 인은 바로 이 염불삼매에 의한 것이다. 그런데 이에 대한 원효의 견해가 특이하다. 원효는 『아미타경소』에서 오히려 염불을 적은 선근의 복덕 인연이라고 하여 이를 보조적인 조인助因이라 하고, 보리심菩提心을 많은 선근(多善根)의 복덕 인연이라고 하여 이를 정인正因이라고 하면서 다음과 같이 보리심을 강조하고 있다.

정인正因 가운데서 적은 선근의 복덕 인연으로는 저 나라에 태어날 수 없다고 한 것은, 큰 보리심으로 많은 선근을 쌓아 기른 인연이어야 비로소 태어날 수 있음을 드러내시고자 하기 때문이다. (『유가사지론』의) 「보살지발심품」에서 "또 모든 보살들이 발심의 최초에 일체의 보리분법을 껴잡아서 그 수승한 선근을 으뜸으로 삼기 때문에 능히 일체 중생의 처소에서 삼업의 악행을 여읠 수 있으며 공덕과 상응한다"라고 한 것과 같다.
생각하건대 보살이 처음으로 보리심을 일으킬 때 온갖 수승한 선근을 껴잡아서 능히 악업을 끊는 공덕이 생기나니, 그러므로 적은 선근으로는 저 나라에 태어날 수 없다고 한 것이다. 따라서 여기에 인이 되는 것은 『양권경』의 구품인인 삼배에 해당되는 바, 이 셋은 다

---

22 『法事讚』(대정장 47, p.433중) "極樂無爲涅槃界 隨緣雜善恐難生 故使如來選要法 教念彌陀專復專."

보리심을 일으킨 자들이다.[23]

이와 같이 원효는 왕생의 인은 대보리심을 일으키는 것이라고 하였다. 그 이유로는, 대보리심을 일으키면 그 가운데 자연히 많은 선근善根을 포함하기 때문에 저 세계에 왕생하는 정인正因은 대보리심을 일으키는 것이고, 이에 비해 염불은 정인에 대한 보조적인 조인이 된다는 논리이다. 즉 위에서 설한 바와 같이 최초의 발심이 능히 일체의 보리분법을 껴잡아서 그 선근이 수승함으로 상수가 되기 때문에 삼업의 악행을 여의는 공덕이 따른다는 것을 강조하고 있다. 이것은 원효의 특이한 견해이다. 따라서 원효의 주장은 위의 『아미타경』의 설과 다르다고 할 수 있다. 그러나 원효의 이러한 견해는 염불의 바탕에는 보리심이 우선되면 염불은 자연히 성취된다는 이치를 설명한 것이라고 본다. 또한 원효는 『무량수경無量壽經』의 보리심 사상을 중요하게 보고 거기에 근본을 두고자 한 것이라고 할 수 있다. 이것이 원효만의 특이한 주장이라고 하겠다.

설화에서 현신왕생을 보여주는 장면은 '계집종이 솟아올라 지붕을 뚫고 나가 서쪽 교외에 가 육신을 버리고 참모습(眞身)을 드러내더니, 연화대에 앉아 큰 빛을 내며 천천히 가버렸다'고 하는 대목이다. 여기서 욱면이 육신을 버렸다고 한 것은 깨달음의 세계는 육신이 가는 것이

---

23 『阿彌陀經疏』(대정장 37, p.350상) "正因中言不可以少善根福德因緣得生彼國者 顯示大菩提心攝多善根以爲因緣乃得生故 如菩薩地發心品文 又諸菩薩最初發心能 攝一切菩提分法 殊勝善根爲上首故 能違一切有情處所三業惡行 功德相應 案云 菩 薩初發菩提之心 能攝一切殊勝善根 能斷惡業功德相應 是故說言非少善根福德因 緣得生彼國 所以得知 此爲因者 兩卷經中攝九品因以爲三輩 三中皆有發菩提心."

아님을 보여주는 것이다. 현신왕생이 이 몸 그대로 왕생한다는 의미지만 육신이 따라가는 것은 결코 아니다. 이것은 위에서 선도가 설한 바와 같이 무위열반의 세계에 들어간 것과 같은 이치이다. 즉 유위법을 벗어버리고 무위법을 증득하여 그 자리에서 왕생한 것이다.

둘째, '천인賤人의 몸으로 왕생했다'는 것은 불교 사상적으로 중요한 문제이다. 욱면은 비천한 신분의 몸이며 더욱이 여인의 몸이다. 역사적으로 볼 때 고대의 인도를 비롯하여 우리 신라시대에도 남존여비사상이 사회 전반에 깊이 뿌리박혀 있었다. 이러한 시대에 여인들은 사실상 몸과 마음이 구속되어 있는 상태다. 이런 때에 여인이 왕생했다는 것은 천대받고 구속받던 여인들에는 커다란 위안처가 되었을 것이 분명하다. 이것은 불교의 인간평등사상을 보여주는 것이다. 당시는 경덕왕 대(景德王代, 742~765)로 신라가 삼국을 통일한 지 얼마 안 된 시기이다. 이때는 시대적으로 매우 불안한 시대였다. 남자들은 전쟁터에서 많이 죽었으며, 이런 전쟁의 후유증 등으로 인해 아마도 홀로된 여인들이 많았을 것으로 짐작된다. 이렇게 사회가 불안한 시대에 여인이 왕생했다는 사실은, 당시 여인들로 하여금 희망과 위안을 주기에 충분했을 것이라고 본다.

『삼국유사』의 전편에서 여인이 왕생한 사례는 본 욱면비 설화와 향가 「제망매가」에 등장하는 월명사月明師의 죽은 누이동생과 「남월산 감산사南月山甘山寺」에 나오는 죽은 관초리 부인이다. 이 여인왕생설에 대해서는 예로부터 논의의 대상이 되었는데, 이 문제에 대해서는 제4장에서 구체적으로 논의하고자 한다.

이와 같이 욱면은 여인의 몸, 천인의 몸으로 왕생하였다. 이것은 당시 귀족불교적인 신앙이 점차 하층의 천민들에게 전파되어 갔다는 것을 반영하는 것으로서 억압받던 천민들로 하여금 큰 희망을 안겨 주었을 것이라 본다. 특히 위의 설화에서 "욱면 낭자는 불당으로 들어가 염불하라"고 한 것은, 원래 천민은 감히 대중 앞에 나서지도 못할 처지라는 당시의 시대 상황을 잘 보여주는 대목이다. 그런데 이 명령조의 소리는 절 주지의 음성이 아닌 하늘에서 울려 퍼진 소리였다. 이것은 신앙의 눈으로 볼 때 곧 아미타부처님의 대자대비한 음성이라고 볼 수 있다. 이러한 아미타부처님의 대자대비한 마음은 경전에도 잘 나타나 있다. 아미타불은 법장보살 시절에 마흔 여덟 가지의 대원을 세웠다. 그 가운데 『무량수경』의 제18원에서는 다음과 같이 설하신다.

> 만약 내가 부처를 이룰 적에 시방세계 중생들이 내 나라에 태어나기 위해 지극한 마음으로 신심과 환희심을 내어 내 이름을 내지십념하여 내 나라에 태어날 수 없다면 부처를 이루지 않겠습니다.[24]

이 서원은 널리 알려진 '염불왕생원念佛往生願'이다. 이 원願에 대해 평정준영은 설명하기를 "법장보살이 이 원을 세우신 뜻은, 어느 부처님의 나라는 보시나 지계 등의 여러 가지 행을 가지고 왕생의 행行이라 하고, 어떤 불국토의 부처님은 명호를 외우는 것으로 왕생의 행이라 하였다. 그래서 법장비구는 방황하는 어리석은 범부를 구하기 위한 평등의 대자비로서 칭명염불을 정토에 왕생하는 행으로 골라서 이 원을 세우신 것이다"[25]라고 하였다. 설화의 내용을 보면 아미타불은

---

[24] 『無量壽經』(대정장 12, p.268상) "設我得佛 十方衆生至心信樂 欲生我國乃至十念 若不生者不取正覺."

이와 같은 대자비의 서원에 따라 욱면을 하늘에서 부른 것이다. 이러한 아미타불의 서원은 지겸支謙의 『대아미타경』 제2원에도 잘 나타나 있는데, 이는 『무량수경』의 48원보다 더욱 자세하다.

> 둘째 원은 이러하다. 언젠가 부처를 이룰 때 나의 국토 중에는 부인이나 여인이 있어서는 아니 되니, 나의 국토에 와서 태어나고자 하는 자는 즉시 남자가 되어야 하고, 헤아릴 수 없는 여러 천신과 인민들, 그리고 꿈틀대는 벌레에 이르기까지 나의 국토에 와서 태어나려는 자는 모두 일곱 보배로 된 연못의 연꽃 가운데서 화생해야 한다. 그리고 장성한 뒤에는 모두 보살이 되어야 하고 아라한도 헤아릴 수 없어야 한다. 이 원이 성취되면 곧 부처를 이룰 것이지만, 이 원이 성취되지 않으면 결코 부처를 이루지 않을 것이다.[26]

위의 서원을 보면 "나의 국토 중에는 부인이나 여인이 있어서는 아니 되니"라고 하였는데, 이것은 곧 여인이 왕생할 수 있음을 역설적으로 말한 것이라고 본다. 왜냐하면 다음 구절에 "나의 국토에 태어나고자 하는 즉시 남자가 되어야" 하기 때문이다. 또한 "꿈틀대는 벌레에 이르기까지"라고 하였다. 이것은 빈부, 귀천, 상하를 절대 차별하지 않고 일체 유정有情들을 다 피안에 이르게 한다는 대자비의 서원으로서, 여기에는 이미 여인 및 상하귀천이 다 포함되어 있다. 여기서 부처님의

---

25 坪井俊映 著, 李太元 譯, 『淨土三部經槪說』(寶國寺, 1988) p.175 참조.
26 『大阿彌陀經』(대정장 12, p.301상중) "第二願 使某作佛時 令我國中 無有婦人女人 欲來生我國中者 卽作男子 諸無央數天人民 蛸飛蠕動之類 來生我國者 皆於七寶水池蓮華中化生 長大皆作菩薩 阿羅漢都無央數 得是願乃作佛 不得是願終不作佛."

일체평등사상이 잘 나타나고 있다. 일연의 찬시를 새겨보면 일연은 욱면이 염불로써 현신왕생하였다는 것을 재차 증명하기 위하여 다음과 같이 기리고 있다.

> 서쪽 이웃 옛 절에 불등佛燈이 밝은데
> 방아 찧고 돌아오니 밤은 이경이네.
> 스스로 한 염불소리가 부처되길 기약하여
> 손바닥에 새끼줄 꿰니 이내 육신도 잊었구나.[27]

위의 찬시에서 보듯이 욱면은 고된 일을 하고 돌아와 염불결사에 동참하여 스스로 부른 염불소리가 부처를 이루기를 기약하며 손바닥에 새끼줄을 꿰어 육신도 잊었다고 했다. 여기서 새끼줄을 꿰었다는 것은 여러 의미로 생각할 수 있다. 이에 대해 보광 스님은 설명하기를, 욱면이 장시간 합장만 하고 염불하니 손에 고통이 오고 합장의 자세가 흐트러지므로 이것을 방지하기 위해 손을 나무에 동여매고 염불하면서 좌우로 흔들었을 것이라고 하였다.[28] 논자도 이에 공감하지만, 욱면이 새끼줄을 손바닥에 꿰었다는 것은 자신의 굳은 맹세와 인욕심忍辱心을 상징적으로 보여준 것이라고도 생각할 수 있다. 즉 그 굳은 맹세가 흩어질까 염려하여 두 손을 새끼줄로 묶어 고정시킨 것이라고 보여 진다. 이는 곧 용맹정진의 정신을 강조한 것이라고 본다.

한편, 본 설화의 승전 기록을 보면 욱면은 전생에 수행하다가 계를

---

27 『삼국유사』 卷5 感通 第7 「郁面婢 念佛西昇」(대정장 49, p.1012중) "西隣古寺佛燈明 春罷歸來夜二更 自許一聲成一佛 掌穿繩子直忘形."
28 韓普光, 『信仰結社硏究』(여래장, 2000) pp.135~145 참조.

어겨 축생도에 떨어져 부석사의 소가 되었다고 하였다. 그 소가 일찍이 불경을 싣고 가다가 불경의 힘을 입어 다시 사람으로 환생하여 아간 귀진의 집 계집종으로 태어나는 업보를 받았다고 했다. 그러나 지성으로 염불하여 모든 악업을 다 갚고 현신성불하여 극락왕생했다고 하였다. 이와 같은 영험한 기록은 불법을 모르는 무지몽매한 사람들로 하여금 인과응보의 관념을 더욱 알게 하고 뿌리내리게 하여, 모두가 불법에 대해 숭고한 믿음을 가지고 귀의토록 한 것이라고 할 수 있다.

이에 대해 김영태도 빈부귀천이나 남녀 차별 없이 누구나 짓고 닦는 만큼 그 보報를 받는 다는 것은 불교에서의 당연한 이법理法이므로, 여인이나 천인의 왕생이 결코 새삼스러운 일은 아니라고 하였다.[29] 그래서 당시의 선각자 원효대사는 이들로 하여금 모두 아미타불에게 귀의하여 안락세계에 안주하도록 천촌만락을 돌아다니며 염불을 알려 준 것이라 본다. 이러한 심정을 『유심안락도』에서는 다음과 같이 설명하고 있다. 이 『유심안락도』는 저자에 대한 의문[30]이 제기되어 오던 바이지만, 이에 대한 논의는 다음 기회로 미루고 여기서는 내용만을 보기로 하겠다.

---

29 욱면비의 왕생설화에서는 善因善果가 매우 강조되어 있다고 하였다. 김영태, 『삼국시대의 불교신앙 연구』(불광출판사, 1990) p.115 참조.

30 『遊心安樂道』는 일찍부터 원효의 저술로 알려져 오고 있지만, 저자에 대해 문제가 되는 것은, 『유심안락도』에는 보리유지가 唐 神龍 2년(706)에서 先天 2년(713) 사이에 번역한 『大寶積經發勝志樂會』와 신룡 3년(707)에 번역한 『不空羂索神變眞言經』이 인용되어 있기 때문이라는 것이다. 望月信亨, 『支那淨土敎理史』(東京: 法藏館, 昭和 17) p.212. 즉 원효가 입적(686)후 20년이나 지난 후에 번역된 위의 두 문헌이 『유심안락도』에 인용되었으므로 문제가 되었다고 보고 있다. 고익진, 「遊心安樂道의 成立과 그 背景」, (『불교학보』 10, 1973) p.153 참조.

정토의 근본 뜻은 본래 범부를 위한 것이고 겸하여 성인을 위한다는 것을 알아야 한다. 또 십해 이상의 보살은 악도(삼악도)에 태어나는 것을 두려워하지 않기 때문에 정토에 태어나기를 원하지 않는다. 그렇기 때문에 정토의 깊은 뜻은 본래 범부를 위한 것이지 보살을 위한 것이 아님을 알아야 한다.[31]

곧 정토의 깊은 뜻은 본래 범부를 위한 것이지 보살을 위한 것이 아니라고 하였다. 이와 같은 정토사상은 왕 또는 귀족계급보다 억압받고 멸시당하는 소외된 민중들을 측은히 여겨 이들을 하루빨리 평안의 세계로 인도하기 위한 대승의 이타정신에서 나온 것이라 하겠다. 그러면 이러한 신앙 관념의 배경은 무엇으로부터 비롯된 것일까. 그것은 근본적으로 정토교에서 주장하는 말법시대관에 의한 것이라고 볼 수 있다.

정토교는 기본적으로 말법사상을 바탕으로 형성된 것이라고 할 수 있는데, 말법사상이 유행하게 되는 사정에는 여러 가지가 있지만 첫째로는 요말澆末[32]을 설명하여 정正·상像의 시한을 밝히는 경전에 접했던 것이고, 둘째로는 요말의 모습을 목전에 드러내 보이는 것 같은 교단의 타락과 외부에서의 박해에 의한 것이라 할 수 있다. 중국에서 말법이 도래했다는 의식을 처음으로 표명한 이는 문헌상에서는 남악혜사(南岳慧思, 515~577)인데, 그는 지금은 분명히 말법시대라고 하는 신념을

---

31 『遊心安樂道』(대정장 47, p.119중) "故知淨土宗意 本爲凡夫 兼爲聖人也 又十解以去 不畏生惡道 故可願生淨土 故知淨土奧意 本爲凡夫 非爲菩薩也."

32 요말澆末은 澆季와 같은 말로 澆는 엷음, 季는 끝이라는 뜻. 인정이 엷고, 풍속이 경박해지고, 도덕이 쇠한 말세, 인간의 도가 쇠퇴한 말세(澆世)를 뜻한다. 『正法眼藏』(대정장 82, p.140상) 참조.

가지고 『입서원문立誓願文』을 저술했다.

그 후 말법에 상응하는 교법으로 수립되었던 것이 신행(信行, 540~594)의 삼계교三階敎와 도작과 선도의 정토교이다. 삼계교의 신행은 지금은 말법의 악세가 되었으므로 오직 보경보법普敬普法에 의지해야 한다고 주장하였고, 정토교의 도작은 말법 악세가 되었으므로 미타일념彌陀一念을 전념전수專念專修하자고 설했는데, 이 두 가지 종파는 장안에 진출하여 수와 당의 불교계에 커다란 영향을 끼쳤다.³³ 도작이 정토교를 권한 것에 대해 보면, 『안락집』 제일대문第一大門의 서두에서 다음과 같이 설명하고 있다.

교를 일으킨 이유를 밝히면, 시기를 잡고 근기를 입는(約時被機) 것이 정토이기에 귀의하기를 권한다. 만약 교가 시기에 부합하면 닦기 쉽고 깨닫기 쉽다. 만약 기機와 교敎와 시가 어긋나면 닦기 어렵고 오입悟入하기 어렵다. 이 때문에 『정법념경』³⁴에서 이르기를 "수행자가 일심으로 도를 구할 때 항상 마땅히 시방편時方便을 관찰해야 한다. 만약 시기를 얻지 못하고 방편이 없으면 이를 이름하여 실失이라 하고, 이利라 이름하지 않는다"라고 하였다. 왜냐하면 습기가 있는 나무를 모아서 불을 구하면 불을 얻을 수가 없다. 시기가 아니기 때문이다. 만약 마른나무를 쪼개어 물을 찾으면 물을 얻을

---

33 鎌田茂雄 著, 鄭舜日 譯, 『中國佛敎史』(경서원, 1996) p.150, p.176 참조.
34 『正法念經』은 『正法念處經』의 약칭으로 70권, 원위元魏의 바라문인 구담반야류지瞿曇般若流支가 번역하였다. 7단으로 나누어 선악의 업에 의하여 받는 과보에 차별이 있음을 말하고, 각처의 형편을 자세히 말하였다. 위의 문장에서 인용한 내용은 『坐禪三昧經』(대정장 15, p.285하)에 있다.

수가 없다. 지혜가 없기 때문이다.[35]

이와 같이 도작은 말법시대를 인식하여 이에 상응하는 교敎를 일으킨 이유를 밝히고 있다. 여기에 대해 태원 스님은, 정토교는 시기상응時機相應의 교이고, 방편의 교이며, 지혜가 있는 교라고 설명하고 있다. 도작은 이 시기에 관해서 말하기를 "금시今時의 중생을 헤아려보건대 부처님이 세상을 떠나신 후 제 4번째 오백 년이 된다"[36]고 하였다. 즉 도작은 부처님이 입멸하신 후 2천 년이므로 말법시대임을 자각했다는 것이라고 하였다.[37] 이와 같이 도작의 말법관에 영향을 받은 선도는 『관무량수불경소(이하 관경소觀經疏)』 「현의분」에서 다음과 같이 말한다.

우리들 어리석은 몸은 이제 석가불이 말법시대를 위해 남겨둔 미타본원인 극락의 요문을 만났으니 정선定善과 산선散善 등을 회향하여

---

35 『安樂集』(대정장 47, p.4상중) "第一大門中 名敎興所由 約時被機勸歸淨土 者若敎赴時機易修易悟 若機敎時乖 難修難入 是故正法念經云 行者一心求道時 常當觀察時方便 若不得時無方便 是名爲失 不名利何者 如攢濕木以求火 火不可得 非時故 若折乾薪以覓水 水不可得 無智故."

36 『安樂集』(대정장 47, p.4중) "計今時衆生 卽當佛去世後第四五百年."

37 태원 스님은 설명하기를 "도작은 태어나서 정토에 귀의할 때까지 불교 내부나 사회상황이 좋지 않은 것을 보고 말법시대임을 자각하여 강조한 것이다. 즉 도작은 자기가 살고 있는 시대가 말법시대이기 때문에 불교가 타락되어 가고, 사회가 불안정하며, 중생의 근기는 下劣할 뿐 아니라 죄악의 범부들만이 생존한다고 생각한 것이다. 도작이 선택한 정토교는 시기와 근기를 자각함에 의한 것이기 때문에 시기와 根機에 相應한 교이다. 그러므로 이러한 시기와 근기에 상응하는 수행법은 오직 염불이란 하나의 수행방법이다"라고 하였다. 李太元, 『念佛의 源流와 展開史』 (운주사, 1998) pp.346~347 참조.

속히 무생의 몸을 증득하자.³⁸

이와 같이 선도는 모든 중생은 죄악범부이므로 이를 스스로 자각하여 오직 아미타불의 본원에 의지해야 된다고 하였다. 선도의 말법관은 말법중생의 죄악관에서 비롯된 것이라 할 수 있다. 선도는 이 말법관을 기본 배경으로 삼아 참회를 근본으로 한 칭명염불을 대성시켜 온 나라에 전파한 선각자이다.

이상에서 살펴본 바와 같이, 정토염불신앙이 발생 성행하게 된 원인은 근본적으로 이 말법사상에 의한 것임을 알 수 있다. 이러한 정토교의 말법사상은 하근기의 중생들이 구제받을 수 있는 염불수행법의 근거를 마련하게 되었고, 이 사상은 한국이나 일본불교에 영향을 미치게 되었다.

여기서 참고삼아 기독교의 종말론과 불교의 말법관을 비교해 보자. 불교의 말법사상은 현재 기독교에서 주장하는 그리스도의 죽음으로 시작되어 이미 종말의 시기가 결정되어 있다는 종말론(말세론)과는 근본적으로 다르다. 불교에서도 말세라는 말을 사용하기도 하지만 이것은 용어가 같을 뿐이지 기독교의 종말론과는 그 뜻이 엄연히 다르다. 왜냐하면 그리스도교에서는 우주와 그 안에 있는 만물은 신이 자기 영광을 위하여 창조한 것이라고 주장하고 있지만, 불교에서는 본래 신이란 없는 것이고, 이 우주는 성·주·괴·공의 자연법칙으로 순환한다고 설하기 때문이다. 이와 같이 기독교와 불교의 교리는 근본적으로 다르다. 여기서 생각해볼 것은, 불교의 말법사상은 넓게는 이 우주의 순환시기에서 어느 때가 도래됨을 말하는 것이라고 본다. 이것이

---

38 『觀無量壽佛經疏(관경소)』「玄義分」(대정장 37, p.246상) "我等憂癡身 曠劫來流轉 今逢釋迦佛 末法之遺跡 彌陀本誓願 極樂之要門 定散等廻向 速證無生身."

기독교와 불교의 근본적인 차이라고 하겠다. 결론적으로 기독교는 신을 따르는 종교이고, 불교는 자연의 이법理法을 그대로 따르는 종교라고 하겠다.

셋째, '이때부터 염불결사가 싹트기 시작하였다'는 것인데, 이 사실을 보여주는 것으로는 설화 첫머리에 '남자 신도 수십 명이 극락세계를 정성껏 구하여 주의 경계에 미타사를 짓고 1만 일을 기약하며 계를 만들었다'는 대목이다.[39] 다음에 고찰할 오비구도 염불결사를 하였다. 그런데 본 설화의 염불결사가 특이한 것은, 오비구의 염불결사는 출가자 집단의 결사이고, 여기서는 재가신도의 결사라는 점이다. 이것은 불교의 대중화를 나타내는 것으로, 불교수행은 출가자들의 제한된 영역이 아니라 사부대중 누구라도 수행에 참여할 수 있다는 것을 일찍이 보여주는 것이라고 하겠다. 이러한 사실은 오늘날 불교의 실천방향을 세우는 데 중요한 발판이 되고 있다. 지금 현재도 그 맥을 이어 전승하고 있는 만일염불결사도량이 있는데,[40] 오늘날 같은 물질만능의 혼탁한 다종교시대에 이러한 전승은 자칫하면 허물어질 수 있는 불자들의

---

39 보광 스님은 미타정토신앙결사에 대하여, 중국에서는 흔히 '蓮社'라는 말을 많이 사용하고 있으나, 우리나라에서는 '契', '道場', '會'라고 하므로 그 표현상의 차이는 느낄 수 있으나 이들은 대부분 정토신앙결사인 것 같다고 하였다. 이와 같은 만일결사 염불의 방법은 중국이나 일본의 정토신앙 결사에서는 보이지 않으며, 한국정토신앙에서만 볼 수 있는 특이한 신앙형태이며 그중에서도 「욱면비 염불서승」조가 자료로서는 최초에 속한다고 하였다. 韓普光, 『信仰結社硏究』(如來藏 2000) pp.63~64, p.121 참조.
40 보광 스님은 경기도 성남시 수정구 상적동 청계산 정토사에서 2000년 6월 6일 입재, 2027년 10월 22일 회향한다고 한다.

신심을 결속하는 데 매우 진취적이고 바람직한 불교 실천행이라 하겠다. 염불결사에 대한 논의는 제6장에서 구체적으로 언급할 것이다.

 이상과 같이 욱면의 현신왕생과 그 신앙성을 살펴보았는데, 설화에 나타난 신앙적 특성은 욱면이 오직 염불수행으로 현신왕생했다는 것이다.[41] 이것은 왕생의 인은 오직 염불수행에 있다는 것을 보여주는 것이다. 또한 욱면이 여인의 몸, 천인의 몸으로 왕생했다는 것은 불교의 인간평등사상을 보여주는 것으로서 이러한 이적담은 당시의 전쟁 등 불안한 시대에 사는 천대받던 민중들에게 커다란 위안과 희망과 용기를 주었다고 본다. 특히 천인이 왕생했다는 것에서 시대적으로 당시의 귀족불교적인 신앙이 하층의 천민에게까지 전파되어 갔다는 것을 보여주고 있다. 이것은 『유심안락도』의 설과 같이 정토는 범부를 위한 것임을 온 민중에게 알려준 것이라고 하겠다.

3. 출가비구의 현신왕생

『삼국유사』의 기록을 보면 실로 다양한 유형의 수행자가 등장한다. 여기서는 순수한 출가비구들의 현신왕생 사례를 살펴보고자 한다. 설화「포천산 오비구布川山 五比丘」에 등장하는 다섯의 비구승이 그 예이다. 본 설화는 경덕왕 대(742~765)의 이야기로 포천산의 석굴에서 다섯의 비구가 아미타불을 염송하여 현신왕생했다는 내용이다. 이

---

[41] 김영미는 "노비인 욱면이 칭명염불로 왕생하였다는 사실은 아미타 신앙이 가지는 평등성에 근거한 것으로, 아미타 신앙의 대중화를 상징하고 있다"라고 하였다. 金英美,「統一新羅時代 阿彌陀信仰의 歷史的 性格」,(『韓國史硏究』 50·51, 1985) p.53 참조.

설화도 앞에서 고찰한 욱면비의 설화와 맥락을 같이 한다고 볼 수 있다. 그것은 오비구도 염불하여 육신을 공중에 버리고 현신왕생하였기 때문이다. 다만 다르다면, 욱면은 천민 신분의 재가자로서 개인적으로 왕생한 것이고, 포천산의 오비구는 출가자로서 집단적으로 비구가 왕생한 점이 다르다. 또 오비구의 특이한 점은 왕생을 하면서 공중에서 무상無常·고苦·공空을 설했다는 것이다. 내용은 다음과 같다.

삽량주 동북쪽 20리쯤 되는 곳에 포천산이 있는데, 석굴이 기이하고 빼어나 마치 사람이 깎아놓은 듯하다. 이곳에 이름이 자세하지 않은 비구 다섯 명이 머물면서 아미타불을 염송하며 극락을 구한 지 거의 10년이 되었는데, 보살들이 서방으로부터 와서 그들을 맞이하였다. 그러자 다섯 비구가 각기 연화대에 앉아 공중으로 올라가더니, 통도사 문 밖에 이르러 머물렀다. 그러자 하늘에서 음악을 연주하는 소리가 간간히 들렸다. 절의 승려가 나가보니, 다섯 비구가 인생이 무상하고 괴롭고 공하다(無常苦空)는 이치를 설명하고 유해를 벗어 버리고 큰 빛을 발하면서 서쪽을 향해 갔다.[42]

본 설화의 특성은 크게 세 가지로 나타난다. 첫째는 오비구가 염불수행으로 현신왕생하였다는 것이고, 둘째는 개인이 아닌 집단이 동시에 왕생하였다는 것이고, 셋째는 오비구가 육신을 버리고 공중에서 무상·

---

42 『삼국유사』卷5 避隱 第8 『布川山 五比丘』(대정장 49, p.1017중) "歃良州東北二十許里有布山川 石窟奇秀 宛如人斲 有五比丘 未詳名氏 來寓而念彌陀求西方幾十年 忽有聖衆自西來迎 於是五比丘各坐蓮臺 乘空而逝 至通度寺門外留連 而天樂間奏 寺僧出觀 五比丘爲說無常苦空之理 蛻棄遺骸 放大光明 向西而去."

고·공을 설하였다는 점이다. 여기서는 이 세 가지를 경론과 대비하면서 그 신앙성을 고찰하되, 첫째의 현신왕생과 셋째의 무상·고·공에 대한 것을 중심으로 하여 살펴보고자 한다.

　첫째, '염불수행으로 현신왕생하였다'는 것이다. 그러면 이들은 과연 어떤 종류의 염불수행을 하였을까. 설화의 문맥으로 보아서는 칭명염불을 한 것으로 나타나고 있다. 위 설화에서 '아미타불을 염송하며 극락을 구한 지 거의 10년이 되었다'고 했는데 여기서 아미타불을 염송했다는 것은 칭명염불을 하였다는 것을 말해주고 있다. 따라서 본 고찰에서는 칭명염불에 대한 것을 경론과 대비하면서, 논사들이 왜 여러 종류의 염불 가운데 칭명염불을 택하여 주장하고 권한 것인가를 살펴보고자 한다. 따라서 먼저 정토경전에 나타난 칭명염불의 핵심사상과 대표 논사들의 증명을 간추려보고자 한다. 경론의 근거로는 『무량수경』에서 설한 십념론에 대한 논사들의 견해와 『관무량수경』에서 설한 구품왕생 가운데 하품하생에 대한 선도의 해석을 중심으로 하여 살펴보고자 한다. 이 두 가지를 살펴보면 칭명염불을 권장한 이유가 밝혀질 것으로 본다.

　먼저 『무량수경』에 나타난 경설을 보면, 칭명염불을 나타내는 구절은 널리 알려진 제18원願인 '염불왕생원念佛往生願'이다. 이 원은 앞에서도 살펴보았듯이 "만약 내가 부처를 이룰 적에 시방세계 중생들이 내 나라에 태어나기 위해 지극한 마음으로 신심과 환희심을 내어 내 이름을 내지십 념하여 내 나라에 태어날 수 없다면 부처를 이루지 않겠다"[43]고 서원한

---

43 『無量壽經』(대정장 12, p.268상)

그것이다. 이 원을 세운 뜻은 법장보살이 미혹의 세계에서 방황하는 어리석은 범부를 구제하기 위하여 평등의 대자비심을 발하여 누구라도 쉽게 행할 수 있는 칭명염불을 정토에 왕생하는 행으로 골라서 이 원을 세우게 된 것이라고 하겠다.

위의 경설에서 "내 이름을 내지십념乃至十念하여"라는 이 구절은 『무량수경』의 핵심골자인데, 논사들의 견해가 조금씩 다르지만 대부분이 십념을 칭명으로 해석하고 있다. 여기서는 중국의 담란, 도작, 선도의 설과 한국의 원효의 설을 중심으로 그 핵심적인 주장만을 간략히 살펴보기로 하겠다. 먼저 십념에 대하여 담란은 『왕생론주』의 제7의 문답에서 다음과 같이 해석하였다.

이 가운데 염이라고 말하는 것은 시간을 취하지 않고 다만 아미타불을 억념하는 것을 말할 뿐이다. 혹은 총상, 혹은 별상 등의 관할 바 반연에 따라 마음속에 다른 생각이 없이 십념상속十念相續하는 것을 이름하여 십념이라 한다. 단 명호를 부르는 것도 또한 이와 같다.[44]

위의 내용을 보면 아미타불의 총상總相과 별상別相을 오로지 억념하는 것이며, 또한 명호를 외울 때도 역시 아미타불을 마음에 억념하면서 칭명해야 한다고 하면서 마음속에 다른 생각 없이 십념상속하는 것을 십념이라고 하였다.[45] 이 담란의 십념론은 도작(道綽, 562~645)에게

---

44 『往生論註』(대정장 40, p.834하) "此中云念者不取此時節也 但言憶念阿彌陀佛若總相若別相 隨所觀緣心無他想十念相續名爲十念 但稱名號亦復如是."
45 태원 스님은 여기서 십념이란 稱念이 아니고, 억념하되 마음속에 다른 생각이 없이 십념상속하는 것이라고 하였다. 李太元, 『念佛의 源流와 展開史』(운주사,

계승되었는데, 도작은 『안락집』 제3대문第三大門에서 제18원을 다음과 같이 해석하였다.

만약 어떤 중생이 가령 일생 동안 악을 지어 목숨을 마칠 때에 임해 십념상속하여 나의 명자를 칭하여도(十念相續稱我名字) 만약 태어나지 못하면 정각을 이루지 않겠습니다.[46]

도작은 여기서 『무량수경』의 "내지십념乃至十念"을 "십념상속칭아명자十念相續稱我名字"라고 해석하여 염念보다 칭稱을 중요시했음이 보인다. 도작의 전기에서 도작은 여가가 있으면 입으로 부처님 명호를 하루에 7만 번 부르는 것을 일과로 삼았다[47]고 하니, 그가 얼마나 칭명염불을 중요시했는지 알 수가 있다. 도작은 담란의 영향을 받아 관념염불, 즉 억념염불을 칭명염불로 발전시켰다고 하겠다. 이 십념설은 도작에 이어 그의 제자 선도(善導, 613~681)에게 계승되었는데, 선도는 이 십념을 칭명으로서의 십념이라고 주장하였다. 선도는 『무량수경』의 제18원을 『관념법문』에서 다음과 같이 해석하였다.

만약 내가 성불할 때, 내 나라에 태어나기를 발원하며 시방의 중생들이 내 명자를 아래로 십성十聲까지 외우고 내 원력에 의지하였는데도 왕생하지 않으면 정각을 얻지 않겠다.[48]

1998) pp.311~312 참조.

46 『安樂集』(대정장 47, p.13하) "若有衆生 縱令一生造惡 臨命終時 十念相續稱我名字 若不生者 不取正覺."
47 『續高僧傳』(대정장 50, p.594상) "纔有餘暇口誦佛名 日以七萬爲限."

제2장 현신왕생과 정토신앙 53

이와 같이 '내지십념'을 "칭아명자稱我名字 하지십성下至十聲"으로 해석하고 있다. 이것은 도작의 '칭아명자'의 사상을 이어받았다고 할 수 있는데, 선도는 담란과 도작의 영향을 받아 '염念'은 '칭稱'으로 하고, '내지일념乃至一念'의 염은 입으로 부르는 여섯 자(六字)의 '나무아미타불南無阿彌陀佛'을 외우는 것이라고 분명하게 밝혀 주장하였다. 선도의 행적을 보면, 선도는 장안長安에 들어가 귀천을 가리지 않고 널리 민중을 교화하였는데 염불한 지 3년 만에 성내에 염불소리가 가득 찼다고 한다. 또한 『아미타경』을 서사하기를 수만 권, 극락정토의 변상도 그리기를 삼백 포, 송경誦經은 십만 내지 삼십만 번, 염불은 매일 일만 오천에서 십만 번까지 했다고 한다.[49] 이와 같이 선도가 칭명염불을 주장한 것은 말법시대의 죄악범부들은 관념염불이 어렵기 때문에 행하기 쉬운 칭명염불을 권한 것이라 할 수 있다.

다음은 원효의 십념론이다. 원효(元曉, 617~686)는 『무량수경종요』에서 이 십념에 은밀의隱密義 십념과 현료의顯了義 십념의 두 가지가 있다고 주장하였다. 은밀의 십념이란 『미륵발문경』에서 설하는 십념이고,[50] 현료의 십념이란 『관무량수경』 「하하품下下品」의 십념처럼 소리

---

[48] 『觀念法門』(대정장 47, p.27상) "若我成佛 十方衆生願生我國 稱我名字 下至十聲 乘我願力 若不生者 不取正覺."

[49] 이와 같은 내용은 『續高僧傳』(대정장 50, p.684상), 『廬山蓮宗寶鑑』(대정장 47, p.323상), 『龍舒增廣淨土門』(대정장 47, p.267상), 『樂邦文類』(대정장 47, p.193상), 『佛祖統紀』(대정장 49, p.263상)에 실려 있다.

[50] 『無量壽經宗要』(대정장 37, p.129상) "은밀의란 무엇인가? 제3의 순정토의 과에 의해 십념의 공덕을 말한 것이니, 이것은 『彌勒發問經』에서 말씀한 바이다. 곧 그때에 미륵보살이 부처님께 말씀드리기를 '부처님께서 말씀하신 바와 같이 아미타불의 공덕 이익이 만일 십념을 상속해서 끊임없이 저 부처님을 생각하므로 곧

를 내어 '나무아미타불'을 부르는 것을 말한다고 하였다. 현료의 십념은 다음과 같다.

현료의 십념이란 어떤 것인가? 제4대第四對의 정토에 견주어 말하리니, 『관경』에서 말씀하신 바와 같다. 하품하생이란 착하지 못한 짓을 하던 중생이 오역, 십악 등 온갖 죄를 짓다가 목숨이 마칠 때에 다행히 선지식을 만나 묘한 법을 듣고, 염불의 가르침을 받고도 마음으로 능히 염불을 하지 못하면 마땅히 입으로 무량수불을 부르게 한다. 이렇게 하여 지극한 마음으로 그 소리를 끊이지 않게 하며 십념을 갖추어 나무아미타불을 외운다면, 부처님의 명호를 외우므

왕생할 수 있다면 마땅히 어떻게 저 부처님을 생각해야 하나이까?' 부처님이 말씀하셨다. '그 생각은 범부의 생각이 아니요 不善의 생각이 아니며 잡된 번뇌의 생각이 아니니, 이와 같은 생각을 갖추면 곧 안락국에 왕생하게 되리라.' 여기에 십념이 있다. 십념이란 어떤 것인가? 첫째는 일체 중생에게 항상 인자한 마음을 내고 일체 중생에 대해 그 행을 훼방하지 않는 것이니, 만일 그 행을 훼방하면 끝내 왕생하지 못하는 것이고, 둘째는 일체 중생을 크게 가엾이 여기는 마음을 일으키고 잔인하게 해칠 생각을 버리는 것이며, 셋째는 법을 보호하는 마음으로 신명을 아끼지 않고 일체법을 비방하지 않는 것이며, 넷째는 인욕하는 마음으로 결정심을 내는 것이며, 다섯째는 깊고 깊은 청정한 마음으로 이양에 물들지 않는 것이며, 여섯째는 일체종지심을 일으켜 날마다 항상 생각해서 잊지 않는 것이며, 일곱째는 일체 중생에게 존경하는 마음을 내어 아만을 버리고 말끝마다 겸손을 잊지 않는 것이며, 여덟째는 속된 이야기에 재미를 붙이지 않는 것이며, 아홉째는 각의를 가까이하여 여러 가지 선근의 인연을 깊이 일으키고, 시끄럽고 산란한 마음을 멀리 여의는 것이며, 열째는 정념으로 부처님을 관함으로 모든 감관의 충동을 없애는 것이다. 이 십념을 다음과 같이 해석할 수 있다. 이와 같은 십념을 가지면 이미 범부가 아니니 마땅히 알라. 이는 初地이상의 보살이라야 능히 이 십념을 갖추며 순정토에 대한 하배의 인이 되나니, 이것이 隱密義의 십념이라 한다."

로 생각 생각 가운데 80억겁에 지은 생사의 죄를 소멸하고 목숨을 마친 뒤에는 곧 왕생하게 되리라.[51]

이와 같이 원효는 십념의 염불 가운데 이 현료의 십념을 『관무량수경』의 말씀을 들어 설명하고 있다. 즉 하품하생의 죄악범부는 임종시에 선지식을 만나 염불의 가르침을 들어도 도저히 관념이 되지 않으므로 입으로 칭명을 하라고 가르치고 있다. 원효 외에도 법위, 경흥, 의적, 현일 등의 십념론이 있는데 여기서는 생략하기로 한다.

다음 『관무량수경』에 나타난 칭명염불의 구절을 보면 하품상생下品上生[52]과 하품하생에 나타나 있다. 하품하생에 나타나 있는 칭명염불에 대한 구절은 다음과 같다.

선지식은 다시 말씀하시기를 "그대가 만약 부처님을 생각할 수 없으면 무량수불을 불러라"고 하시느니라. 이와 같이 지극한 마음으로 소리가 끊어지지 않게 하여 십념을 구족하여 부처님의 명호인 나무아미타불을 부른 까닭에 생각 생각 가운데 팔십억겁 생사의 죄를 제거하

---

51 『무량수경종요』(대정장 37, p.129상) "言顯了義十念相者 望第四對淨土而說 如觀經言 下品下生者 或有衆生 作不善業 五逆十惡 具諸不善 臨命終時 遇善知識 爲說妙法 教令念佛 若不能念者 應稱無量壽佛 如是至心 令聲不絕 具足十念 稱南無佛 稱佛名故 於念念中 除八十億劫生死罪 命終之後 卽得往生."

52 『觀無量壽經』(대정장 12, p.345하) "하품상생에서는 '목숨을 마치려 할 때 선지식이 그를 위하여 대승 십이부경의 제목을 찬탄하시느니라. 이때 그는 모든 경의 이름을 듣는 공덕으로 천겁 동안 지은 아주 무거운 악업이 제거된다. 또 지혜 있는 사람이 가르치시기를, 합장하여 나무아미타불의 명호를 부르게 하여 그 부르는 공덕에 의해 오십억 겁 생사의 죄가 제거되느니라'라고 하셨다."

시느니라.⁵³

위의 경설에서 "그대가 만약 부처님을 생각할 수 없으면 무량수불을 불러라"고 한 것은, 위에서 원효가 해설한 바와 같이 하품하생의 죄악범부중생은 도저히 억념할 겨를이 없기 때문에 입으로 아미타불을 부르라고 한 것이다. 이에 대해 태원 스님은 설명하기를, 하품하생의 '칭불명稱佛名'은 염송으로 이어지는 행도라 하였다. 왜냐하면 "칭불명고 어념념중稱佛名故 於念念中"이기 때문이라 하였다. 즉 부처님 명호를 부르는 소리가 마음속에 들어가 염하는 데 역할을 주기 때문이라고 하였다. 다시 말해 입으로 부처님 명호를 부르는 것이 단순히 구업口業으로 끝나는 것이 아니고 부처님 명호를 부르는 소리가 마음에 자극을 주어 부처님을 염하게 하는 것이 하품하생의 '칭나무아미타불稱南無阿彌陀佛'이라 생각된다고 하였다.⁵⁴ 이 구절에 대하여 선도는 『관념법문』에서 증상연增上緣을 설명하는 가운데서 위의 문장을 인용하여 다음과 같이 설명한다.

일생 동안 갖추어 오역과 극중한 죄를 짓고 지옥에서 끝없는 고통을 받을 죄인이 병이 들어 죽으려고 할 때 선지식의 가르침을 만나 아미타불의 명호를 열 번 부르면, 소리와 소리 가운데 팔십억 겁 생사의 중죄가 소멸된다.⁵⁵

---

53 위의 경전(대정장 12, p.346상) "善友告言 汝若不能念彼佛者 應稱歸命無量壽佛 如是至心令聲不絶 具足十念稱南無阿彌陀佛 稱佛名故 於念念中 除八十億劫生死之罪."

54 李太元, 『念佛의 源流와 展開史』(운주사, 1998) p.157 참조.

이와 같이 선도는 '염念'은 '칭稱'으로 하고, 염은 입으로 부르는 6자의 '나무아미타불'을 외우는 것이라고 분명하게 밝혀 주장하고 있다.[56] 이 외에도 여러 논사의 설은 많으나 앞으로의 연구에 따라 언급하기로 하겠다.

이와 같이 『무량수경』과 『관무량수경』에 나타난 칭명염불의 요지를 살펴보았는데 이를 정리해보면, 『무량수경』에 나타난 칭명염불의 핵심구절은 제18원 '염불왕생원'이다. 즉 "내지십념乃至十念하여"라고 한 십념염불을 골자로 하고 있다. 이 십념을 담란은 십념상속하는 것을 십념이라고 하였다. 즉 담란은 관념염불을 주장한 것이다. 도작은 담란의 영향을 받아 관념염불, 즉 억념염불을 칭명염불로 발전시켰다고 하겠다. 또한 선도는 담란과 도작의 영향을 받아 '염'은 '칭'으로 하고, '내지일념'의 염은 입으로 부르는 육자의 '나무아미타불'을 외우는 것이라고 분명하게 밝혀 주장하였다. 정토불교사에서 선도는 칭명염불을 대성시킨 사람이다. 이 칭명염불 사상이 일본은 물론 한국에 뿌리내리게 된 것은 여러 논사들의 영향도 있지만 선도의 영향이 가장 크다고 할 수 있다.

한편, 원효는 십념을 은밀의 십념과 현료의 십념 두 가지로 나누어 현료의 십념으로 칭명염불을 강조하였다. 원효는 하품하생의 죄악범부

---

55 『觀念法門』(대정장 47, p.25상) "一生具造五逆極重之罪 經歷地獄受苦無窮 罪人得病欲死 遇善知識教稱彌陀佛名十聲 於聲聲中除滅八十億劫生死重罪."

56 태원 스님은 "위의 『觀念法門』에서 '소리와 소리 가운데 팔십억겁 생사의 중죄가 소멸된다'고 하여 칭명하는 소리의 공덕을 말하고 있는 것은 아미타불의 本願을 칭명으로 하기 위한 것이며, 여러 부처님을 부르기보다는 아미타불 한 부처님의 명호만을 부르게 하기 위한 것이다"라고 하였다. 앞의 책, p.444 참조.

중생은 도저히 억념할 겨를이 없기 때문에 입으로 아미타불을 부르라고 하였다. 이러한 설명은 위에서 살펴본 『관무량수경』에 나타난 "그대가 만약 부처님을 생각할 수 없으면 무량수불을 불러라"라고 설한 것에 근거한 것이라 하겠다.

이와 같이 논사들은 칭명염불로써 정토에 귀의하여야 함을 주장하고 있다. 그 주장의 이유는 한마디로 사바세계의 중생은 말법시대를 살아가는 죄악범부중생이기 때문에 근기가 하열하여 관념觀念 등의 상근기적인 수행법이 어렵기 때문이라는 것으로 결론짓고 있다. 저자 일연은 이러한 선각자들의 정토 교리를 바탕으로 하여 누구라도 실천하기 쉬운 칭명염불을 대중화하기 위한 목적의식을 가지고 본 설화를 채록했을 것이라고 본다.

본 설화 외에 칭명염불 수행을 보여주는 설화는 「염불사念佛師」조[57]이다. 이 설화는 『삼국유사』의 「피은避隱」편 끝에 실린 이야기인데, 연대도 미상[58]이고 염불사의 성씨도 미상이다. 이 설화에는 오로지 한평생을 염불하였다는 간략한 기록이 전부이다. 이 설화에서는 염불사가 '아미타불을 칭명하는 염불소리가 성안에까지 미쳐 1,360방, 17만 호에서 그 소리를 듣지 않은 사람이 없었다'고 하였다. 이러한 기록은 당시의 칭명염불의 성행을 알려주고 있는 것이라고 하겠다.

---

57 『삼국유사』 卷5 避隱 第8 「念佛師」(대정장 49, p.1017중)
58 김영태는 "『삼국유사』에 전하고 있는 이 미타신앙의 사실들은 모두가 같은 시대 범주에 속하여 있는 것으로 염불사 이야기도 신라 통일기에 있었던 일들로 모두가 통일 전성기인 문무왕 대에서 경덕왕 대에 이르기까지 대략 100년 사이에 해당되는 통일 전성기 시대 범주에 속하여 있다고 할 수 있다"고 하였다. 金煐泰, 「新羅의 彌陀思想」 『新羅彌陀淨土思想研究』(民族社, 1988) p.336 참조.

둘째, '개인이 아닌 집단이 동시에 왕생하였다'는 것은 염불결사의 의미가 담겨 있다고 하겠는데, 이 염불결사에 대해서는 제6장에서 자세히 논의하고자 한다.

셋째, '육신을 버리고 공중에서 무상·고·공을 설하였다'고 했는데, 여기서의 고찰은 '오비구가 왜 무상·고·공의 이치를 설하였을까' 하는 것에 대해 살펴보고자 한다. 먼저 선학들의 논의를 보면, 이기백은 이들 오비구를 현세를 부정하는 염세적 경향을 지닌 사람들로 보고 있다. 즉 이들 5명의 비구는 성명이 자세하지 않은 점 등으로 보아 신분상으로 귀족신분이 아닌 일반 평민의 신분으로 보는 것이 적절하므로 그들이 왕생하는 도중에 통도사 문밖에서 그 절의 승려들을 향하여 무상·고·공의 이치를 설한 것은 이들이 현세에 미련을 가지고 있지 않고 현세를 부정하는 염세적 경향을 지닌 사람들이기 때문이라 생각한다고 하였다. 그래서 그들은 되도록 빨리 현세를 떠나서 극락정토에 왕생하고자 하는 기원을 가지고 있었다고 하였다.[59]

그러나 이러한 이기백의 논의에는 다소 무리가 있다고 본다. 무상·고·공의 이치는 세간의 염세적인 관념이 아니라 불교의 근본사상을 분명하게 나타낸 것이기 때문이다. 불교의 근본교설은 부처님께서 최초로 설하신 삼법인三法印을 보면 이해할 수가 있다. 이 삼법인은 부처님께서 깨달으신 우주와 인생의 참모습을 연기법에 입각하여 세 가지 법으로 표명한 것인데, 곧 무상·고·공의 이치를 설명하고 있다. 즉 사바세계는 유위의 세계여서 무상하여 괴로운 것이므로 이 고통의 세계를 속히

---

59 李基白, 『新羅思想史硏究』(一潮閣, 1986) pp.146~148 참조.

벗어나 무위열반의 세계에 들라는 근본 가르침이다. 설화에서 오비구가 무상·고·공을 설한 까닭은 바로 이러한 불교의 근본사상에 입각하여 설한 것이라고 본다. 부처님께서도 미혹한 중생이 무명에 빠져 인생이 무한하지 못하므로 허무하다는 염세주의에 빠질 것을 염려하여 이 법을 설하신 것이라고 하겠다. 따라서 이기백의 염세주의적 주장은 불교의 교리로 볼 때 타당하지 않다고 본다.

여기서 간단하게 삼법인의 진리를 새겨보고, 이를 정토교학과 연관하여 논하고자 한다. 삼법인은 일반적으로 대승에서는 제행무상인諸行無常印·제법무아인諸法無我印·열반적정인涅槃寂靜印이라 한다. 이를 원시경전에는 무상·고·무아의 세 가지로 설하기도 하고, 무상·고·무아·공의 네 가지로 설하기도 한다. 또한 이를 제행무상·일체개고·제법무아·열반적정의 사법본말四法本末로 설하기도 한다. 이 진리에는 우리가 정토를 추구하여야만 하는 도리가 잘 나타나 있다. 이 삼법인을 알려주는 유명한 게송이 있다. 『대반열반경』에 나오는 이른바 무상게無常偈이다. 무상게는 원시불교 이후 대승불교가 일어나기까지 근본교설로서 매우 중요한 게송 가운데 하나이다. 게송은 다음과 같다.

인연으로 말미암아 생겨나는 모든 것은 영원한 것이 없으니
이는 생겨나고 멸하는 법이다.
생겨나고 멸하는 법이 사라지니
고요하고 안온하여 즐겁도다.[60]

---

[60] 『大般涅槃經』(대정장 1, p.204하) "諸行無常 是生滅法 生滅滅已 寂滅爲樂."

이 무상게는 연기법에 입각하여 세간의 만물은 어느 것 하나라도 영원히 머무는 것이 없이 생멸변화하여 고정된 실체가 없으므로 부지런히 정진하여 생멸의 세계를 벗어나라는 교훈이다. 그러면 각설을 보자.

제행무상은 이 우주의 삼라만상, 즉 현상세계는 항상하는 것은 하나도 없다는 뜻이다. 여기서 제행은 현상계의 모든 사물을 말하는 것이고, 무상은 시간적으로 볼 때 영원한 것이 하나도 없다는 것을 말한다.

너희들은 마땅히 알라. 인연에 의해 존재하는 모든 것들은 영원한 것이 없다. 내가 이제 금강과 같이 단단한 신체를 가졌더라도 마침내 영원히 머물지 못하고 사라져 감을 면할 수 없다.[61]

이와 같이 무상은 상주함이 없고, 생멸변화해서 고정된 실체가 없다고 하였다. 무상은 고·무아와의 교설과 함께 불교 외의 사상과 구별되는 특성인 동시에 불교 내에서는 모든 종파에 구분 없이 공통적으로 의지하는 주요한 근본교설이라 하겠다. 그런데 무상에 대하여 크게 주의할 것이 있다. 무상을 잘못 판단하면 진리를 부정하는 견지에서 일체의 사물이나 현상이 존재하지 않고 아무런 가치도 없다는 니힐리즘적인 인식에 빠지기 때문이다. 만약 여기서 미혹하게 되면 이기백이 논한 염세주의적 관념에 빠지게 되는 것이다. 이와 같이 제행무상설은 일체가 모두 인연화합으로 생성소멸하는 것이므로 그 실상을 똑바로 직시하여 나를 비롯하여 존재하는 모든 현상에 집착하지 말라는 가르침이다.

제법무아는 만유의 모든 현상인 법은 모두 다 인연에 의해서 끊임없이

---

61 『대반열반경』(대정장 1, p.204하) "汝等當知 一切諸行 皆悉無常 我今雖是金剛之體 亦復不免無常所遷."

생주이멸生住異滅하는 흐름 속에 있기 때문에 참다운 자아의 실체가 없다는 것을 말한다. 이 법은 현상제법의 실태를 공간적인 면에서 관찰한 것으로, 무상은 시간적으로 볼 때 항상하는 것이 하나도 없고, 무아는 공간적으로 볼 때 항상하는 것이 하나도 없다는 진리이다. 여기서 '제법'의 법은 여러 가지 의미를 지니고 있지만 제행의 행과 같은 의미로 볼 수 있다. 즉 제법은 존재하는 모든 것의 실상인 진리 자체를 나타낸 것이고, 무아는 고정불변하는 자아는 결코 존재하지 않는다는 불교 특유의 교설이다. 제법무아설은 오직 무엇이 실재한다거나 근원적으로 유일한 존재라고 할 만한 것은 아무것도 없는 것이므로 여기에 집착하지 말아야 한다는 가르침이다. 즉 절대적 실체는 결코 존재하지 않는다는 것을 말한다. 『잡아함경』 제3권에서 부처님은 다음과 같이 설하신다.

다섯 가지 쌓임이 있으니 이른바 물질의 쌓임과 느낌·생각·지어감·의식의 쌓임이다. 어리석고 무식한 범부들은 슬기도 없고 밝음도 없어서 다섯 가지 쌓임에서 '나'라는 소견을 내어 거기에 집착하여 마음을 얽매고 탐욕을 내느니라. 그러나 비구들이여, 많이 아는 거룩한 제자들은 슬기도 있고 밝음도 있어서 그 다섯 가지 쌓임에서 '나'를 보아 집착하여 마음을 얽매거나 탐욕을 일으키지 않느니라.[62]

이와 같이 육체적이든 정신적이든 아我가 없다고 설하셨다. 즉 일체의

---

62 『雜阿含經』(대정장 2, p.16상) "有五受陰 謂色受陰受想行識受陰 愚癡無聞凡夫 無慧無明 於五受陰 生我見繫著 使心繫著 而生貪欲 比丘 多聞聖弟子有慧有明 於此五受陰不爲見我繫著 使心結縛 而起貪欲."

모든 존재는 인연으로 모였다가 인연이 다하면 소멸될 뿐, 나라고 고집하여 내세울 만한 것은 어디에도 없다는 것이 불교의 근본 가르침이다.

일체개고는 한마디로 세상에 존재하는 모든 것은 변화하고 영원하지 않으므로 괴롭다는 진리이다. 이 말의 뜻을 다시 새겨보면, 세상만사가 조건화되어 존재하는 것에는 언제나 괴로움의 고통이 따른다는 말이다. 예를 들면 생로병사 같은 경우에 이것은 어쩔 수 없는 우주의 인과법칙이므로 무상이고 무아인 것을 뻔히 알면서도 유상有常하고 유아有我이길 바라는 마음이 있다. 이것이 조건화된 헛된 욕망이고 집착이다. 그러므로 괴로울 수밖에 없다는 결과를 낳는다. 일체개고는 제행무상과 제법무아의 진리를 아직도 깨닫지 못한 무자각자無自覺者의 현상적인 삶을 표명한 것이라고 하겠다. 여기서 미혹하면 이기백이 논한 염세주의적 관념에 빠지게 되는 것이다.

열반적정은 앞의 제행무상과 제법무아가 모두 다 괴롭다는 진리를 바르게 깨달아, 이 모든 번뇌의 속박으로부터 벗어나고 미혹의 생사고해를 초월하여 영원히 소란이 없고 항상 고요하고 평온한 불생불멸을 체득한 최고의 이상 경지를 가리키는 말이다. 즉 번뇌와 갈등 등의 헛된 욕망과 집착에서 오는 망상의 불을 불어서 끈다는 뜻이다. 그래서 열반은 애욕의 소멸이요, 우물 속의 두레박처럼 되풀이되는 생의 끝남이라고 하였다. 이것이 불교의 궁극적 목적이라 하겠다. 이와 같은 열반에는 유여열반有餘涅槃과 무여열반無餘涅槃의 두 가지로 나누기도 한다. 유여열반은 일체의 모든 번뇌를 다 끊어서 미래의 생사의 원인이 없어졌다고 할지라도 아직 전생의 업보인 사대오온四大五蘊으로 이루어진 육체가 남아 있어 그것에 의존한다는 것으로서 소승의 열반을 말하기도 한다. 무여열반은 이 사대오온의 육체마저 다 없어지고 아무것도 남은 것이 없어 의존할 곳이 없는 상태의 열반을 의미한다. 위의 설화에서 오비구가 유해를 벗어버리고 서쪽으로 갔다는 것은 바로 대승의 무여열반의 모습을 보여준 것이라 할 수 있다. 즉 무상한 유위세계를 벗어버리고 안락한 무위세계로 들어갔음을 말한 것이다. 이 무위의 세계가 바로 깨달음의 세계인 정토세계를 뜻한다고 하겠다. 이와 같이 무상·고·공을 삼법인에 비추어 살펴보았다.

다음은 정토경전에서의 설명이다. 무상·고·공은 본래 고·공·무상·무아의 준말이다. 이 도리를 『관무량수경』의 제2관인 수상관水想觀에서는 다음과 같이 설하고 있다.

누각은 천만의 온갖 보배가 합하여 이루어졌고, 대의 양쪽은 각각 백억의 화당花幢과 한량없이 많은 악기로써 장엄하였다. 여덟 가지 청량한 바람이 광명으로부터 나와 이 악기를 연주하며 고와 공과 무상과 무아의 음을 연설한다.[63]

위의 경문에서 "여덟 가지 청량한 바람이 광명으로부터 나와 이 악기를 연주하며, 고와 공과 무상과 무아의 음을 연설한다"고 하였는데 이 경문의 뜻은 모든 존재에 실체성이 있다고 보는 그릇된 견해나 아집을 버려야 진실한 나와 그 정토를 볼 수 있다는 가르침이라 하겠다. 이와 같은 도리는 유식에서 말하는 유위법과 무위법을 설명한 경론에서 찾아볼 수 있는데, 유식에서 유위법을 설명할 때는 생주이멸의 네 가지 법칙을 들어 설명한다. 즉 유위의 법은 인연에 의해서 생겨나고,

---

[63] 『觀無量壽經』(대정장 12, p.342상) "樓閣千萬百寶合成 於臺兩邊各有百億花幢無量樂器 以爲莊嚴 八種淸風從光明出 鼓此樂器 演說苦空無常無我之音."

일시적인 형상을 가지고 살며, 그 사이에도 끊임없이 변화하면서, 드디어는 없어져 버린다고 하는 이치이다. 세친은 『구사론』에서 이것을 유위사상有爲四相이라고 하였다.

모든 형상은 어떠한가. 다음의 게송으로 말하리라.

형상(四相)은 온갖 유위의 법으로서
생김과 머무름과 달라짐과 사라짐의 성질이다.

논하건대, 이 네 가지는 바로 유위의 형상이니 법에 만일 이것(유위)이 있으면 응당 유위에 해당되며, 이것과 서로 다른 것이면 바로 무위의 법이 된다. 이것(유위)이 온갖 법에서 능히 일으키는 것을 생김이라 이름하며, 능히 유지하고 안치하는 것을 머무름이라 이름하며, 능히 쇠퇴하게 하는 것을 달라짐이라 이름하며, 능히 무너뜨리는 것을 사라짐이라 이름한다.[64]

여기서 다섯 비구가 설한 무상·고·공의 설법은 바로 이러한 생주이멸의 이치를 설명하는 것이라고 본다. 따라서 오비구의 설법은 인생은 덧없고, 고통스럽고, 허무하니 그대들도 하루빨리 해탈하여 이 오욕의 세계를 벗어나서 무위열반, 즉 정토의 세계에 들라고 당부한 것으로 해석할 수 있다. 이 무위열반에 대해서 선도는 『법사찬』에서 "극락세계

---

64 『俱舍論』「分別根品」(대정장 29, p.27상) "諸相者何 頌曰 相謂諸有爲 生住異滅性 論曰 由此四種是有爲相法若有此應是有爲 與此相違是無爲法 此於諸法能起名生 能安名住 能衰名異 能壞名滅."

는 무위열반의 세계"라고 하였다.[65] 그래서 오비구는 바로 무위열반의 세계인 극락정토에 가는 도중에 아직도 유위법에 머물고 있는 수행자들에게 부지런히 정진하여 유위법을 벗어버리고 무위법을 증득하라는 당부의 설법을 한 것이라고 본다. 『무량수경』에는 오비구의 당부와 매우 일치하는 대목이 설해져 있다.

그대는 이제 스스로 생로병사의 고통을 싫어하여야 하며, 악은 더러우며 기쁠 것이 없나니 모름지기 스스로 결단하여 몸을 단정히 하고 행동을 바르게 해서 더욱 더 모든 선을 닦도록 하여라. 자기를 다스려 몸을 깨끗이 하며 마음의 때를 제거하고, 말과 행동을 충실히 하여 안과 밖이 서로 일치해야 하느니라. 다른 사람을 제도하려면 너 스스로를 제도한 후 더욱 더 남을 제도하며, 밝은 정신으로 구하고 원해서 선의 근본을 쌓으면 한 세상의 수고로움은 잠시 사이가 되지만, 내생에 부처님 국토에 태어나 즐거움을 받는 것은 한이 없으며, 더욱이 진리의 덕을 밝히고 얻어 영원히 생사의 근본을 뽑아 탐貪·에恚·우치愚癡로 인한 고통과 번민의 근심을 없애게 하느니라. 일겁, 백겁, 천만억겁 동안 살려고 하면 자유자재로 다 뜻을 따라 얻느니라. 자연히 무위의 도를 얻어 열반의 도에 이를 수 있으니 그대들은 모름지기 각각 정진하여 마음에 원하는 바를 얻어야 하느니라. 의심하여 도중에 그만두면 스스로 허물이 되어 얻을 수 없으니, 칠보궁전 밖에 태어나면 오백 세 동안 여러 가지 액난을 받느니라.[66]

---

65 『法事讚』(대정장 47, p.433중) "極樂無爲涅槃界."
66 『無量壽經』(대정장 12, p.275하) "汝今亦可自厭生死老病痛苦惡露不淨無可樂者 宜自決斷端身正行益作諸善 修己潔體洗除心垢 言行忠信表裏相應 人能自度轉相

이와 같이 부처님께서는 생로병사가 모두 무상하여 고통이므로 부지런히 정진하여 선의 근본을 쌓아 탐진치 삼독심을 모두 뽑아버리고 무위의 도를 얻어야 한다고 간곡하게 이르신다. 위의 경설에는 무상·고·공의 이치가 그대로 스며 있다. 오비구는 이러한 부처님의 마음으로 대중들에게 무상·고·공의 설법을 하였다고 본다. 오비구는 이미 이것을 깨달아 무위법신을 얻어 공중에서 연화대에 앉아 이 법을 설한 것이다.

오비구 외에도『삼국유사』에는 비구가 왕생한 사례가 있다. 포산의 관기와 도성이라는 두 성사聖師가 바위에 앉아 염불하여 온몸이 공중으로 솟구쳐 올라간 곳을 알 수 없었다는 현신왕생 설화가 있다.[67] 이 설화는 염불결사와 관계가 있으므로 제6장 염불결사의 고찰에서 자세히 논하고자 한다.

이상과 같이 살펴본 이 설화의 특성을 요약하여 보면, 오비구는 오직 염불수행으로 현신왕생을 하였다는 것이다. 이것은 왕생을 하는 데는 염불수행이 가장 수승하다는 것을 보여준 것이다. 또한 개인이 아닌 집단이 동시에 왕생했다는 것은 염불결사의 형태를 보여주는 것으로서 개인에게 바람직한 공동체 의식을 심어주기 위한 것이라 할 수 있다. 한편 오비구가 공중에서 무상·고·공을 설하면서 서쪽을 향해 갔다는 것은 불교의 근본진리를 설한 것이지만, 이 의미는 유위법

拯濟 精明求願積累善本 雖一世勤苦須臾之間 後生無量壽佛國快樂無極 長與道德合明 永拔生死根本 無復貪恚愚癡苦惱之患 欲壽一報百劫千億萬劫 自在隨意皆可得 無爲自然 次於泥洹之道 汝等宜各精進求心所願 無得疑惑中悔自爲過咎 生彼邊地七寶宮殿 五百歲中受諸厄也."

[67]『삼국유사』卷5 避隱 第8「包山二聖」(대정장 49, p.1016중)

에 집착하지 말고 부지런히 염불하여 무위법을 증득하여 극락왕생하라는 실천행도를 대중에게 알려준 것이라 본다. 이것은 출가자의 여법한 회향을 보여주는 것이며, 아울러 재가자들로 하여금 삼보三寶의 숭고한 존엄성을 보여준 것이다.

4. 재가 승려의 현신왕생

앞 절에서는 순수 출가 비구승이 현신왕생을 하였지만 여기서는 재가 승려의 현신왕생을 고찰하고자 한다. 재가승이란 출가자의 신분이기는 하지만 속가에 있는 수행자를 말한다.[68] 광덕廣德과 엄장嚴莊이 그 대표적인 예이다. 이들은 출가는 하였지만 처자식을 데리고 궁핍한 살림을 하면서 염불하여 각각 현신왕생했다는 내용이다. 설화는 다음과 같다.

문무왕 대에 광덕·엄장이라는 두 승려는 우애가 있어 밤낮으로 이렇게 약속하였다. "먼저 서방으로 가는 사람은 반드시 서로 알리자." 그 후 광덕은 분황사 서쪽 마을에 숨어 신발 만드는 일을 하면서 처자식을 데리고 살았고, 엄장은 남악에 암자를 짓고 살면서 나무를 베어 태우며 (화전)농사를 지었다. 어느 날 해 그림자가 붉게 물들고 소나무 그늘에 어둠이 깔릴 무렵, 엄장의 집 창 밖에서 소리가 났다. "나는 벌써 서방으로 가네. 자네는 잘 있다가 빨리 나를 따라오게." 엄장이 문을 밀치고 나가 바라보니, 구름 위에서 하늘의 음악 소리가 들려오고 밝은 빛이 땅까지 뻗쳐 있었다. 이튿날 그가 광덕이 살던

---

[68] 불교사전에는 재가승을 속가에 있으면서 불법을 닦는 사람이라고 하였지만, 정확한 개념으로 보기에는 좀 애매하다. 여기서는 편의상 이 용어를 그대로 사용한다.

곳으로 찾아가 보니 광덕은 과연 죽어 있었다. 그래서 그의 아내와 함께 시신을 수습하여 함께 장사를 지냈다. 일을 마치자 엄장이 광덕의 부인에게 말하였다. "남편이 죽었으니 나와 함께 사는 것이 어떻겠소?" 광덕의 아내는 이를 허락하고 엄장의 집에 머물렀다. 밤이 되어 엄장이 정을 통하려고 하니, 부인이 허락하지 않으면서 말하였다. "대사가 극락정토를 구하는 것은 물고기를 잡으려고 나무 위에 올라가는 것과 같습니다." 엄장이 괴이하게 여겨 물었다. "광덕도 이미 그러했는데 나라고 해서 어찌 안 되겠소?" 부인이 말하였다. "남편과 나는 10여 년 동안 함께 살았지만 일찍이 하룻밤도 잠자리를 같이 한 적이 없는데, 하물며 몸을 더럽혔겠습니까. 그분은 다만 매일 밤 단정하게 앉아서 한결같이 아미타불을 외면서 16관을 짓고, 관이 다 되어 미혹을 깨치고 달관하여 밝은 달이 창으로 들어오면 때때로 그 위에 올라 가부좌를 하였습니다. 이처럼 정성을 다하였으니, 비록 극락으로 가려고 아니해도 어디로 가겠습니까. 천리를 가고자 하는 사람은 첫발자국부터 알 수 있는 것인데, 지금 대사가 하는 일은 동방으로 가는 것이지 서방으로 간다고는 할 수 없습니다." 엄장은 이 말을 듣고 부끄러워 얼굴을 붉히고는 물러나와 바로 원효법사에게 가서 도 닦는 묘법을 간곡하게 물었다. 원효가 쟁관법을 지어 그를 지도하자, 엄장은 그제서야 몸을 깨끗이 하고 잘못을 뉘우쳐 자신을 꾸짖고 한결같은 마음으로 도를 닦아 역시 극락으로 가게 되었다. 쟁관법은 원효법사 본전과 『해동고승전』에 실려 있다. 그 부인은 바로 분황사의 계집종으로, 아마 부처님의 열아홉 응신 가운데 하나일 것이다.[69]

---

[69] 『삼국유사』 卷5 感通 第7 「廣德 嚴莊」(대정장 49, p.1012중)

본 설화의 특징은 크게 두 가지로 나타난다. 첫째는 승려의 신분으로 처자식을 거느리고 불도를 닦아 현신왕생을 하였다는 것이고, 둘째는 이들이 염불수행으로 현신왕생을 했다는 점이다. 여기서는 이 두 가지를 경론과 대비하면서 신앙심을 고찰한 다음 현신왕생에 대한 것을 구체적으로 논하고자 한다.

첫째, '승려의 신분으로 처자식을 거느리고 불도를 닦아 현신왕생하였다'는 것은, 본 설화에 '광덕은 신발 만드는 일을 하면서 처자식을 데리고 살았고, 엄장은 남악에 암자를 짓고 살면서 나무를 베어 태우며 화전 농사를 지었다'는 것이 이를 말해준다. 이것은 상식적으로 볼 때 진정한 출가의 모습은 아니다. 그러나 이들은 수행하여 현신성불까지 했다. 그래서 경전을 근거로 그 의문을 풀어보고자 한다.

경전에는 이종출가二種出家, 사종출가四種出家란 말이 있다. 이종출가는 곧 신출가身出家와 심출가心出家이다. 신출가는 마음과 몸이 모두 출가자의 모습을 한 비구, 비구니, 보살을 말하고 심출가는 재속의 몸차림을 한 대승의 보살을 말한다. 심출가인의 대표적 인물로는 유마힐 거사를 꼽을 수 있다. 이를 『유마경』에서 다음과 같이 설명한다.

비록 재가의 신도라 하여도 사문의 청정한 계행을 받들어 행하고, 비록 세속에 살지만 삼계에 집착하지 않는다. 처자가 있음을 알고 있지만 항상 범행을 닦고, 권속이 있는 것을 알고 있다 해도 항상 멀리 떨어져 있기를 좋아한다.[70]

---

70 『維摩經』「方便品」(대정장 14, p.539상) "雖爲白衣奉持沙門淸淨律行 雖處居家不著 三界 示有妻子常修梵行 現有眷屬常樂遠離."

위 경설은 광덕·엄장의 출가와 매우 일치한다. 이를 긍정적으로 해석한다면 대승불교의 이념에는 어긋나지 않는다. 왜냐하면 대승불교는 '상구보리上求菩提 하화중생下化衆生'의 이념을 세우기 때문이다. 그러나 이 해석은 사실상 난해하다. 따라서 이것은 수행자의 근기의 문제에서 해답을 얻어야 할 것으로 본다. 장황하지만 사종출가에 대한 설명을 살펴보고자 한다. 『아비달마법온족론』에서 다음과 같이 설명한다.

첫째, 어떤 무리의 보특가라[71]는 모든 욕欲의 경계에 있어서 몸은 떠나 있으면서도 마음은 그렇지 못한 이다. 마치 어느 한 사람은 수염과 머리를 깎아 없애고 가사를 입고 바른 믿음으로 출가하여 몸은 법려法侶에 참여하고 있으면서도 마음은 오히려 수용해야 할 모든 욕심을 사모하면서 자주자주 날카로운 탐애를 내는 것과 같다. 그는 몸은 집을 떠나 있으면서도 마음은 오히려 떠나지 않은 것이니, 이런 이를 바로 욕에 대하여 몸은 떠났으면서도 마음은 그렇지 않은 이라고 한다.

둘째, 어느 한 무리의 보특가라는 모든 욕의 경계에 있어서 마음은 떠나 있으면서도 몸은 그렇지 못한 이다. 마치 어느 한 사람은 아내와 자식들이 있고 좋은 밭·집·침구·향·꽃다발·의복 및 음식을 수용하며 갖가지 금·은 등 진기한 보배를 받아 쌓고 노비·동복과 심부름꾼을 부리면서 때로는 매를 때리고 욕을 한다 하더라도 모든 욕에 대하여 탐착하거나 물들지 않을 뿐더러 자주자주 날카로운 탐애를 내지 않는 것과 같다. 그는 몸은 집에 있으면서도 마음은 이미 벗어나 있는 것이니, 이런 이를 바로 욕에 대하여 마음은 떠나 있으면서도

---

71 補特伽羅는 산스크리트어 pudgala의 음역으로 사람·개체·개인 존재의 뜻이다.

몸은 그렇지 않은 이라고 한다.

셋째, 어느 한 무리의 보특가라는 모든 욕의 경계에 있어서 몸과 마음이 다 같이 떠나 있는 이다. 마치 어느 한 사람이 수염과 머리칼을 깎아 없애고 가사를 입고 바른 믿음으로 출가하여 몸이 법려에 참여해 있으면서 모든 욕의 경계에 대하여는 마음에 그리워함이 없고 자주자주 그것을 반연하는 탐애도 일으키지 않으며, 염을 잃고 잠시 동안 일으킨다 해도 깊이 뉘우치면서 부끄러워하는 것과 같다. 그런 이는 몸도 집을 떠나 있고 마음도 떠나 있는 것이니, 이런 이를 바로 욕에 대하여 몸과 마음이 다 같이 떠나 있다고 한다.

넷째, 어느 한 무리의 보특가라가 모든 욕의 경계에 있어서 몸과 마음이 다 같이 떠나 있지 않은 이다. 마치 어느 한 사람이 아내와 자식들을 양육하며 좋은 밭·침구·향·꽃다발·영락·의복과 음식을 수용하고 갖가지 금·은의 진기한 보배를 받아 쌓으며 노비·동복과 심부름꾼을 부리면서 갖가지 마음을 일으켜 매를 때리고 욕설을 퍼부으며 업을 짓고, 또 모든 욕에 대하여 깊이 빠지고 염착을 내며 자주자주 날카로운 탐애를 일으키는 것과 같다. 그는 몸과 마음 두 가지가 다 집을 떠나지 못한 것이니, 이런 이를 바로 욕에 대하여 몸과 마음이 다 같이 떠나지 못한 이라고 한다.[72]

---

[72] 『阿毘達磨法蘊足論』(대정장 26, pp.482하~483상) "一有一類補特伽羅 於諸欲境 身離非心 謂如有一剃除鬚髮 披服袈裟 正信出家 身參法侶 心猶顧戀所受諸欲 數復發起猛利貪愛 彼身出家 心猶未出 是名於欲身離非心 二有一類補特伽羅 於諸欲境 心離非身 謂如有一 雖有妻子 受用上妙田宅臥具香鬘瓔珞衣服飲食受畜種種金銀珍寶驅役奴婢僮僕作使 或時發起打罵等業 而於諸欲 不生耽染 不數發起猛利貪愛 彼身在家 其心已出 是名於欲心離非身 三有一類補特伽羅 於諸欲境 身心俱離 謂如有一剃除鬚髮披服袈裟正信出家身參法侶 於諸欲境 心無顧戀 不數發起緣彼貪愛 失

이와 같이 사종출가는, 첫째는 몸은 떠나 있으면서도 마음은 그렇지 않은 사람이고(身離非心), 둘째는 마음은 떠나 있으면서도 몸은 그렇지 않은 사람이고(心離非身), 셋째는 몸과 마음이 다 같이 떠나 있는 사람이고(身心俱離), 넷째는 몸과 마음이 다 같이 떠나지 못한 사람(身心俱不離)이라고 하였다. 여기에 광덕을 비유하면 그는 둘째의 사람인 "마음은 떠나 있으면서도 몸은 그렇지 않은 사람"이고, 엄장은 첫째의 사람인 "몸은 떠나 있으면서도 마음은 그렇지 않은 사람"이라고 할 수 있다. 또한 다음을 보면 이들의 근기를 알 수가 있다. 『무량수경』에서는 극락세계에 왕생할 수 있는 사람을 그들 자신의 공덕에 따라 상·중·하의 삼배三輩로 구분한다.

첫째, 상배자는 욕심을 버리고 출가하여 스님이 되고, 보리심菩提心을 일으켜 한결같은 마음으로 아미타불을 생각하며, 여러 가지 공덕을 쌓은 사람으로 저 국토에 태어나고자 원하는 사람들이다. 이들은 임종 시에 아미타불의 인도로 극락에 태어나 부처님 곁으로 가서 불퇴전不退轉의 보살이 된다.

둘째, 중배자는 출가한 사문이 되어 큰 공덕을 닦지는 못하더라도 재가자로서 보리심을 내어 한결같은 마음으로 아미타불을 생각하며, 다소의 착한 일을 하고 계율을 지키며 공양하거나 탑과 불상을 조성하는 등의 선행을 하는 사람으로서 이들은 임종 시에 아미타불의 화신化身을 보고 극락세계에 태어나 불퇴전의 자리에 머문다.

念暫起 深生悔愧 彼身出家 其心亦出 是名於欲身心俱離 四有一類補特伽羅 於諸欲境 身心俱不離 謂如有一畜妻養子 受用上妙田宅臥具香鬘瓔珞衣服飲食受畜種種金銀珍寶驅役奴婢僮僕作使 發起種種打罵等業 復於諸欲 深生耽染 數數發起猛利貪愛 彼身心二種 俱不出家 是名於欲身心俱不離."

셋째, 하배자는 출가도 선행을 쌓는 일도 할 수 없지만, 애욕을 끊고 정진하여 오로지 한결같은 마음으로 왕생하려는 마음을 열흘 낮 열흘 밤 동안 끊이지 않는 사람들로서 이들은 임종 시에 꿈속에서 아미타불을 보아 죽은 뒤에 극락세계에 태어난다[73]고 하였다.

위의 삼배자 가운데 광덕과 엄장의 근기는 중배에 속한다고 할 수 있다. 중배에 속할 수 있는 것은 비록 처자식을 데리고 살았다고 해도 출가한 사문으로서 애욕에 탐착하지 않고 철저한 계율을 지켰기 때문이다. 설화에서 "남편과 나는 10여 년 동안 함께 살았지만 일찍이 하룻밤도 잠자리를 같이한 적이 없는데, 하물며 몸을 더럽혔겠습니까"라고 하였는데, 이 구절에서 계율의 중요성을 가르쳐주고 있는 것이다.[74] 그래서 원효는 『발심수행장』의 첫머리에 다음과 같이 설하고 있다.

> 대저 모든 부처님들께서 적멸궁을 장엄하심은 오랜 시간 동안에 애욕을 버리고 고행하셨기 때문이요, 여러 중생들이 불타는 집에서 윤회함은 저 한량없는 시간에 탐욕을 버리지 못한 까닭이니라.[75]

이와 같이 애욕을 가지고는 절대로 왕생할 수 없음을 강조하고 있다. 위에서 광덕은 처자를 거느리고도 먼저 적멸궁寂滅宮에 들었다. 이것은

---

73 『無量壽經』(대정장 12, p.272중하)
74 염불하는 수행자는 지계 정신을 가져야 하며 항상 삼매 얻기를 좋아해야 어리석은 마음이 사라지고 지혜가 생긴다고 하였다. 李太元, 『淨土의 本質과 敎學發展』(운주사, 2006) p.239 참조.
75 『發心修行章』(한불전 1, p.841) "夫諸佛諸佛 莊嚴寂滅宮 於多劫海 捨欲苦行 衆生衆生 輪廻火宅門 於無量世 貪慾不捨."

말할 것도 없이 애욕을 끊고 철저히 계율을 지켰기 때문이다. 여기서 정토행자는 계율 없이는 절대로 정토문에 들 수 없음을 잘 가르쳐 주고 있다. 중국 정토교의 대성자 선도는 지계持戒에 입각한 염불을 강조하였다. 『신수왕생전』의 기록을 보면 선도는 "계품戒品을 호지護持하여 조그마한 것도 범하지 않았으며 일찍이 눈을 들어 여인을 바라보지 않았으며, 일체 명예와 이익에 대해 마음에서 생각을 일으키지 않았고, 교묘하게 꾸미는 말, 희롱하면서 웃는 것도 또한 하지 않았다"[76]는 것을 보면, 선도가 얼마나 철저한 지계정신을 가지고 정토수행을 했는지 잘 나타나고 있다. 그래서 선도는 『관념법문』에서 다음과 같이 말한다.

> 그 어떤 비구·비구니·청신사·청신녀가 여법하게 지계를 갖추어 수행할 때에는 홀로 한곳에 머물러 서방의 아미타불을 염하라.[77]

이처럼 염불행자는 모름지기 계를 갖추고 염불해야 된다고 하였다. 위의 설명에서 비구·비구니·청신사·청신녀를 강조하는 것은 출가자든 재가자든 계를 지니지 않고는 염불문에 들 수 없음을 말한 것이라고 본다. 그래서 선도는 『반주찬』에서 다음과 같이 설명한다.

> 미타의 안락국에 이르고자 하면 염불과 계행을 반드시 회향하라. 계행을 오로지 정성껏 하면 모든 부처님이 찬탄하시고, 임종 시에 연화대로 스스로 오시어 맞으신다.[78]

---

[76] 『淨土宗全書續』 16, p.91 참조.

[77] 『觀念法門』(대정장 47, p.24상) "其有比丘比丘尼優婆塞優婆夷 如法修行 持戒完具 獨一處止 念西方阿彌陀佛."

이와 같이 선도는 왕생하고자 하는 자는 반드시 지계가 근본이 되어야 함을 강조하고 있다. 광덕은 비록 출가는 하였지만 처자식을 거느린 재가자의 몸이었다. 그러나 계를 철저히 지키며 염불을 하였기 때문에 현신왕생을 하게 된 것이다. 이렇게 계를 지키며 왕생한 사례는 다음에 고찰할 제3장의 노힐부득과 달달박박의 경우도 성격이 같다. 그것은 이들도 철저히 계를 지키며 염불하여 현신성불의 자리인 현신왕생을 하였기 때문이다.

본 설화에서 광덕이 먼저 현신왕생을 한 것은 그가 계율을 여법하게 지켰기 때문이다. 또한 뒤늦게 왕생한 엄장도 원효가 '쟁관법錚觀法'으로 지도하자, 그때서야 몸을 청정히 하여 계를 지키며 한결같은 마음으로 도를 닦아 왕생을 하게 되었다. 그런데 이 쟁관법은 '정관법淨觀法'의 오기인 것 같으며 이는 정토의 16관법을 말한다는 견해가 있다.[79] 그러나 논자는 원문을 따르기로 하였다. 왜냐하면 설화의 문맥으로 보아 쟁관법이 이치에 맞는다고 본다. '쟁錚'이란 쇳소리를 내는 것을 의미하는 것으로 원효는 아마도 징 같은 도구를 소리 내어 치면서 염불법을 지도했을 것이라는 생각이 들기 때문이다.[80] 이상과 같이 광덕과 엄장이 처자식을 거느린 몸으로 심출가心出家하여 불도를 닦아 현신왕생을 하게 된 동기를 경론과 대비하면서 살펴보았다.

---

78 『般舟讚』(대정장 47, p.449상) "欲到彌陀安養國(願往生) 念佛戒行必須回(無量樂) 戒行專精諸佛讚(願往生) 臨終華座自來迎(無量樂)."
79 이범교 역해, 『삼국유사의 종합적 해석』하권(민족사, 2005) p.436 주석 참조.
80 김상현은 설명하기를, 錚灌法은 어의로 볼 때 鉦 같은 것을 치면서 南無阿彌陀佛을 소리 내어 외우는 방법이었을는지 모른다고 하였다. 김상현, 『역사로 읽는 원효』(고려원, 1994) p.149 참조.

둘째, '염불수행으로 현신왕생을 했다'고 하였는데, 여기서는 광덕과 엄장이 어떠한 종류의 염불로 왕생하였나를 살펴보고자 한다. 대체로 염불수행 행도行道는 크게 두 가지로 나누는데, 부처님의 명호를 마음속에 어떻게 억념하느냐에 따라서 관념염불觀念念佛과 칭명염불稱名念佛로 나눈다. 여기서는 관념염불을 중심으로 살펴보고자 한다. 그것은 광덕의 염불이 설화의 기록으로 보아 관념염불을 수행한 것으로 나타나기 때문이다. 설화에서 '한결같이 아미타불을 외면서 16관을 짓고'라고 한 것이 이를 잘 말해주고 있다.

16관觀은 『관무량수경』에서 설한 아미타불 정토에 태어나기 위한 16가지 관법으로 ① 일상관日想觀 ② 수상관水想觀 ③ 지상관地上觀 ④ 보수관寶樹觀 ⑤ 보지관寶池觀 ⑥ 보루관寶樓觀 ⑦ 화좌관華座觀 ⑧ 상상관像想觀 ⑨ 진신관眞身觀 ⑩ 관음관觀音觀 ⑪ 세지관勢至觀 ⑫ 보관普觀 ⑬ 잡상관雜想觀 ⑭ 상배관上輩觀 ⑮ 중배관中輩觀 ⑯ 하배관下輩觀을 말한다. 설화에서 광덕이 달빛을 타고 앉아 염불했다는 것은 바로 이 관법을 수행했음을 알 수 있다. 여기서 열여섯 가지를 모두 다 설명하는 것은 무리이고 핵심적 요지만 간략히 살펴보고자 한다. 먼저 요지를 살펴보기 전에, 이 16관법을 이해하기 위하여 『관무량수경』에 대한 선도의 해석을 보기로 하자. 선도는 『관경소觀經疏』에서 이 경의 종체宗體에 대하여 다음과 같이 말한다.

> 지금 이 관경은 즉 관불삼매로써 종宗을 삼고, 또 염불삼매로써 종宗을 삼아 일심으로 회향하여 정토에 왕생하기를 원하는 것이 체體가 된다.[81]

여기서 관불삼매觀佛三昧로써 종宗을 삼았다는 것은 16관법의 제1관부터 13관까지를 관불삼매로써 종을 삼았다는 것이고, 나머지 제14관부터 16관까지를 염불삼매念佛三昧로써 종을 삼았다는 것을 말한다. 선도는 이것을 일경이종一經二宗이라 하고, 먼저의 13관까지를 정선定善 13관이라 하여 위제희 부인의 청에 의해 말씀하신 부처님의 '수타의설隨他意說'이라 하고, 나중의 14, 15, 16의 3관을 산선散善 3관이라 하여 석존께서 미래 세상에 산란한 마음을 가진 범부를 위해 말씀하신 '수자의설隨自意說'이라 한다.

여기서 정선이란 정심에 머물러 수행하는 선근을 말하는 의미로 마음을 가라앉혀 잡념이 없게 하여 명상에 들어가 하나의 대상에 마음을 통일하고, 그것을 마음속에 생각하는 관법이다.[82] 산선이란 정선을 수행할 수 없는 산란한 근기를 가진 범부를 위하여 부처님께서 스스로 설하신 수행법으로 위의 상배, 중배, 하배의 3관을 말한다. 또 이 3관을 다시 9품으로 나누어 설하셨는데, 9품은 상배의 상중하 3품, 중배의 상중하 3품, 하배의 상중하 3품을 말한다.

본 설화를 보면 광덕이 16관을 지어 수행하였다고 했는데, 내용으로 보아서는 정선관인 13관법을 수행했는지 아니면 산선관인 3관만을 수행했는지는 자세히 알 수가 없으나, 광덕의 근기로 보아 관불수행인 정선 13관보다 염불수행인 산선 3관을 중심으로 수행했으리라고 본다. 산선 구품관을 살펴보면 왕생자의 근기가 잘 나타나고 있다. 즉 어떤 종류의 사람이 극락에 태어나는가를 알 수 있다. 구품은 다음과 같다.

---

81 『觀無量壽佛經疏』(대정장 37, p.247상) "今此觀經卽以觀佛三昧爲宗亦以念佛三昧 爲宗 一心迴願往生淨土爲體."

82 坪井俊映 著, 李太元 譯, 『淨土三部經槪說』(寶國寺, 1988) p.361 참조.

제1품. 상품상생하는 자는 세 가지 마음을 일으킨 사람이다. 세 가지 마음이란 지성심至誠心, 심심深心, 회향발원심廻向發願心이다. 이 세 가지 마음을 구족한 사람은 반드시 저 국토에 태어나게 된다. 또 세 종류의 중생이 있어 마땅히 왕생할 수 있다. 첫째는 사랑하는 마음으로 살생하지 않고 모든 계를 지키는 것이고, 둘째는 대승 방등경전을 독송하는 것이며, 셋째는 육념六念을 수행해서 이것을 회향 발원하여 저 국토에 태어나기를 원하는 사람이다. 그래서 이 공덕을 갖추어 하루 내지 7일 동안 하면 이러한 사람은 곧 왕생할 수 있다.

제2품. 상품중생하는 자는 반드시 방등경전을 받아 가지고 독송하지 않더라도 선의 뜻을 알고, 제일 심오한 진리에도 마음이 놀라거나 두려워하지 않고 깊이 인과의 도리를 믿어 대승을 비방하지 않는 공덕을 회향하여 극락국토에 태어나기를 원하는 사람이다. 이러한 사람은 곧 왕생할 수 있다.

제3품. 상품하생하는 자는 역시 인과를 믿고 대승을 비방하지 않으며, 다만 위없는 도심道心을 일으키고 이러한 공덕을 회향하여 극락국토에 태어나기를 원한 사람이다. 이러한 사람은 곧 왕생할 수 있다. (여기까지가 상배의 3품으로 왕생하는 근기이다)

제4품. 중품상생하는 자는 오계五戒와 팔계八戒와 모든 계를 받아 지키며 오역죄를 범하지 않고, 아무런 허물이 없는 선근을 회향해서 서방극락세계에 태어나기를 원한 사람이다. 이러한 사람은 곧 왕생할 수 있다. 이러한 사람은 목숨을 마칠 때에 임하여 아미타불께서는 모든 비구와 권속들에게 둘러싸여 금색의 광명을 발하여 그 사람의 처소에 오셔서 고苦·공空·무상無常·무아無我를 연설하시고, 출가하여 모든 괴로움을 여읜 것을 찬탄하신다.

제5품. 중품중생하는 자는 하루 밤낮 동안 팔재계, 사미계, 구족계를 지켜서 위의에 조금도 부족함이 없는 이러한 공덕을 회향해서 극락세계에 태어나기를 원한 사람이다. 이러한 사람은 곧 왕생할 수 있다.

제6품. 중품하생하는 자는 부모에 효도하고 세상의 어진 것과 자비를 행하면서 왕생하기를 원하는 사람이다. 이러한 사람은 곧 왕생할 수 있다.(여기까지가 중배의 3품으로 왕생하는 근기이다)

제7품. 하품상생하는 자는 갖가지 악을 짓고 방등경전을 비방하지는 않는다 할지라도 이와 같은 어리석은 사람은 온갖 악을 지으면서도 뉘우칠 줄 모르는 사람이다. 이러한 사람도 아미타불을 부르는 공덕, 부처님의 명호, 법의 이름, 스님 등 삼보의 이름을 듣는 공덕으로 곧 왕생할 수 있다. 이러한 사람이 목숨을 마치려 할 때에는 선지식이 그를 위하여 대승 12부경의 제목만을 찬탄한다. 이때 그들은 모든 경의 이름을 듣는 공덕으로 칠 겁 동안 지은 아주 무거운 죄를 없앤다. 또 지혜 있는 사람이 가르치기를, 합장하여 나무아미타불의 부처님 명호를 부르게 하여 그 부르는 공덕에 의해 오십억 겁 생사의 죄를 제거한다.

제8품. 하품중생하는 자는 5계, 8계, 구족계 등을 범한 사람이다. 이와 같이 어리석은 사람이 승단의 물건을 훔치며, 현재 승려의 물건을 도둑질하고, 부정하게 법을 설하고도 뉘우치고 부끄러워할 줄 모르며, 모든 악한 업으로 스스로를 가린다. 이와 같은 죄인은 악업으로 인해 지옥에 떨어진다. 그래서 목숨을 마치려 할 때에 지옥의 맹렬한 불이 일시에 몰려들게 된다. 그런데 이러한 사람에게도 이때에 선지식이 대자비로 아미타불의 열 가지 위신력을 설하고, 저 부처님 광명과 신통력을 설하며, 또 계정혜戒定慧, 해탈解脫, 해탈지견解脫智見 등을 찬탄하여 설한다. 그래서 이 법문을 들은 공덕으로 팔십억 겁의 생사의 죄가 소멸되어 극락세계에 곧 왕생할 수 있다.

제9품. 하품하생하는 자는 오역죄와 열 가지 악과 가지가지 착하지 못한 악업을 지은 사람이다. 이와 같은 어리석은 사람은 악업으로 인해 마땅히 악도에 떨어져서 많은 세월을 지나면서 한없는 괴로움을 받는다. 그러나 이러한 사람에게도 이때에 선지식이 여러 가지 미묘한 법을 설하여 위로하고 가르쳐서 부처님을 생각하도록 권유한다. 그래도 이러한 사람은 고통에 시달려 부처님을 생각할 틈이 없다. 그래서 선지식은 다시 말하기를 "그대가 만약 부처님을 생각할 수 없으면 무량수불을 부르라"고 한다. 이때에 그 말을 알아듣고 지극한 마음으로 소리가 끊어지지 않게 하여 십념十念을 구족하여 나무아미타불의 명호를 부르는 공덕으로 생각 생각 가운데 팔십억 겁의 생사의 죄를 소멸하여 극락세계에 곧 왕생할 수 있다.[83] (여기까지가 하배의 3품으로 왕생하는 근기이다)

이와 같이 경전에서 설한 산선 구품관에 나타난 왕생하는 사람의 근기를 살펴보았다. 여기서 광덕과 엄장의 근기는 제7품의 하품상생 정도에 속한다고 할 수 있다. 그러면 여기서 이 산선 구품관에 대한 논사들의 해석을 통하여 구품관을 좀 더 이해하여 광덕 엄장의 근기와 대비하여 보자. 먼저 선도는 『관경소』에서 구품의 종성種性에 대해 상품삼생인上品三生人은 대승상선大乘上善의 범부, 중품삼생인中品三生人은 소승의 범부, 하품의 삼생인은 악을 만나는 범부[84]라 판단하여

---

[83] 『佛說觀無量壽佛經』(대정장 12, pp.344하~346상)
[84] 『觀無量壽佛經疏』(대정장 37, p.249상중)

전부 범부왕생을 밝힌 것이라고 했다.

정영사 혜원은 『관무량수경의소觀無量壽經義疏』에서 상품상생인은 "법문을 듣자마자 곧 무생법인을 얻는다"라는 글에 주목하여 이 사람을 4지地 이상 7지까지의 성자라 하였고, 상품중생인은 "1소겁을 지나서 무생법인을 얻는다"라고 한 글로 보아 초지부터 3지에 이르는 보살이라 했다. 또 상품하생인은 "3소겁을 지나서 백 가지 진리를 통하는 지혜를 얻어 환희의 경지에 머무른다"고 한 글에 기인해 종성해행복인보살種性解行伏忍菩薩이라 하고, 중품상생인은 "응할 때 곧 아라한 도를 얻는다"고 한 것으로, 전3과前三果의 사람이라 하며, 중품중생인은 "7일 지나서 법을 듣고 환희하며 수다원과를 얻고 반 겁을 지나 아라한을 이룬다"는 글에 의해 도를 보는 이전의 내범內凡이라 하고, 중품하생인은 "일 소겁이 지나서 아라한을 이룬다"[85]는 것에 의해 도를 보는 이전의 세속의 범부라고 했다. 하품의 삼생은 대승을 처음 배우는 사람으로 모두 허물이 가볍고 무거움에 따라 세 가지로 구분했다.

천태는 『관무량수불경소』에서 상품삼생인을 습종성習種性에서 해행보살解行菩薩에 이르기까지의 사람이라 하고, 중품삼생인은 외범십신위外凡十信位의 사람, 하품삼생은 지금 유유悠悠한 범부[86]라 판단했다.

가재迦才는 『정토론淨土論』에서 상품상생인을 십해十解의 초심初心, 상품중생인을 십신十信의 초심으로 모두 성자라 하였고, 상품하생인은 십신十信 이전의 모든 선을 취하는 범부라 하였다. 중품상생인은 사선근위四善根位, 중품중생인은 오정심五停心 등 삼현三賢의 위치인 사람이라

---

85 『觀無量壽經義疏』(대정장 37, p.182상하)

86 『觀無量壽佛經疏』(대정장 37, p.193중하) "上品之人 始從習種 終至解行菩薩 中品者 從外凡十信已下 下品卽是今時悠悠凡夫."

하여 모두 성자라 하고, 중품하생인은 오정심 이전의 일체취선범부一切趣善凡夫라 했다. 하품삼생인은 모두 악을 일으키는 범부라 하여, 하품삼생인과 중품하생인, 상품하생인은 모두 범부라 하고, 그 이외는 성자[87]라 하고 있다. 이와 같이 모든 논사가 구품의 행인을 성인이라 하는 데 비해 선도는 삼배 중생에 대해서 『관경소』에서 다음과 같이 설명한다.

> 이 『관경』 정선正善 및 삼배상하三輩上下의 뜻을 보면, 총괄해 이 부처님이 세상에서 열반에 드신 후 오탁의 범부가 인연을 만나는 것이 각기 다르므로 구품의 차별을 두셨다. (무엇이 구품인가?) 상품삼인은 대大를 만나는 범부이고, 중품삼인은 소小를 만나는 범부이며, 하품삼인은 악을 만나는 범부이다. 악업을 갖고 있기 때문에 임종에 선을 쌓아서 부처님 원력을 입어 곧 왕생을 얻어서 극락에 이르러 꽃이 피면 비로소 발심한다.[88]

이와 같이 선도는 상품삼생인은 대승을 만나는 범부이고, 중품삼생인은 소승을 만나는 범부이고, 하품삼생인은 악을 만나는 범부라 하여 판단하여 위에서 말한 정영사 혜원 등 모든 논사의 설을 파하였다. 더욱이 선도는 각 품의 상중하에 대해 설명하기를, 상품상생인을 대승상선大乘上善의 범부, 상품중생인을 대승차선大乘次善의 범부, 상품하생

---

[87] 『淨土論』(대정장 47, pp.87상~88중)
[88] 『觀經疏』「玄義分」(대정장 37, p.249상중) "此觀經定善及三輩上下文意 總是佛去世後五濁凡夫 但以遇緣有異 致令九品差別 何者 上品三人是遇大凡夫 中品三人是遇小凡夫 下品三人是遇惡凡夫 以惡業故臨終藉善 乘佛願力 乃得往生 到彼華開方始發心."

인을 대승하선大乘下善의 범부라 하여 인연이 깊고 두터움으로써 대승의 교법을 만나 정토에 왕생하려고 하여 탐하고 성내는 번뇌를 끊는 사람을 상행상근上行上根의 범부라 하였다. 또 중품삼생인에 대해서는, 중품상생인은 소승근성상선小乘根性上善의 범부, 중품중생인은 소승근성하선下善의 범부, 중품하생인은 세상의 좋은 복을 닦는 범부라 하여 소승의 모든 선 및 세상의 선근을 만나 이것을 회향해 정토에 왕생하는 중행중근中行中根의 사람이라 하였다. 그리고 하품삼생인에 대해서는, 하품상생인은 열 가지 가벼운 죄를 짓는 범부, 하품중생인은 계를 파하는 죄의 범부, 하품하생인은 다섯 가지 무거운 역죄의 범부로서 이들 사람은 악업을 범한 것에 의해 임종 시에 지옥의 맹렬한 불 속으로 떨어질 것을 괴로워하고 번민하여 지옥에 떨어지려 할 때 선지식의 가르침을 만나 부처님 명호를 부른 그 공덕에 의해 왕생을 이루는 하행하근下行下根의 범부라 하였다.

　이와 같이 선도는 모든 논사가 부처님을 생각하여 관하는 것을 종宗으로 하는 경전이라 본 것에 대해, 관불삼매觀佛三昧와 염불삼매念佛三昧의 일경양종一經兩宗의 설을 세워 관불로써 정선 13관을 한정하고, 산선은 미래 세상에 산란한 마음을 가진 범부를 위해 설한 것이라 했다. 즉 산선관은 부처님께서 스스로 열어 보이신 것으로서 이것은 염불을 종宗으로 삼는 가르침이라 하였다.[89] 선도에게 있어서 범부라는 것은 바로 중생 그 자체를 의미하는 것으로 이것은 연緣에 따라 존재하는 것이라고 파악하고 있다. 즉 대승의 성자라고 하더라도 실은 우연히 대승을 만난 사람이고, 소승의 경우에도 우연히 소승을 만난 것이며,

---

[89] 坪井俊映 著, 李太元 譯, 『淨土三部經槪說』(寶國寺, 1988) pp.380~386 참조.

악인의 경우에도 우연히 악연을 만난 사람일 뿐이라고 하였다. 이처럼 선도는 모든 범부는 우연성에 의하여 결정된다고 파악하고 있다.

　이상과 같이 논사들의 구품관에 대한 해석을 간추려 살펴보았는데, 광덕과 엄장의 근기는 위에서 언급한 바와 같이 하품상생 정도의 근기임을 알 수 있다. 이로 미루어 보면 설화에서 광덕이 16관법을 닦았다고는 하지만 광덕은 16관 가운데 구품관을 수행하여 현신왕생했을 것이라는 것을 짐작할 수 있다. 그런데 엄장의 수행은 분명하지가 않다. 설화에는 엄장이 계를 어겨 뒤늦게 원효법사의 쟁관법을 지도받아 그때 비로소 몸을 깨끗이 하여 한결같은 마음으로 도를 닦아 극락으로 가게 되었다고 했다. 쟁관법은 앞에서 언급하였듯이, 이 염불법은 어의로 볼 때 정(鉦) 같은 것을 치면서 나무아미타불을 소리 내어 외우는 방법이었을는지 모른다고 했다. 이 설이 틀리지 않는다면 엄장의 염불은 칭명염불일 것으로 생각된다. 왜냐하면 칭명염불은 입으로 소리를 내어 불보살의 명호를 부르는 것인데, 오늘날 사찰에서도 염불을 할 때에 일반적으로 귀와 입이 하나로 통일되게 하기 위하여 염불소리에 박자를 맞추어 목탁이나 요령, 태징 등을 반주로 사용한다. 만약에 칭명염불이 아닌 조용히 불상을 관하는 관상염불 등을 하는 경우라면 징 같은 것을 소리 내어 칠 이유가 없다. 이러한 상황으로 보아서 칭명염불의 가능성이 크다고 본다. 더욱이 엄장의 근기를 위의 구품관에 대비하여 보면 하품에 속하기 때문이다. 이러한 산란한 근기는 정선관의 관불삼매를 닦을 수가 없고, 경에서 설한 바 오직 입으로 외는 칭명염불 이외에는 별다른 방법이 없다고 본다. 그래서 원효는 엄장의 근기를 살펴어 쟁관법으로 염불을 지도할 때 칭명염불을 가르쳤을 것이라고 짐작된다.

　이상과 같이 살펴본 설화의 특성을 요약하여 보면, 광덕과 엄장이 승려의 신분으로 처자식을 거느리고 불도를 닦아 현신왕생했다는 것은 대승불교의 이념을 보여주는 사례이다. 이것은 대승불교가 곧 대중불교임을 보여주는 것으로 상하·빈부·귀천·남녀·노소·재가·출가의 구별 없이 누구라도 성불할 수 있다는 인간평등사상을 보여준 것이다. 그리고 중요한 것은 염불수행으로 현신왕생했다는 것인데, 이것은 현신왕생을 이루는 데는 염불수행보다 더 큰 수행공덕이 없음을 보여준 것이다. 또한 본 설화가 우리에게 주는 교훈은 염불을 수행함에 있어서 계율이 없이는 누구라도 정토문에 들어올 수 없다는 것을 가르쳐 주었다는 점이다.

본 설화는 역사적으로 당시 신라인들의 미타정토에 대한 신앙심이 어느 정도 깊이의 수준이며 또 어느 정도 성행되었나를 짐작하게 한다. 또 설화에서 광덕이 『관무량수경』의 16관법을 수행했고, 원효가 엄장에게 쟁관법을 지도했다는 것은 염불의 유형이 칭명염불만을 위주로 한 것이 아니라 근기에 따라 관법염불도 함께 병행하여 닦도록 권장한 것으로 보인다.

제3장 미륵·미타 병립과 정토신앙

1. 미륵·미타의 우위설

본 장에서는 미륵과 미타의 병립설에 따른 정토신앙을 고찰하고자 한다. 이를 위해 먼저 미륵과 미타의 우위설에 대해 살펴보겠다. 이 양자를 비교하기 위해서는 두 신앙이 가진 이론적 특성을 살펴보아야 한다. 편의상 유형별로 분류하였다.

1) 미륵정토신앙

미륵신앙은 석가모니불이 그 제자 가운데 한 사람인 미륵에게 장차 성불할 것이라고 수기授記한 것을 근거로, 이를 부연하여 편찬한 『미륵삼부경』을 토대로 하여 생겨난 신앙이다. 이와 같은 미륵신앙은 두 가지 유형으로 분류되는데, 하나는 현재 도솔천兜率天에 머물고 있는 미륵보살을 믿어 오로지 그의 정토인 도솔천에 태어나기를 희구하는 『미륵상생경彌勒上生經』에 따른 상생신앙上生信仰이고, 다른 하나는 먼 훗날 미륵보살이 성불하여 우리가 사는 이 땅에 내려와 설법하며 중생들을 구제해 주기를 희구하는 『미륵하생경』에 따른 하생신앙이다. 그러면 먼저 『미륵상생경』에 나타난 상생설을 보자.

> 만약에 어떤 비구와 일체대중이 생사를 싫어하지 않고 천상에 태어나기를 좋아하는 이거나 더없는 보리심을 사랑하고 존경하는 이로서 미륵의 제자가 되려고 한다면 응당 이렇게 관할지니, 이렇게 관하는 자로서 다섯 가지 계율과 팔관재계와 구족계를 지녀 몸과 마음으로 정진하되 번뇌를 끊지 못하더라도 열 가지 선한 법[90]을 닦아서 한결같이 도솔타 천상의 그 훌륭하고도 묘한 쾌락을 생각해야 한다. 이렇게 관하는 것을 바른 관이라 하고 다르게 관하는 것을 삿된 관이라 하느니라.[91]

이와 같이 도솔천에 상생하고자 하는 자는 오계와 팔관재계와 구족계를 지녀 열 가지 착한 법(十善法)을 닦아야 한다고 하였다. 이것은 계율의 중요성을 말하는 것으로 이를 도솔천 상생인上生因이라고도 할 수 있다. 이 미륵계법은 백제와 신라가 기존의 유교적 율령사회를 융합하는 데 있어 새로운 사상 기반이 되었다고 할 수 있다. 백제불교는

---

[90] 여기서 열 가지 선한 법이라 함은 十善法으로서 몸으로 짓는 세 가지 살생·투도·사음과 입으로 짓는 네 가지 망어·양설·악구·기어와 마음으로 짓는 탐·진·치의 열 가지 十惡을 여의고, 반대로 열 가지 善行을 닦는 것을 의미한다고 하겠다. 이 십선도 법문은 『十善戒經』·『十善業道經』·『華嚴經十地品』 등에 잘 나타나 있다.

[91] 『觀彌勒菩薩上生兜率天經』(대정장 14, p.419하) "佛告優波離 若有比丘及一切大衆 不厭生死樂生天者 愛敬無上菩提心者 欲爲彌勒作弟子者 當作是觀 作是觀者應持 五戒八齋具足戒身心精進不求斷結修十善法——思惟兜率陀天上上妙快樂 作是觀者名爲正觀 若他觀者名爲邪觀."

일찍부터 계율주의적 성격이 강조되어 왔는데 이것은 당시에 유행한 미륵신앙과 밀접한 관련이 있는 것임을 알 수 있다. 왜냐하면 위의 경에서 설한 바와 같이 미륵신앙은 십선업을 중심으로 한 지계를 강조하는 신앙이기 때문이다. 그러나 이 계법은 상생신앙에만 국한되는 것은 아니라고 본다. 그것은 하생신앙도 중생들이 십선행을 닦아서 심성과 품행이 착해져야만 비로소 미륵불이 출현한다고 하였고, 또한 미륵불이 출현해서 용화삼회龍華三會의 설법을 할 때에도 이 법회에 참석하기 위해서는 계율을 지니고 실천해야 하기 때문이다. 이 계율을 지켜야 하는 것은 상·하생신앙의 공통점이라 할 수 있다.

이와 같이 계율을 중시하는 미륵신앙에 있어서 상생신앙의 특성은 한마디로 말법중생이 끝내는 돌아가야 할 귀의처를 찾는 것이라 하겠다. 『상생경』을 보면 부처님께서 우바리에게 다음과 같이 말씀하신다.

> 너는 이제 자세히 들어라. 이 미륵보살이 미래세에 가서도 중생들에게 크게 귀의할 곳이 되나니, 만약 미륵보살에게 귀의하는 자가 있다면 알아두어라. 이 사람은 더없는 도에 퇴전하지 않게 되리니, 미륵보살이 다타아가도아라하삼먁삼불타를 이룰 적에 이와 같이 행하는 사람은 부처님의 광명을 보고서 곧 수기를 얻으리라.[92]

이와 같이 『상생경』에서는 말법중생이 귀의할 곳을 가르쳐주고 있다. 말법시대에는 서로 다투어 사회가 문란해지고 재변이 일어나는 등

---

[92] 위의 경전(대정장 14, p.420중) "佛告優波離 汝今諦聽 是彌勒菩薩於未來世當爲衆生作大歸依處 若有歸依彌勒菩薩者 當知是人於無上道得不退轉 彌勒菩薩成多陀阿伽度阿羅訶三藐三佛陀時 如此行人見佛光明卽得授記."

불안한 시대이다. 이렇게 파괴되어 가는 시대의 민중의식은 오로지 이 말법세상을 구제해줄 자비스런 귀의처를 찾을 수밖에 없다. 인간은 어떤 고난이나 불행을 어떤 초인적인 힘에 의지하여 성취시키려고 한다. 또한 인간은 누구나 사후 영원불멸의 내세를 염원하기 때문이다. 그러므로 『상생경』은 『하생경』과 다르게 중생들로 하여금 스스로 귀의처를 갖게 하는 특성이 있다고 하겠다.

상생신앙의 특성을 정리하여 보면, 도솔천에 태어나기 위해서는 끝없이 정진하고 공덕을 쌓는 것, 탑을 깨끗이 하고 좋은 향과 아름다운 꽃을 공양하는 것, 여러 가지 삼매를 닦아 깊은 선정에 드는 것, 경전을 독송하는 것, 지극한 마음으로 염불하고 미륵불을 칭명하는 것, 오계와 팔계, 구족계를 받고 십선법을 행하여 청정한 수행을 하면서 사홍서원을 하는 것, 염부제에서 널리 복업福業을 닦는 것, 비록 계율을 어기고 악한 일을 범했어도 미륵보살의 자비로운 이름을 듣고 정성껏 참회하는 것, 미륵보살의 형상을 만들어 향과 꽃과 깃발로 장엄하고 예배하는 것 등의 착한 법을 닦아야 하는 것을 중심사상으로 하고 있다.

『삼국유사』에서 이러한 미륵계율사상이 가장 잘 나타나 있는 설화는 「법왕금살法王禁殺」조이다. 이 설화에는 법왕이 유교사상을 바탕으로 한 당시 백제의 율령사회를 불교의 미륵계율사상으로 정착시켜 장차 백제를 미륵의 율령사회로 만들겠다는 의지가 담겨 있는 설화[93]로서 백제의 계율적 미륵신앙을 살펴볼 수 있는 유일한 자료이기도 하다.[94]

---

[93] 『삼국유사』 卷3 興法 第3 「法王禁殺」(대정장 49, p.988중)에는 백제 제29대 법왕이 개황 10년 기미년(599)에 즉위하여, 이 해 겨울 조서를 내려 살생을 금하고 민가에서 기르는 매 같은 새들을 놓아주게 하고 또 고기 잡는 도구를 불태워 모두 금지시켰다고 하였다.

이와 같이 상생신앙의 특성은 계율을 지켜서 장차 도솔천에 태어나기를 희구하는 신앙이라 하겠다.

다음 미륵하생신앙은 미래불을 추구하는 신앙이다. 불교에서는 법의 성쇠를 크게 정법正法·상법像法·말법末法의 세 가지로 분류한다. 정법시대는 석가모니부처님 입멸 후 5백 년 동안 이어지는데 가장 이상적인 시기로 수행과 해탈이 용이하다. 상법시대도 1천 년 동안 계속되는데 수행을 하지만 해탈하기가 어려운 때이다. 말법시대에는 1만 년 동안 계속되는데 교법만 있고 수행도 해탈도 없는 때이다. 따라서 말법시대에는 자력으로 해탈할 수 없고 오직 타력에 의해서만 구제받을 수밖에 없는데, 타력신앙의 주체 가운데 가장 대표적인 신앙의 대상이 미륵보살과 아미타불이다. 미륵보살은 현재 도솔천에 머물면서 중생을 위해 설법하고 계시며, 미래세에 이 세상에 내려와 성불한 후 중생을 구제할 것이 예정되어 있는 미래불이다. 『미륵하생경』에 보면 미륵보살이 여러 제자들과 더불어 다음과 같이 설법하고 있다.

> 이러한 대중 가운데에는 석가모니부처님의 제자로서 과거세 때 범행을 닦아 나의 처소에 왔거나, 혹은 또 석가모니부처님 처소에서 삼보를 공양하여 나의 처소에 왔거나, 혹은 석가모니부처님 처소에서 손가락 튕기는 찰나라도 선한 근본을 닦아 여기에 왔거나, 혹은 석가모니부처님 처소에서 네 가지 평등한 마음을 행하여 여기에

---

94 장지훈은 논하기를, 백제불교에 대해서는 일찍부터 계율주의적 성격이 강조되어 왔는데 이것은 당시에 유행한 미륵신앙과 밀접한 관련이 있는 것으로 생각된다고 하였다. 왜냐하면 미륵신앙은 十善業을 중심으로 한 持戒를 강조하는 신앙이기 때문이라고 하였다. 장지훈, 『한국 고대 미륵신앙연구』(집문당, 1997) p.72.

왔거나, 혹은 석가모니부처님 처소에서 다섯 가지 계율과 세 가지
스스로 귀의하는 법을 받아 간직해 나의 처소에 왔거나, 혹은 석가모
니부처님 처소에서 사묘를 세워 나의 처소에 왔거나, 혹은 석가모니
부처님 처소에서 묵은 절을 보수하여 나의 처소에 왔거나, 혹은
석가모니부처님 처소에서 팔관재의 법을 받아 나의 처소에 왔거나,
혹은 석가모니부처님 처소에서 향·꽃으로 공양하여 나의 처소에
왔거나, 혹은 또 석가모니부처님 처소에서 전일한 뜻으로 법을 받아
들여 나의 처소에 왔거나, 혹은 또 형체와 수명이 끝날 때까지 범행을
잘 닦아서 나의 처소에 왔거나, 혹은 또 베껴 쓰고 읽고 외워서
나의 처소에 왔거나, 혹은 또 받들어 섬기고 공양하여 나의 처소에
온 이들이니라.[95]

이와 같이 『하생경』에서도 계율을 지키고 선행을 닦은 자라야 삼회법
회三會法會에 참석할 수 있다고 하였다. 하생신앙의 특성은 한마디로
지상정토를 희구하는 신앙이다. 즉 장차 미륵불이 출현하는 용화세계龍
華世界는 모든 죄악중생이 없고 십선공덕으로 성취된 복덕과 쾌락을
구족한 지상낙토가 된다는 것을 믿고 오로지 그런 땅이 이루어지기를
희구하는 신앙이다. 이러한 땅을 『하생경』에서는 다음과 같이 묘사하고

---

[95] 『彌勒下生經』(대정장 14, pp.422하~423상) "若此衆中 釋迦文佛弟子 過去時修於梵
行 來至我所 或復於釋迦文佛所 供養三寶 來至我所 或於釋迦文佛所 彈指之頃修於
善本 來至此間或於釋迦文佛所 行四等心 來至此者 或於釋迦文佛所 受持五戒三自
歸法 來至此所 或於釋迦文佛所 起神寺廟 來至此所 或於釋迦文佛所 補治故寺 來至
此所 或於釋迦文佛所 受八關齋法 來至此所 或於釋迦文佛所 香華供養 來至此所
或復於彼聞法悲泣墮淚 來至我所 或復於釋迦文佛所 專意聽受法 來至我所 或復盡
形壽善修梵行 來至我所 或復有書寫讀誦 來至我所 或復承事供養 來至我所者."

있다.

아난아 마땅히 알라. 그때 남섬부주는 동서남북이 각각 천만 유순인 데다 모든 산과 강은 석벽이 다 소멸되고 사방 큰 바닷물은 각각 넘치거나 줄어드는 것이 없으니, 그때 남섬부주의 땅은 매우 판판하고 청명하기가 거울과 같으며, 온 남섬부주 안에 곡식이 풍부하고 인민이 치성하고 모든 값진 보물이 많고 마을끼리 서로 가까워 닭 울음소리가 마주 들린다. 이때에는 나쁜 꽃이나 과일나무의 시들고 더러운 것도 저절로 소멸되는 반면 그밖의 달고 아름다운 과일나무로서 향기롭고 좋은 것만 이 땅에 자라난다. 그때엔 또 시기가 화창하고 사시가 그 절후에 알맞으므로 사람의 몸에 백여덟 가지 걱정거리가 없는가 하면, 탐욕·진심·우치도 크게 염려할 것이 없고, 사람의 마음이 다 고르고도 똑같은 뜻이어서 서로가 즐거운 얼굴로 대하고 착한 말로 수작하기에 그 말씨의 한결같이 차별 없음이 저 우타라쿠르(優單越) 사람들과 같다. 이때 남섬부주 안의 인민들은 크거나 작거나 다 똑같아서 약간의 차별도 없다. 그때 남자 여자 할 것 없이 똥오줌을 누려는 뜻이 있으면 땅이 저절로 열렸다가 일이 끝난 뒤에 땅이 도로 합쳐진다. 그때 남섬부주 땅에는 멥쌀이 자연 자라나되 껍질도 없이 매우 향내 나고 아름다워 먹기에 힘이 들지 않으며, 이른바 금·은·값진 보배와 자거·마노·진주·호박들이 각각 땅에 흩어져 있어도 살펴보는 사람이 없다. 이때 인민들은 손에 이 보물을 잡고 서로가 말하기를 "옛날 사람들은 이 보물 때문에 서로 해치고 옥에 갇히어 무수한 고뇌를 받게까지 하였지만, 지금에 와서는 이 보물이 기와나 돌 같은 종류이어서 누구도 수호하는 이가 없네"라고 하리라.

그리고 그때 양카라는 법왕(전륜성왕)이 출현하여 바른 법으로 다스려 교화함으로써 일곱 가지 보배를 성취하리니, 이른바 일곱 가지 보배란 윤보·상보·마보·주보·옥녀보·전병보·수장보가 이 일곱 가지 보배니라. 남섬부주의 땅 안을 진압하되 칼·몽둥이 따위를 쓰지 않아도 자연히 다 굴복하리라.[96]

이와 같이 미륵이 하생하여 이루어진 세계는 오곡이 풍성하여 금은보화가 쓸데없게 되는 세계로서 이른바 지상낙토가 된다고 하였다. 이 하생신앙은 신라의 화랑도와 관계가 깊다. 설화 「미륵선화 미시랑과 진자사」조[97]를 보면, 진흥왕이 화랑도를 다시 일으켜 풍류도가 신라 고유의 도이므로, 그것으로 온 인민들을 교화하여 민족의식을 고취하고 국민적 총화를 증진시키고자 미륵을 국선화랑으로 현실화시켜서 국가사회에 참여하도록 하여 국왕이 바라던 이상국토를 실현코자 했던 것이 잘 나타나 있다.

하생신앙의 특성을 정리하여 보면, 말법시대가 도래할 때엔 중생들은 죄악을 깊이 뉘우치고 반성하여 십선을 닦고 여러 가지 선업을 지어 복덕이 증진되고 수명이 연장되며 오곡이 풍성하여 풍요로운 지상낙토가 된다. 그때가 되면 미륵보살이 도솔천으로부터 이 땅에 내려와 용화수 아래에서 성불하여 삼회법회를 열어 중생들을 제도하는데, 그것을 굳게 믿고 선한 법을 실천하며 장차 그러한 세상이 되기를 희구하는 신앙이다.

이와 같이 경전에 나타난 미륵신앙의 특성을 살펴보았다. 결론적으로

---

[96] 위의 경전(대정장 14, p.421상중)

[97] 『삼국유사』 卷3 塔像 第4 「彌勒善花 未尸郎 眞慈寺」(대정장 49, p.994하)

상생신앙과 하생신앙은 별개의 다른 신앙 관념이라고 볼 수 없다. 왜냐하면 『상생경』에서 설한 도솔천 왕생도 결국은 미륵보살이 하생할 때 같이 따라 내려와야 하기 때문이다. 이러한 관념에서 신라의 미륵신앙은 현세 정토를 추구하는 신앙으로 뿌리내리게 된 것이라고 볼 수 있고, 또 이러한 하생신앙심의 고취는 신라의 현신성불 신앙을 낳게 하는 주체가 되었다고 할 수 있다.

2) 미타정토신앙

미타신앙은 아미타불의 대자비 원력으로 죄악에 물든 괴로운 사바세계를 떠나 죄악과 나고 죽음의 괴로움이 전혀 없는 안락한 세계에 가서 태어나기를 바라는 『정토삼부경』을 토대로 하여 생겨난 신앙이다. 미타신앙의 요체는 크게 세 가지로 볼 수 있다. 첫째는 이 사바세계와는 다른 곳에 극락정토가 존재하며 그곳에 현재 아미타불이 항상 설법하고 계시다는 것을 믿는 것이고, 둘째는 이 극락정토를 건설하게 된 것은 아미타불의 본원本願에 의한 것이고, 셋째는 이 극락정토를 누가, 어떻게 갈 수 있느냐는 것으로 요약된다. 부처님께서는 이 세 가지 신앙을 『정토삼부경』을 통하여 간곡하게 일러 주셨다.

첫째, '이 사바세계와는 다른 곳에 극락정토가 존재하며, 그곳에 현재 아미타불이 항상 설법하고 계시다는 것을 믿어야 한다'는 것을 『아미타경』에서 다음과 같이 설하신다.

사리불이여, 여기서부터 서쪽으로 십만억 불토를 지난 곳에 한 세계
가 있는데 극락이라고 하느니라. 거기에 아미타부처님이라고 하는

분이 계시니 지금도 그곳에서 설법하고 계시느니라. 사리불이여, 그 땅을 왜 극락이라고 하는 줄 아는가? 그 나라에 있는 중생들은 온갖 고통에 시달리지 아니하고 다만 여러 가지의 즐거운 것들만 넘쳐나므로 극락이라고 하느니라.[98]

또 『무량수경』에서는

법장보살은 이미 성불하여 서방에 있으니, 이 땅에서 10만억 찰토를 지나 있는 그 부처님세계를 안락이라고 하느니라. …… (그곳은) 삼악도의 고통이라는 이름도 없고 다만 자연히 울려 나오는, 즐거움에 가득 찬 음악만이 울려 퍼지므로 그 나라를 극락이라 하느니라.[99]

라고 극락의 존재에 대해 설하고 있다. 위의 『아미타경』에서 설하신 바와 같이 극락세계는 법장보살이 이상을 실현한 세계이다. 이 세계에는 아미타불께서 지금도 거기에 계시면서 항상 설법을 하고 계시며, 모든 일이 원만 구족하여 즐거움만 있고 괴로움이라는 이름조차도 없는 자유롭고 안락하며 행복이 가득한 세계이다. 이 세계는 어리석은 중생을 인도하려는 지혜와 자비로 성취된 세계, 곧 깨달음의 세계이다. 그러므로 이 세계는 대자비의 부처님이신 아미타불이 과거에 세우신 본원을

---

[98] 『佛說阿彌陀經』(대정장 12, p.346하) "舍利弗 從是西方過十萬億佛土 有世界名曰極樂 其土有佛號阿彌陀 今現在說法 舍利弗 彼土何故名爲極樂 其國衆生無有衆苦 但受諸樂故名極樂."

[99] 『佛說無量壽經』(대정장 12, p.270상, p.271중) "法藏菩薩 今已成佛現在西方 去此十萬億刹 其佛世界名曰樂 …… 無有三塗苦難之名 但有自然快樂之音 是故其國名曰極樂."

모두 다 성취하여 이룩하신 극락세계로서 공간적으로는 영원한 광명에 빛나는 세계이며, 시간적으로는 영원한 삶으로 충만한 세계이다. 그래서 아미타불의 다른 이름을 영원한 광명이신 무량광불無量光佛, 영원한 생명이신 무량수불無量壽佛이라 칭하는 것이다. 무량수불이란 이름은 48대원大願 가운데 제13원인 수명무량원壽命無量願[100]의 성취이다. 이를 원효대사는 『아미타경소』에서 주불의 수명무량공덕이라고 하여 다음과 같이 설명하고 있다.

주불의 공덕 가운데 간략하게 두 가지가 있다. 첫째는 광명의 무량함이요, 둘째는 수명의 무량함이다. 이 경우 글에 준하여 아미타불을 해석하면 이쪽 말로 '한량없다'는 뜻이 된다. 또한 성불한 이래로 이제 10겁이 되었다고 한 데 대해 의심을 품고, 어떤 사람이 의심해 말하기를 "수명이 비록 한량없다고 하지만 요컨대 시작과 끝이 있을 것이니, 그러면 지금이 시작인가 끝인가?"라고 한다. 나는 이에 대해 다음과 같이 대답하겠다. "곧 이제 이미 지난 세월이 겨우 10겁이라면 이 뒤에 한량없는 겁을 머무시게 될 것은 너무나 자명하기 때문이다."[101]

---

[100] 위의 경전(대정장 12, p.268상) "設我得佛 壽命有能限量 下至百千億那由他劫者 不取正覺(내가 부처될 적에 나의 수명이 한량이 있어서 백천억 나유타 겁 동안만 살 수 있으면 정각을 얻지 않겠나이다)."

[101] 『佛說阿彌陀經疏』(대정장 37, pp.349하) "主功德中略出二種一者光明無量 二者壽命無量 準此經文釋阿彌陀 此土譯之應云無量又言成佛已來於今十劫者 爲遣疑情 有人疑言壽雖無量要有始終 未知今者爲始爲末 今解言 今旣所過唯經十劫 當知今後無量劫住故."

이와 같이 원효는 아미타불이 한량없는 수명을 가지셨으므로 무량수불이라는 것을 설명하고 있다.

둘째, '이 극락정토를 건설하게 된 것은 아미타불의 본원에 의한 것'이라고 하였다. 본원이란 모든 불보살이 과거 인행시因行時에 일으킨 본래의 서원을 말하는 것으로서 그 대표적인 것이 보살의 총원總願인 사홍서원이다. 불교의 핵심사상은 지혜와 자비이다. 즉 사상적으로는 지혜를 갖추고 실천행으로 자비를 행하는 것이라고 하였다. 이 두 가지는 새의 양 날개와 같아서 어느 하나가 부족하면 그 효용력을 상실하게 된다. 이 자비는 지혜가 없으면 일으킬 수가 없고, 지혜는 자비가 바탕이 되지 않으면 거짓 지혜가 생겨난다. 그래서 부처님의 지혜는 세상의 물리적 사고방식의 지식과는 그 근본이 다르다고 한 것이다. 아미타불을 구제의 화신으로 일컫는 것은 이 지혜와 자비의 두 가지 덕을 함께 갖추시고, 영겁을 수행하시어 48대원을 성취하신 분이기 때문이다. 그래서 아미타불의 좌우에는 언제나 자비의 상징인 관세음보살과 지혜의 상징인 대세지보살이 시립하고 있는 것이다.

대표적인 본원사상이라 하면 『무량수경』의 48대원이다. 아미타불은 법장보살 시절에 210억이나 되는 정토를 관찰한 다음, 그중의 가장 수승한 장점을 선택하여 자신의 정토를 건설할 것을 서원하고, 그 건설을 위하여 5겁이라는 기나긴 세월을 청정수행을 닦은 후에 세자재왕 부처님 처소에 나아가 48가지 대서원을 세웠다. 이 보살의 지혜와 자비의 서원이 바로 본원이다. 이 대자비심의 원은 너무나도 넓고 커서 범부중생은 도저히 측량할 수조차 없다. 그러므로 나약한 우리 중생들은 의심 없이 이 본원에 의지하기만 하면 바로 구제되는 것이다.

여기에 대하여 원효는 『무량수경종요』에서 다음과 같이 논하고 있다.

> 무릇 왕생의 인에 대해 여러 가지 설이 있지만, 바로 정보의 장엄만을 감득한 것뿐만 아니라 더불어 의보의 정토도 감득하는 것을 가리키거니와, 단 여래의 본원의 힘을 입었기 때문에 그 감득을 따라 수용하는 것이며 스스로의 업인의 힘으로 이루어진 것은 아니다. 그러므로 왕생의 인이 된다는 것이다.[102]

이와 같이 구제되는 인因은 여래의 본원에 있는 것이지 중생 스스로의 힘으로 이루어진 것이 아니라는 것을 강조하고 있다. 그래서 정토신앙은 순수 타력사상으로부터 싹트기 시작하는 것이다.

셋째, '이 극락정토를 누가 어떻게 갈 수 있느냐'는 것은 가는 자의 자격과 왕생행도를 말한다. 이 왕생행도는 크게 세 가지로 요약할 수 있는데, 바로 정토행자가 반드시 구족해야 할 신信과 원願과 행行이다. 『정토삼부경』은 이 세 가지가 신앙적 바탕으로 설해져 있다.

첫째의 신信이란 굳센 믿음이 있어야 한다는 것이다. 이 믿음에 대하여 『화엄경』에서 다음과 같이 설한다.

> 믿음은 도의 으뜸이요 공덕의 어머니이니, 일체의 선한 법을 길러내며 의심의 그물을 끊고, 애정 벗어나 열반의 위없는 도 열어 보이네.[103]

---

102 『無量壽經宗要』(대정장 37, p.128중) "凡諸所說往生之因 非直能感正報莊嚴 亦得感具依報淨土 但承如來本願力故 隨感受用 非自業因力之所成辨 是故說爲往生因."
103 『華嚴經』「賢首品」(대정장 10, p.72중) "信爲道元功德母 長養一切諸善法 斷除疑網

또 『종경록宗鏡錄』에서는 "믿지 아니하는 사람은 천 불이라도 구제할 수 없다"[104]라고 하였다. 특히 정토문에서는 이 믿음을 중요시한다. 정토문에서의 믿음이란 『무량수경』에서 설한 아미타불의 48대원과 『관무량수경』에서 설한 석가세존의 가르치신 말씀과 『아미타경』에서 설한 시방세계 부처님의 찬탄과 권유를 믿는 것이다. 정토교에서는 자기 자신은 어쩔 수 없는 번뇌를 구족한 죄악범부라는 것을 믿어야만 부처님의 서원을 믿을 수 있다고 하였다. 이 믿음에 대하여 선도는 『관무량수불경소』에서 다음과 같이 말했다.

첫째는 자신은 현재 죄악이 있는 생사하는 범부이며, 한량없는 세월 동안 항상 윤회하여 벗어날 반연이 없는 줄 결정코 깊이 믿는 것이다. 둘째는 아미타불께서 48원을 지니시고 중생을 섭수하신다는 것에 의심이 없어야 하며, 염려하지 말고 저 원력을 입어 반드시 왕생할 수 있다는 것을 결정코 깊이 믿는 것이다. 또 석가모니불께서 이 『관경』에서 삼복·구품·정선과 산선 등 두 가지 선을 설하시고, 저 부처님의 의보와 정보 등 두 가지 보를 증명하고 찬탄하시어 사람들로 하여금 기뻐하고 사모하게 하신 것을 결정코 깊이 믿는 것이다. 또 『아미타경』 가운데 시방의 항하사와 같은 모든 부처님들께서 일체범부는 반드시 왕생할 수 있다고 증명하고 권하신 것을 결정코 깊이 믿는 것이다.[105]

出愛流 開示涅槃無上道."
104 『宗鏡錄』(대정장 48, p.670중) "唯除不信人 千佛不能救."
105 『觀無量壽佛經疏』(대정장 37, p.271상중) "一者決定深信自身現是罪惡生死凡夫 曠劫已來常沒常流轉 無有出離之緣 二者決定深信彼阿彌陀佛四十八願攝受衆生 無

이와 같이 믿음에 대해서는 추호도 의심치 말아야 함을 강조하고 있다. 그러나 우리 중생심은 죽는 날까지 찰나에도 의심이 들어 마음이 항상 산란하여 믿음의 뿌리를 내리기가 어렵다.

둘째의 원願이란 이 믿음을 바탕으로 해서 지극한 원을 세우는 것이다. 염불행자는 모름지기 위의 선도의 말처럼 자신은 현재 죄악이 많고 생사하는 범부이며, 한량없는 세월 동안 항상 윤회하여 이 사바세계를 벗어날 반연이 없는 줄 깊이 믿고, 광겁에 걸쳐 지은 악업을 참회하고 선업을 닦아 극락에 태어나기를 간절히 원하여야 하는 것이다. 그래서 삼세의 모든 불보살은 '대발원문大發願文'을 세웠다. 예컨대 문수보살은 『문수발원경』에서 다음과 같이 발원한다.

> 제가 목숨을 마치려할 때 모든 장애 다 없어지고, 안락국에 왕생하여 아미타불 뵈옵고, 그 극락세계에 태어나 모든 원을 다 이루게 하여 주시옵고, 아미타불께서 장차 깨달음의 수기를 주시옵소서.[106]

이와 같이 문수보살은 임종 시에 모든 장애가 없어져서 극락에 왕생하여 아미타부처님을 뵙고, 모든 원이 이루어지기를 지극한 마음으로 발원하고 있다. 여기서 모든 원이 다 이루어지게 하여 달라는 것은 장차 일체 중생이 생사윤회고를 벗어나 모두 구제되기를 원하는 것이다. 그래서 옛 선지식들은 말하기를, 우리들 말법중생은 죄업이 매우 깊고

疑無慮 乘彼願力定得往生 又決定深信釋迦佛說此觀經三福九品定散二善 證讚彼佛 依正二報 使人欣慕 又決定深信彌陀經中十方恆沙諸佛證勸一切凡夫決定得生."
[106] 『文殊發願經』(대정장 10, p.879하) "願我命終時 除滅諸障礙 面見阿彌陀 往生安樂國 生彼佛國已 成滿諸大願 阿彌陀如來 現前授我記."

무거워 반드시 지옥에 떨어지게 되어 있다는 것을 깊이 명심하여 그 죄업을 피눈물로써 참회 발원하며, 이 괴로운 악도에서 하루속히 구제되기를 간절히 원해야 한다고 강조하는 것이다.

셋째의 행行이란 지금까지 굳게 믿고 간절히 원한 것을 올바르게 실천하는 것이다. 앞에서 언급한 바와 같이 『아미타경』에서는 적은 선근의 인연복덕으로는 극락세계에 태어날 수 없으므로 아미타불의 말씀을 듣고 하루, 이틀 내지 이레 동안 한결같은 마음으로 아미타불의 이름을 지녀 외우되 마음이 어지럽지 아니하면 목숨을 마치려 할 때 아미타불은 여러 거룩한 대중과 함께 그 앞에 나타나시며, 이 사람이 마음이 뒤바뀌지 아니하면 아미타불의 마중을 받아 극락세계에 가서 태어난다고 하였다. 또 『관무량수경』에서는 산선 구품을 시설하고, 구품 모두에 각각의 근기에 따른 왕생행을 설하였다. 그 가운데 하품하생에서는 만일 염불할 수 없으면 아미타불의 이름을 부르라고 하였다. 그리하면 아미타불을 부른 공덕으로 80억 겁의 생사 죄가 소멸되어 극락정토에 태어난다고 하였다. 이러한 말씀들은 다른 선행과 복덕으로 극락에 가는 것이 아니라 오직 염불로써 극락에 가서 태어날 수 있다는 것을 권하고 강조하는 것을 알 수가 있다. 즉 염불행자는 모름지기 부처님의 말씀을 깊이 새겨 굳게 믿고, 그렇게 되기를 간절히 원하면서 염불을 실천해야 한다는 것을 가르쳐주고 있다.

이와 같이 살펴본 미타정토신앙의 요체 가운데 가장 핵심 되는 것은 셋째인 원생자願生者의 행도行道라 하겠다. 즉 극락정토와 아미타불의 존재를 믿고, 또 그 믿음으로 그곳에 가기 위해 지극한 마음으로 발원해야 하고, 그리고 그 발원이 성취되도록 실천해야 한다는 것이다. 정토교의 모든 교리는 근본적으로 이 세 가지를 근원으로 하여 설해졌다고 할 수 있다. 이제 본 장의 주제인 미륵·미타의 우위설을 살펴보기로 하자.

3) 미륵·미타의 우위설

미륵과 미타의 우위에 대한 고찰은 당시 민중의 정토신앙심을 살펴볼 수 있는 좋은 기회이다. 위 설의 고찰 목적은 미륵과 미타신앙의 본질적 장단점을 비교 분석하여 신앙적 특성을 밝혀보는 데 있다. 이러한 비교의 교리적 근거는 넓게는 여러 정토경론에서 찾아야 하겠지만, 여기서는 양자의 비교를 가장 두드러지게 나타낸 『유심안락도遊心安樂道』를 중심으로 하여 살펴보고자 한다. 그런데 『유심안락도』는 앞에서 언급했지만 저자에 대한 문제가 제기되기에, 여기서는 편의상 저자를 밝히지 않고 고찰하고자 한다.[107]

『유심안락도』에서는 아미타불의 극락정토가 미륵불의 도솔정토보다 우월하다는 것을 주장하고 있는데, 미타정토가 미륵정토보다 14가지의 우월함이 있다는 것과 또한 미타정토의 왕생이 미륵정토의 왕생보다 7가지의 용이한 점이 있다고 하였다. 먼저 극락정토보다 도솔정토가 못한 14가지는 다음과 같다.

① 도솔천의 세계는 땅이 좁고 더럽다.
② 남자와 여자가 섞이어 산다.
③ 살아가는 행업이 욕심에 물든다.

---

[107] 보광 스님은 『遊心安樂道』의 撰者에 대한 기록이 없다는 점을 「來迎院本」의 내용에 근거하여 논증하였다. 韓泰植(普光), 「來迎院本 遊心安樂道의 資料的 考察」(『佛教學報』 27, 東國大學校 佛教文化研究院, 1990) pp.185~294 참조.

④ 뒤로 물러남이 있다.
⑤ 수명이 4천 세밖에 되지 않는다.
⑥ 그 육신의 체질에 따라 중간에 일찍 죽는 수가 있다.
⑦ 몸의 크기도 또한 다시 다르다.
⑧ 삼성三性¹⁰⁸의 마음이 일어나기 때문에 악한 마음을 일으키다 보면 혹 지옥에 떨어지는 수가 있다.
⑨ 삼수三受¹⁰⁹가 서로 일어난다.
⑩ 육진경계가 사람으로 하여금 방일하게 한다.
⑪ 남자는 그 아버지의 무릎에서 태어난다.
⑫ 여자는 그 어머니의 무릎에서 태어난다.
⑬ 오직 보살로써 설법하는 법주로 삼는다.
⑭ 혹은 성인의 증과를 얻기도 하고 얻지 못하기도 하는 곳이다.¹¹⁰

이러한 비교는 도솔천이 극락정토보다 나쁘다는 것을 강조하고 있다. 그러나 논자는 이와 같이 평하는 것은 도솔천이 객관적으로 나쁘다는 것은 아니라고 본다. 왜냐하면 위에서 비교하는 바는 도솔천을 극락세계와 비교할 때에 상대적으로 나쁘다는 것을 설명하고 있기 때문이다. 비유하자면 우리가 사는 사바세계와 극락세계를 비교하면 깨끗하고

---

108 三性은 善性, 惡性, 無記性을 말한다.
109 유식에서 말하는 3종류의 감수를 말하는 것으로 樂受와 苦受와 不苦不樂受이다. 즉 쾌감, 불쾌감, 그리고 그 둘 중 어느 것도 아닌 것.
110 『遊心安樂道』(대정장 47, p.118상중) "粗分此彼 有其十四異 謂兜率天界地挾隘 亦男女雜居 亦有現行欲染 亦有退轉 亦壽四千歲 仍有中天 身量亦爾 又三性心起 故以惡心或墮地獄 又三受互起 又六塵境令人放逸 又男生在父膝 女在母膝 又唯以 菩薩爲說法主 又或得聖果 或有不得."

더러움이 구별되듯이, 극락세계와 도솔천을 비교할 때도 좋고 나쁨이 구별되는 것이다. 이것은 마치 극락세계는 전체가 안락한 땅이라고 하지만 극락세계도 변두리의 땅이 있는 것과 같은 이치이다. 위 설의 첫째에서 도솔천의 세계는 땅이 좁고 더럽다고 표현한 것도 이러한 이유가 아닐까 생각한다.[111] 여기에 대해 원효는 위의 글 서두에서 "대저 전체적으로 진실한 공덕을 찬탄한다면 누가 좋고 누가 나쁘겠는가"[112]라고 하면서 다음과 같이 설명한다.

> 다만 중생을 제도하기 위하여 혹 사바세계에 살게 되면 언덕과 빈터가 들에 충만하고, 혹 정토에 살게 되면 진귀한 보배가 가득하듯이, 만약 이러한 곳으로 말하자면 좋고 나쁜 곳이 없지는 않다는 것이다. 도솔천궁은 허공에 매어 건립되어 있고, 극락세계는 땅을 취하여 편안하게 건립되어 있으므로 인간과 천상의 무리를 구별하게 되는 것이다. 그러나 만일 이 사바세계의 법에 의거하여 저 천상의 세계를 논한다면 천상세계가 좋고, 인간세계인 사바세계는 나쁜 곳이 되며, 만약 정토와 예토를 논한다면 도솔천은 더러운 세계가 되고, 극락세계는 깨끗한 곳이 되는 것이다.[113]

---

[111] 李英茂는 『遊心安樂道』를 원효의 저술로 보아 논하기를 "원효대사의 주 사상은, 즉 佛의 입장과 진리의 세계에서 보면 어느 곳 하나 불국 아닌 데가 없고 어느 일 하나 진리 아닌 일이 없다. 그러나 중생의 소견 차별의 대경에서 보면 고가 많은 세계에서 낙이 많은 세계를 동경하고, 비진리의 세계에서 진리의 세계를 추구하게 된다"라고 설명하였다. 李英茂, 「元曉의 淨土思想-遊心安樂道를 중심으로-」(『學術誌』 24, 건국대학교 學術硏究院, 1980) p.17 참조.
[112] 『遊心安樂道』(대정장 47, p.118상) "夫總讚實德 誰劣."
[113] 위의 책(대정장 47, p.118상) "但以爲化衆生 或居穢土 則近墟滿野 或處淨刹 則奇寶

이 설명은 위에서 언급한 바와 같이 예토와 정토를 비교하면 깨끗하고 더러움이 구별되듯이 극락세계와 도솔천도 비교하면 깨끗하고 더러움이 구별된다는 것을 설명한 것이라고 본다.

다음으로 서방극락국토에는 나기가 쉽고, 도솔천에 나기는 어렵다는 일곱 가지의 차별이 있다고 하였다.

①극락세계는 사람의 국토이기 때문에 쉽게 태어날 수 있는 곳이다. 도솔천은 바로 천상의 세계이기 때문에 태어나기가 어렵다.
②극락세계에는 다만 오계만 지키면 태어날 수 있는 곳이나, 도솔천은 십선을 갖추어 닦아야 비로소 그곳에 태어날 수 있다.
③극락세계에는 아미타불을 부르는 십념만으로 왕생할 수 있으나, 도솔천은 육바라밀인 보시와 지계 등을 다 닦아야 그곳에 태어날 수 있다.
④서방극락세계는 끝까지 아미타불이 서원한 48원을 의지하여 왕생할 수 있는 곳이지만, 도솔천은 발원에 의지하여 그곳에 태어날 수는 없고, 오직 스스로의 수행력으로 그곳에 태어날 수 있다.
⑤서방극락세계에는 관세음보살 등이 계시어 항상 이 사바세계에 오시어서 왕생하기를 권하시지만, 도솔천은 이러한 일이 없다.
⑥서방극락세계에는 경과 논에서 다 같이 그곳을 찬탄하여 그 세계에 왕생하도록 하고 있지만, 도솔천은 다만 경에서만 한 번씩 찬탄하고 있다.
⑦옛날부터 현재까지 큰 대덕들이 서방극락국토에 가서 왕생하기를

盈封 若論其處 非無優劣 兜卒天宮 則搆虛而立 極樂世界 則就地而安 此則人天趣別 若據此土法論彼界 則天優人劣也 若論淨穢者 兜率是穢界 極樂則淨刹."

원하는 자는 많았지만, 도솔천에 가서 태어나고자 하는 자는 적었다.[114]

여기서는 서방극락국토에는 나기가 쉽고, 도솔천에 태어나기는 어렵다는 것을 비교하였다. 그런데 이는 마치 미륵정토는 나쁘니 이를 버리고 미타정토에 가서 태어나기를 염원하라고 한 것같이 보인다. 그러나 그 본의는 그렇지 않다고 본다. 여기에 대해 안계현은 설명하기를, 원효가 이러한 비교론으로써 정토의 우월성과 왕생의 용이성을 감히 제시한 것에는 미타정토 왕생을 권하려는 데에 그 저의가 있었을 뿐이었지 결코 미륵정토 왕생을 버리라고 하는 것은 아니었으며, 하나의 종파나 하나의 경전에 구애받지 않았던 그의 생활 내지 사상이 여기에서 잘 나타나고 있다고 하였다.[115] 논자도 이것은 정토의 좋고 나쁨을 구별한 것이 아니라고 생각한다. 이는 자력과 타력에 비추어 양자의 차이점을 설명한 것이라고 본다. 즉 도솔천은 스스로 찾아가야 하는 어려움이 따르지만 극락정토는 아미타불의 본원에 의해 왕생하므로 어려움이 따르지 않는다는 것으로 해석해볼 수 있다.

그러나 타력이라고 해서 극락국토 역시 아무나 쉽게 왕생하는 곳은 아니다. 극락국토도 적은 선근으로는 그곳에 가서 태어날 수 없다고

---

114 위의 책(대정장 47, p.118중) "一極樂是人易生 兜率是天難生 二極樂但持五戒得生 兜率具修十善方往 三極樂乃至十念往 兜率具施戒修往 四西方終憑彌陀佛四十八大願往 兜率可憑唯自力往 五西方有觀音菩薩等當來此土勸進往 兜率無此事 六西方經論具讚勸 兜率但一經讚說 七古來大德向西方多 向兜率者少 由此義故 西方易往生 兜率難上生也."

115 安啓賢, 『新羅淨土思想史研究』(玄音社, 1987) p.60 참조.

하였다. 다만 극락국토는 아미타불의 본원에 섭취되어 왕생하므로 어려움이 따르지 않는다는 것이다. 그래서 용수는 앞에서 말했듯이 "세간의 길에 어려움이 있고 쉬움이 있어서 육지의 길로 걸어가면 고생되고 물의 길로 배를 타면 즐거운 것처럼, 보살의 길도 그러하여 혹은 부지런히 행하며 힘써 나아가는 것이 있기도 하고 혹은 믿음의 방편으로써 쉽게 가서 아유월치에 빨리 이르는 자도 있다"[116]라고 하였다. 이와 같이 용수는 왕생하는 데 있어서 자력수행으로는 가기 어렵고 아미타불의 원력에 의지하여 가는 타력수행은 쉽다는, 난행도와 이행도의 두 가지 길(難易二道)을 설명하고 있다. 그리고 용수는 아미타불의 본원을 다음과 같이 설명한다.

이 모든 부처님 세존께서는 현재 시방의 청정한 세계에 계시는데 모두 명호를 부르고 생각한다. 아미타부처님의 본원도 이와 같아, 만약 어떤 사람이 나를 염하고 명호를 부르면서 스스로 귀의하면 곧 반드시 삼매에 들어가 아뇩다라삼먁삼보리를 얻을 것이다.[117]

이 설명은 아미타불의 원력에 의지하고자 하면 나의 명호를 염하고 이름을 부르면 된다는 말이다. 그래서 원효도 『무량수경종요』에서 왕생은 여래의 본원의 힘을 입기 때문에 그 감득에 따라 수용하는 것이며 스스로의 업인業因의 힘으로 이루어지는 것은 아니라고 하였다. 『유심안락도』에서 일곱 가지 차별을 두어 도솔천보다 서방극락에 태어

---

116 『十住毘婆沙論』「易行品」(대정장 26, p.41중)
117 위의 책(대정장 26, p.43상) "是諸佛世尊現在十方清淨世界 皆稱名憶念 阿彌陀佛本願如是 若人念我稱名自歸 卽入必定得阿耨多羅三藐三菩提."

나기가 쉽다고 하는 것은 오직 이 본원을 강조하고자 한 것으로 보인다.

이상과 같이 미륵과 미타의 우위설을 이해하고자 미륵신앙과 미타신앙의 이론적 특성을 참조하면서 『유심안락도』에서 설한 미타 우위설을 중심으로 살펴보았다. 이를 정리해 보면, 『유심안락도』에서 주장한 미타 우위설의 요지는 결론적으로 미타정토는 아미타불의 본원력에 의해 왕생하므로 범부중생은 누구나 쉽게 수행할 수 있는 장점이 있다. 다시 말해 미타정토는 한 번 가면 불생불멸의 영원한 생을 누리고, 도솔정토는 4천 세로 수명이 한정된 세계이므로 이 명이 다하면 삼계에 다시 윤회하여야 한다고 하였다. 또한 도솔천은 욕락의 세계이므로 수시로 타락하여 지옥에도 떨어지고 중간에 죽는 수도 있다. 그래서 미타정토가 수승하다고 평하였다. 그런데 이것은 미륵정토는 나쁘니 이를 버리고 미타정토에 가서 태어나기를 염원하라고 한 것은 아니다. 그것은 좋고 나쁨을 구별한 것이 아니라 미륵정토는 자력적인 면이 있으므로 상생하기가 힘들고, 미타정토는 순수타력이므로 왕생하기가 쉽다는 것을 밝히고자 한 것이라고 할 수 있다. 그런데 다음에 고찰할 노힐부득과 달달박박의 설화에서는 미륵과 미타가 나란히 병립왕생하는데, 반대로 미륵불이 우위에 있다.

2. 현신성불관과 병립왕생설

여기서는 신라에 미륵불과 미타불이 동시에 현신성불하여 나란히 왕생하였다는 설화인 「남백월 이성 노힐부득·달달박박南白月二聖 努肹夫得 怛怛朴朴」조를 통해 신라인의 미륵과 미타에 대한 신앙관을 살펴보고자 한다. 이 설화의 핵심은 노힐부득과 달달박박이 처자식을 거느리고 생계를 꾸려가면서도 이에 집착하지 않고 출가하여 각각 염불수행으로 현신성불하여 왕생했다는 것이다. 본 설화는 앞에서 고찰한 광덕과 엄장의 경우와 성격을 같이 한다. 다른 점이 있다면 본 설화는 미륵신앙과 미타신앙이 같이 하고 있고, 또 앞에서 살펴본 미타우위설과는 달리 미륵이 우위에 있다는 것이다. 그리고 광덕과 엄장은 곧바로 현신왕생을 하였는데 본 설화의 주인공들은 현신성불을 이룬 뒤에 왕생하고 있다는 것이 다르다. 설화 내용은 다음과 같다.

이 산의 동남쪽 3,000보쯤 되는 곳에 선천촌仙川村이 있는데, 그 마을에 두 사람이 살고 있었다. 한 사람은 노힐부득으로 아버지의 이름은 월장月藏이고 어머니는 미승未勝이다. 또 한 사람은 달달박박인데 아버지의 이름은 수범修梵이고 어머니의 이름은 범마梵摩였다. 이들은 풍채와 골격이 평범하지 않고 속세를 벗어난 높은 사상이 있어 서로 벗이 되어 사이좋게 지냈다. 나이 스무 살이 되자 마을 동북쪽 고개 밖의 법적방法積房으로가 의지하여 머리를 깎고 승려가 되었다. …… 그들 모두 처자를 데리고 가 살면서 생계를 꾸릴 일을 하며 서로 오갔다. 그러면서도 정신을 수양하며 속세를 떠날 생각을 잠시도 버리지 않았다.…… 어느 날 밤 꿈에 백호광이 서쪽으로부터 오더니 그 빛 속에서 금색 팔이 내려와 두 사람의 이마를 쓰다듬었다. 깨어나 꿈 이야기를 하니, 두 사람 꿈이 똑같아 함께 오랫동안 감탄하였다. 마침내 백월산 무등곡으로 들어갔는데, 박박사는 북쪽 고개 사자암에 터를 잡아 여덟 자의 판잣집을 짓고 살았으므로 판방이라 하였고, 부득사는 동쪽 고개 돌무더기 아래의 물이 있는 곳에 방을 짓고 살았기 때문에 뇌방이라 하였다. 각기 암자에 살면서 부득은 부지런히 미륵불을 구하고, 박박은 미타불을 염불하였다. 3년이 못되어 경룡 3년 기유년(709) 4월 8일, 성덕왕이 즉위한 지 8년이 되던 해의 일이었다. 해가 저물어 갈 무렵, 스무 살 가량 되어 보이는 아주 아름다운 모습의 낭자가 갑자기 난초와 사향 냄새를 풍기며 북쪽 암자에 당도하여 자고 가기를 간청하면서 시를 지어 바쳤는데, 그 내용은 다음과 같다.

나그네 걸음 늦어 해가 지니 온 산은 저물고
길 막히고 성은 먼데 사방이 고요하네.
오늘밤은 이 암자에서 머물고자 하니
자비로운 스님께서는 화내지 마십시오.

박박이 말하였다. "절은 깨끗함을 지키는 데 힘써야 하므로 그대가 가까이 올 수 있는 곳이 아니오. 이곳에 머물지 말고 빨리 떠나시오." 박박은 문을 닫고 들어갔다. 낭자가 남암으로 가 또 이전과 같이 간청하니, 부득은 말하였다. "그대는 이 밤중에 어디서 왔소?" 낭자가 대답하였다. "저의 고요하고 맑은 모습이 태허太虛와 같은 몸인데, 어디를 오고 가겠습니까? 다만 어진 선비의 뜻과 소원이 깊고 덕행이 높고 견고하다는 말을 듣고 장차 보리를 이루도록 도와주려는 것입니다." 그리고는 게를 하나 올렸는데 다음과 같다.

해 저문 깊은 산길에
가도 가도 인가가 보이지 않네.
소나무와 대나무의 그늘은 더욱 깊건만

골짜기의 시냇물 소리가 오히려 새롭네.
자고 가기 애원함은 길을 잃어서가 아니라
높은 스님을 인도하기 위함이네.
바라건대 내 청만 들어주고
또 누구냐고 묻지 마시오.

부득사는 듣고 놀라면서 말하였다. "이곳은 부인과 함께 있을 곳이 아니지만, 중생의 뜻에 따르는 것 또한 보살행의 하나지요. 더구나 깊은 골짜기에 밤이 어두웠으니 어찌 소홀이 대접할 수 있겠소." 그리고는 그를 맞이하여 읍하고 암자 안에 머물게 하였다. 밤이 되자 부득은 마음을 맑게 하고 몸가짐을 가다듬고 반벽에 희미한 등불을 켜고 고요히 염불을 하였다. 밤이 끝나갈 무렵에 낭자가 불러 말하였다. "내가 불행하게도 산기가 있으니, 스님께서는 짚자리를 깔아 주십시오." 부득은 그 모습에 측은한 생각이 들어 거절하지 못하고 촛불을 은은하게 밝혔다. 낭자는 해산을 마치자 또 목욕시켜 주기를 간청하였다. 노힐부득은 부끄러운 마음과 두려움이 엇갈렸으나, 애처로운 마음이 더해져 거절하지 못하고 목욕통을 준비하여 낭자를 통 속에 앉히고 더운물로 목욕을 시켰다. 그러자 얼마 후 통 속의 물에서 향기가 풍기며 물이 금색으로 변하였다. 부득이 몹시 놀라니 낭자가 말하였다. "우리 스님께서도 물에 목욕을 하십시오." 노힐부득이 마지못해 그의 말에 따르자, 문득 정신이 맑아지더니 피부가 금빛으로 변하고 갑자기 옆에 하나의 연화대가 생겼다. 낭자가 거기에 앉기를 권하면서 말하였다. "나는 관세음보살인데 이곳에 와서 대사를 도와 대보리를 이루도록 한 것이오." 말을 마치고 낭자는 사라졌다.

한편 박박은 이렇게 생각하였다. '오늘밤 노힐이 반드시 계를 더럽혔을 것이니 가서 실컷 비웃어 주리라.' 박박이 가서 보았더니 노힐은 연화대에 앉아서 미륵존상이 되어 광채를 발하고 있었다. 그래서 자신도 모르게 머리를 조아리고 예를 갖추어 말하였다. "어떻게 이렇게 되셨습니까?" 그 연유를 자세히 말하니 박박이 탄식하며 말하였다. "나는 마음이 막혀서 요행이 부처님을 만났는데도 도리어 예우하지 못하였습니다. 큰 덕이 있고 지극히 어진 스님께서 나보다 먼저 성불했으니, 옛날의 교분을 잊지 마시고 함께 도와주십시오." 노힐이 말하였다. "통 안에 아직도 남은 물이 있으니 목욕을 할 수 있을 것이오." 박박도 몸을 씻자 부득처럼 무량수 부처가 되어 두 부처가 엄연히 마주 대하게 되었다. 산 아래 사람들이 그 말을 듣고는 다투어 와서 우러러보고 감탄하면서 "참으로 희귀한 일이다"라고 하였다. 두 부처는 그들에게 설법을 하고 나서 온몸으로 구름을 타고 가버렸다.[118]

본 설화의 특성을 간추려보면 다음의 네 가지로 요약할 수 있다. 첫째는 노힐부득이 먼저 미륵불로 성불하였고 달달박박이 나중에 미타불로 각각 성불하였다. 둘째는 미륵불과 미타불로 현신성불하여 병립 왕생하였다. 셋째는 염불수행으로 현신성불하여 왕생하였다. 넷째는 낭자가 관음보살의 화신이었다. 이와 같은 특성이 나타나는데, 본 절에서는 이상의 네 가지에 나타난 신앙성을 경론과 대비하여 고찰해보고자 한다.

---

[118] 『삼국유사』 卷3 塔像 第4 「南白月二聖 努肹夫得 怛怛朴朴」(대정장 49, p.995중)

첫째, '노힐부득이 먼저 미륵불로 성불하였고 달달박박이 나중에 미타불로 각각 성불하였다'는 것은, 미륵불이 미타불보다 우위에 있다는 것을 단적으로 보여주는 것이기도 하다. 앞에서는 미타정토가 미륵정토보다 우월함을 주장했는데 여기서는 미륵불이 먼저 성불하여 미륵정토의 우월성을 보여주고 있다. 그런데 설화의 내용을 보면 계율을 철저히 지킨 달달박박이 나중에 미타불로 성불하고, 계율을 드러내지 않고 이타행을 한 노힐부득은 오히려 먼저 미륵불로 성불했음이 나타난다. 이것은 일반적인 견해로 본다면 계율을 철저히 지킨 달달박박이 먼저 성불했어야 이치에 합당하다. 그런데 달달박박이 나중에 성불하였다. 여기에 대하여 황패강은, 미타보다 미륵을 우위에 둔 듯한 인상을 주는 것은 무엇보다도 소승적인 자리의 수행과 대승적인 이타의 수행을 대비시켜 후자가 견성성불의 참다운 길임을 보인 것으로 이해된다고 하였다.[119] 논자는 이 견해에 동의하면서 여기에 부연하고 싶은 것이 한 가지 있다. 노힐부득이 미륵불로 먼저 성불한 것은 당연히 이타정신에 의한 것이지만 그것은 노힐부득이 미륵보살의 본원인 자비를 행했기 때문이라고 본다. 따라서 본 고찰에서는 황패강이 언급한 소승불교와 대승불교의 이념적 특성을 좀 더 살펴보고, 이를 미륵보살의 본원과 연관하여 노힐부득과 달달박박의 현신성불관을 논해 보고자 한다.

자리적인 수행과 이타적인 수행은 근본적으로 그 이념이 다르다. 주지하는 바와 같이 우리가 생사고해를 건너 열반의 안락한 세계로 가고자 함에는 부처님의 교법을 의지해야 하는데 소승에서는 이 교법으로써 최고의 목적인 아라한과를 증득하는 데 만족하였고, 이에 반해

---

119 황패강, 『新羅佛敎說話硏究』(一志社, 1975) p.67 참조.

대승에서는 부처님의 본의를 찾아 일체 중생을 그 대상으로 하여 한량없는 대비심을 일으켜 위로는 보리를 구하고 아래로는 중생을 구한다는 '상구보리 하화중생上求菩提下化衆生'의 이념 아래 열심히 보살도를 수행하여 다 같이 자리이타를 겸비한 무상의 불과를 증득하는 데 최고의 목적을 두고 있다. 이와 같이 비교해볼 때 소승불교는 매우 보수적인 관념이고 대승불교는 매우 개방적이고 진보적인 관념이다.

달달박박과 노힐부득의 근기를 위의 비교에 견주어보면, 달달박박은 자기 개인만의 완성과 해탈을 위해서 수행·노력하는 자리주의적 소승관에 해당하고, 노힐부득은 대승불교의 이념인 자기를 버리고 일체 중생을 구제하겠다는 목적의 이타주의적 대승관에 해당한다고 볼 수 있다. 부득은 이러한 대승관에 입각한 이타를 행하여 성불을 이루었다고 본다. 그래서 노힐부득은 말하기를 "이곳은 부인과 함께 있을 곳이 아니지만, 중생의 뜻에 따르는 것 또한 보살행의 하나지요. 더구나 깊은 골짜기에 밤이 어두웠으니, 어찌 소홀이 대접할 수 있겠소"라고 하였다. 노힐부득이 이러한 대승적인 보살도를 행하게 된 것은 오직 미륵을 염하여 미륵보살의 본원을 성취했기 때문인 것으로 해석할 수 있다. 『미륵보살본원경』을 보면 부처님께서 다음과 같이 설명하신다.

"미륵보살은 본래 불도를 구할 때에 귀와 코와 머리와 눈과 손과 발과 몸과 목숨과 보물과 성읍과 처자 및 국토를 가지고 모든 사람에게 보시하되 불도를 이루지 않고, 선권, 방편, 안락의 행으로써 위없는 정진의 도를 얻어 이루었느니라. …… 아난아, 미륵보살은 도를 구할 때에 본원은 '내가 부처를 이룰 때엔 나의 나라 인민은 모든 때와 더러움이 없고 음·노·치도 크지 않고 은근히 십선을

받들어 행하게 되면 나는 그때야 비로소 위없는 정각을 취하겠노라'
고 하였느니라."
부처님이 아난에게 말씀하셨다. "아난아, 이후 다가오는 세상에
인민이 때와 더러움이 없고 십선을 받들어 행하고 음·노·치로 마음이
거칠지 아니한 그때를 당하여 미륵이 마땅히 위없는 정진의 도를
얻어 최정각을 이루리라. 그것은 미륵보살의 본원으로 이루어진
것이니라."[120]

이와 같이 미륵보살은 끝없는 자심慈心으로써 중생을 구제하겠다고
대원을 세웠다. 노힐부득은 이와 같은 미륵보살의 자심적인 이타행을
행한 것이다. 그리하여 하룻밤 사이에 현신성불現身成佛을 성취한 것이
라고 본다. 이에 비해 달달박박은 계율은 철저히 지켰으나 이타적인
자비심이 부족했던 것으로 볼 수 있다. 여기서 자리적인 것과 이타적인
이념이 비교되고 있음을 볼 수 있다.

둘째, '미륵불과 미타불로 현신성불하여 병립왕생하였다'는 것은
본 절의 중심 주제로서 여기서의 관점은 '왜 두 부처님이 현신성불하여
병립왕생했을까'라는 점이다. 이 현신성불에 대해 김영태는 논하기를,
이것은 신라의 불연국토설佛緣國土說에 의한 것이라고 하였다. 즉 신라

---

[120] 『彌勒菩薩本願經』(대정장 12, pp.188하~189상) "佛語賢者阿難 彌勒菩薩本求道時 不持耳鼻頭目手足身命珍寶城邑妻子及以國土布施與人 以成佛道 但以善權方便 安樂之行 得致無上正眞之道 …… 阿難 彌勒菩薩求道本願 使其作佛時 令我國中人民 無有諸鼉瑕穢 於婬怒癡不大 慇懃奉行十善 我爾乃取無上正覺 佛語阿難 後當來世人民 無有垢穢奉行十善 於婬怒癡不以經心 正於爾時 彌勒 當得無上正眞之道成最正覺 所以者何 彌勒菩薩本願所致."

인들은 당시에만 불법을 신봉하는 불교국이 아니라 오랜 과거부터 불법과는 인연이 깊었던 것으로 믿고 있었다는 것이라고 하였다.[121] 그 근거는 설화에 나오는 노힐부득과 달달박박 부모의 이름이 경전을 근거로 했다는 것을 제시하고 있다. 즉 설화에는 노힐부득의 아버지 이름이 월장이고 어머니 이름이 미승이고, 달달박박의 아버지는 수범이고 어머니는 범마라고 하였는데, 여기서 이 이름이 경전의 미륵·미타의 부모 이름과 같다고 하였다.[122] 이것으로 미루어 본다면 두 성도자成道者가 신라의 미타와 미륵으로 성불하였다는 당연성을 나타내고자 한 것임을 알 수가 있다고 하였다. 그것은 두 사람이 이미 태어날 때부터 미타와 미륵불로 성도할 수 있는 부모에게서 태어났다는 사실이 드러난다고 설명하고 있다.[123] 논자도 김영태의 주장은 이치적으로 매우 합당한 논리라고 생각한다.

그러나 이와 같은 설명은 또 다른 의문을 제기하게 된다. 왜냐하면 설화에 나오는 미륵·미타의 현신성불이 경전의 이론과는 엄연히 다르기 때문이다. 『미륵삼부경』에서 설하였듯이 미륵은 일생보처[124] 보살로

---

121 김영태, 『한국불교사상』(경서원, 1997) p.216~223 참조.
122 『阿彌陀鼓音聲王多羅尼經』에는 미타의 아버지 이름이 월상전륜왕이고 어머니 이름이 수승묘안(대정장 12, p.352중)이라 하였고, 『彌勒下生經』에는 미륵의 아버지 이름이 수범마이고 어머니 이름은 범마월(대정장 14, pp.421하)로 나온다. 여기서 김영태는 부득과 박박의 부모 이름이 미타와 미륵의 부모 이름과 서로 비슷한 음이라는 것을 근거로 주장하고 있다.
123 김영태, 「新羅佛教의 現實成佛觀」(『新羅文化』 1, 13권, 1984) p.107 참조.
124 一生補處란 단지 한 생애에서만 방황하는 생사의 세계에 구속되는 것뿐으로, 다음 생애에는 부처가 될 수 있다는 지위로서 다음에 태어날 때에는 부처로서 태어나는 것이 약속되어 있는 보살을 말한다.

서 현재 도솔천에 상주하면서 여러 천중天衆을 위하여 교화 설법하다가, 먼 미래 56억 년 뒤 사람의 수명이 8만 4천 세 때에 지상에 내려와 용화수 아래에서 성불하여 석가불이 제도하지 못한 중생들을 제도한다는 미래불이다. 또한 『정토삼부경』에서 설하였듯이 아미타불은 그 옛날 법장비구가 출가하여 이미 10겁 이전에 48대원을 세우고 성불하여 현재 여기서 10만억 불토를 지나 서쪽의 극락국토에 상주하면서 모든 중생을 위해 설법하고 있으며, 차토의 왕생자를 여러 성중들과 함께 와서 이들을 맞이하여 극락국토로 데려간다는 이론이다.

  이와 같이 경설과 대비한다면 노힐부득과 달달박박의 성불은 경전 내용과는 전혀 반대라고 할 수 있다. 그런데 노힐부득과 달달박박이 신라에 각각 미륵불과 미타불로 현신성불하였다. 이를 어떻게 설명할 것인가? 여기에 대하여 김영태는 논하기를, 아미타불은 최고의 사상이 실현된 완전무결한 불국정토의 주불이며, 미륵불은 사바국토의 당래불이므로 현세인의 입장에서 본다면 미타는 사후 왕생의 구경적 이상불이며, 미륵은 현세 실현 가능의 희구적 이상불이므로, 그러한 신앙적 특성을 갖추고 있는 두 부처님을 신라의 부처님으로 받들고자 하는 신라인들의 신앙적 희원希願과 창의성이 결국은 그와 같이 현신성도의 신라불을 출현케 하였다[125]고 논하고 있다. 김영태의 이러한 결론은 매우 설득력 있는 논증이라고 생각한다. 그러나 이러한 증명 또한 논자가 앞으로 주장하고자하는 방향과는 다르다. 그것은 김영태가 신라인의 신앙성을 사관적史觀的 입장에서는 잘 밝혀주었으나 현신성불이 성취되는 근본도리를 불교적 입장에서 이론적으로는 밝히지 않았

---

[125] 김영태, 앞의 논문, p.110 참조.

다는 점이다.

그래서 논자는 나름대로 이 현신성불이 성취될 수 있는 근본적인 도리를 불교의 교학적인 이론에 입각하여 밝혀보고자 한다. 논자가 생각하기에, 이러한 현신성불관의 이치는 불교적 이론으로 볼 때 근원적으로 현실초월의 도리가 바탕하고 있다고 본다. 그 도리를 정토설의 개념으로 본다면 이는 곧 선불교에서 주장하는 '이 마음이 곧 정토'라고 하는 유심정토관唯心淨土觀의 원리에 의한 것이라고 추론한다. 그래서 유심정토설을 근거로 하여 현신성불의 원리를 밝혀보고자 한다.

유심정토설은 심정토설心淨土說로서, 이것은 인간의 마음에 따라서 현세를 정토라고 하는 설이다. 이는 선가의 이론 등에 따른 것이다. 유심정토설에는 경전 및 여러 논사의 설이 있는데 대표적으로 『유마경維摩經』의 심성본정설心性本淨說, 영명연수永明延壽의 유심설唯心說, 육조혜능六祖慧能의 심성정토설心性淨土說, 회감懷感의 유식소변설唯識所變說, 천태지의天台智顗의 상적광토설常寂光土說 등을 들 수 있다.

먼저 『유마경』의 심성본정설을 보면, 이 설은 "그 마음의 청정에 따라 곧 불토가 청정해진다"[126]는 대표적인 유심정토설이다. 즉 주관적인 정토설로서 번뇌에 물든 어리석은 범부의 마음으로는 이 세계를 부정不淨하다고 하지만, 부처님의 지견으로 본다면 이 세계는 청정장엄의 세계라는 설이다. 경설은 다음과 같다.

> 마땅히 알라. 직심直心은 바로 보살의 정토이니, 보살이 성불할 때에 아첨하지 않는 중생은 그 나라에 가서 태어난다. 심심深心은

---

126 『維摩詰所說經』(대정장 14, p.538하) "隨其心淨則佛土淨."

바로 보살의 정토이니, 보살이 성불할 때에 공덕을 구족한 중생은 그 나라에 가서 태어난다.[127]

이렇게 말씀하시고 또

사리불아, 나의 불국토가 항상 이와 같이 깨끗하건만 근기가 하열한 사람들을 제도하기 위하여 일부러 여러 가지 나쁜 것으로 가득한 부정한 국토를 나타내 보인 것이니, 마치 여러 천상의 사람들이 한 그릇의 밥을 먹더라도 제각기 그 복덕을 따라서 밥의 빛이 다른 것과 같으니라. 그러므로 사리불아, 만일 사람의 마음이 깨끗해지면 이 국토의 공덕장엄을 보게 되느니라.[128]

라고 하셨다. 이 말씀은 인간의 본성은 본래 청정한 것인데 근기에 따라 달라 보인다는 뜻이다. 즉 불보살의 입장에서는 불생불멸의 도리를 체득했으므로 정토와 예토가 둘이 아닌데 중생들이 싫어하기 때문에 이들을 구제하기 위하여 새삼 정토를 말한다는 것이다. 다시 말해 정토는 중생들 때문에 생겨난 것이라는 말이다. 그러므로 마음이 깨끗해지면 곧 불국토를 보게 된다는 논리이다. 여기에 대한 역대 논사들의 설을 보자. 영명연수는 『만선동귀집』에서 다음과 같이 설명한다.

---

[127] 위의 경전(대정장 14, p.538중) "知直心是菩薩淨土 菩薩成佛時不諂衆生來生其國 深心是菩薩淨土 菩薩成佛時具足功德衆生來生其國."
[128] 위의 경전(대정장 14, p.538하) "舍利弗 我佛國土常淨若此 爲欲度斯下劣人故 示是衆惡不淨土耳 譬如諸天共寶器食隨其福德飯色有異 如是舍利弗 若人心淨便見此土功德莊嚴."

유심의 정토는 마음을 요달하면 그곳에 난다. 『여래불사의경계경』에서 말씀하시기를 "삼세 일체의 제불은 모두 가진 바 없이 오직 자심에 의하며, 보살이 만약 능히 제불 및 일체법이 모두 오직 심량이라고 요달해 알면 수순인을 얻고, 혹은 초지에 들어 몸을 버리고 속히 묘희세계에 나며, 혹은 극락정불토 가운데 난다"[129]라고 하였다. 그러므로 알라. 마음을 알면 바로 유심의 정토에 나며, 경계에 집착하면 오로지 소연의 경계 가운데 떨어진다.[130]

이와 같이 일체법이 모두 심량心量이라고 깨달으면 유심정토에 난다고 하였다. 육조혜능조사는 『단경』에서 다음과 같이 설한다.

부처님께서 말씀하시기를 "그 마음의 청정을 따라 곧 불토가 깨끗하다" 하셨느니라. 사군아, 동방사람이라도 다만 마음이 깨끗하면 곧 죄가 없는 것이고 비록 서방사람이라도 마음이 깨끗하지 못하면 또한 허물이 있음이니, 동방사람이 죄가 있다면 염불해서 서방에 나기를 바란다고 하겠지만 서방사람이 죄를 지었을 때는 염불해서 어느 나라에 나기를 원하겠는가. 어리석은 사람은 자성을 요달하지 못하기 때문에 자기 몸속의 정토를 알지 못하고 동쪽을 원하고 서쪽을

---

[129] 『大方廣如來不思議境界經』(대정장 10, p.911하) "三世一切諸佛 亦復如是 皆無所有 唯依自心 菩薩 若能了知諸佛及一切法皆唯心量 得隨順忍 或入初地 捨身速生妙喜世界 或生極樂淨佛土中."

[130] 『萬善同歸集』(대정장 48, p.966중하) "唯心佛土者 了心方生 如來不思議境界經云 三世一切諸佛 皆無所有 唯依自心 菩薩若能了知諸佛及一切皆唯心量 得隨順忍 或入初地 捨身速生妙喜世界 或生極樂淨佛土中 故知識心方生唯心淨土 著境秪墮所緣境中."

원하지만, 깨달은 사람은 있는 곳마다 일반이니라. 그러므로 부처님께서 말씀하시기를 "머무는바 곳에 따라 안락하다"고 하셨느니라. 사군아, 마음 땅에 다만 착하지 않은 것만 없으면 서쪽이 여기서 멀지 않느니라. 그러나 만약 착하지 못한 마음을 품고 있다면 아무리 염불하여도 도달하기가 어려우니라. 내가 이제 선지식들에게 권하노니, 먼저 십악을 없애면 곧 십만 리를 갈 것이요, 여덟 가지 삿됨을 없애면 곧 팔천 리를 지날 것이다.[131]

이와 같이 육조대사는 자성미타관自性彌陀觀에 의한 철저한 유심정토설을 주장하였다. 역대 선종에서는 '이 마음이 곧 정토인데 마음 밖에서 무슨 정토를 따로 찾으며, 성품이 미타인데 성품 밖에 따로 무슨 아미타불이 있겠느냐'고 주장하고 있다. 이것은 타방정토설을 완전히 부정하는 것이다. 한편 선도의 제자 회감은 『석정토군의론』에서 유식소변설唯識所變說의 정토를 설하고 있다.

해석하여 말한다. 여래소변의 토는 불심이 무루이면 국토도 무루이다. 범부의 마음은 아직 무루를 얻지 못한다. 저 여래의 무루토 위에서 자심을 변현하여 유루토를 만들고 더구나 그 가운데 난다. 만약 여래의 본토에 대해 요약해 말한다면, 곧 역시 무루토에 난다고 말할 수 있다. 만약 자심소변의 토에 요약해서, 더구나 수용하는

---

[131] 『六祖檀經』(대정장 48, p.352상) "隨其心淨卽佛土淨 使君東方人 但心淨卽無罪 雖西方人 心不淨亦有愆 東方人造罪 念佛心生西方 西方人造罪 念佛心生何國 凡愚 不了自性 不識身中淨土 願東願西 悟人在處一般 所以佛言 隨所住處恆安樂 使君心地但無不善 西方去此不遙 若懷不善之心 念佛往生難到 今勸善知識先除十惡卽行十萬 後除八邪乃過八千."

것을 말한다면 또 설한 유루토에 난다고 말할 수 있다. 유루라고 말해도 여래의 무루토에 의하여 변현하는 까닭에 궁극에는 불佛의 무루와 같다. 또 중악衆惡의 허물도 없다.[132]

이와 같이 회감은 불佛의 측면에서 본다면 여래의 무루심無漏心의 소변所變에서 무루의 정토이지만, 범부의 측면에서 본다면 범부의 유루심의 소변에서 유루의 정토라고 하면서 유식소변의 도리를 설하고 있다. 한편, 천태지의는 『법화현의』에서 상적광토설을 주장하고 있다.

만약 능히 마음이 깨끗해지면 모든 업이 곧 깨끗해진다. 마음이 깨끗해지는 것을 관하는 것이란 모든 마음이 실로 인연으로 생겨난 법이라서 즉공·즉가·즉중으로 관하는 일심삼관을 말하는 것이다.[133]

이와 같이 "마음이 깨끗해지면 모든 업이 곧 깨끗해진다"는 『유마경』의 설을 인용하여 사바가 곧 정토라는 상적광토설을 주장하고 있다. 또 지의는 진여실상의 진리관에 입각한 상적광토설을 주장하고 있다.

만약 10인연으로 이루어진 중생이 설할 수 없는 국토와 설할 수 없는 음계(5온·12처·18계)가 모두 진여실상인 것을 듣고 즐거워하면

---

132 『釋淨土群疑論』(대정장 47, p.32상중) "釋曰 如來所變土 佛心無漏 土還無漏 凡夫之心未得無漏 依彼如來無漏土上 自心變現作有漏土 而生其中 若約如來本土而說 則亦得名生無漏土 若約自心所變之土而受用者 亦得說言生有漏土 雖有漏以託如來無漏之土 而變現故 極似佛無漏亦無衆惡過患."
133 『法華玄義』(대정장 33, p.763중) "若能淨心諸業卽淨 淨心觀者 謂觀諸心悉是因緣生法 卽空卽假卽中 一心三觀."

곧바로 일체국토의 의정은 상적광토이다. 일체의 5온과 12처는 보리이다. 이것을 떠나서 보리는 없다. 한 색, 한 향기도 중도가 아님이 없고 이것을 떠나서 다른 적정문은 없다. 안·이·비·설도 모두 적정문이고 이것을 떠나서 다른 적정문은 없다.[134]

이와 같이 일체의 5온과 12처는 보리이고, 이것을 떠나서는 보리가 없고, 안·이·비·설 또한 적정문寂靜門이고, 이것을 떠나서는 적정문도 없다는 진여실상眞如實相의 중도적中道的 진리관에 입각한 상적광토설을 주장하고 있다.[135]

이와 같이 간략하게 유심정토의 각설을 살펴보았는데, 유심정토설은 한마디로 마음 밖에는 어떤 것도 존재하지 않는다는 주장이다. 즉 정토는 심정토心淨土로서 마음이 짓는 것이므로 가고 오는 것도 없고, 동서의 방향도 없다는 논리이다. 이와 같이 살펴본 바와 같이 유심정토설은 신라에서 성취한 현신성불관의 이치와 근본적으로 일맥상통하는 점이 있다고 본다.

현신성불이란 현재의 이 몸이 깨달아 그대로 부처를 이룬다는 것인데, 이러한 이치로 볼 때 노힐부득과 달달박박이 신라의 땅에서 현신성불한 것은 유심정토관과 맥락을 같이하고 있다는 논리가 성립된다고 볼 수 있다. 참고로 밀교의 즉신성불卽身成佛 사상을 보면 이 사상도 현신성

---

[134] 위의 경전(대정장 33, p.688하) "若十因緣所成衆生 樂聞不可說國土 不可說陰界入 皆是眞如實相 卽直說一切國土依正卽是常寂光 一切陰入卽是菩提離是無菩提 一色一香無非中道 離是無別中道 眼耳鼻舌皆是寂靜門 離此無別寂靜門."
[135] 지의는 4토설을 정리하였는데 常寂光土는 그 가운데 하나이다. 4토는 凡聖同居土, 方便有餘土, 實報無障碍土, 常寂光土이다.

불의 도리와도 근본적으로 개념이 같음을 볼 수 있다. 즉신성불 사상이란 아무리 범부라 할지라도 현세에서 깨달음을 열어 부처가 될 수 있다는 것으로서 곧 현재의 이 몸으로 깨달음을 여는 것이라 하였다. 그래서 서윤길은 본 설화의 노힐부득과 달달박박의 현신성불은 신라밀교의 즉신성불 사상이나 그러한 신앙이 직접적으로나 간접적으로 영향을 끼쳤을 것이라고 가설하고 있다.[136] 이와 같은 밀교의 사상도 현신성불의 도리와 그 근본은 다르지 않다고 본다. 그러나 밀교의 이론으로 증명하는 것은 본 논문의 범주가 아니므로 구체적인 논의는 다음으로 미루기로 하겠다.

이상 살펴본 바와 같이 유심정토관과 현신성불관은 근본적으로 그 이치가 같음을 볼 수가 있다. 그런데 여기서 문제가 하나 제기된다. 그것은 '선종에서 주장하는 유심정토설과 정토종에서 주장하는 타방정토설이 왜 서로 대립되는가'라는 의문이다. 논자가 보기에 이것은 양자의 근본도리와 궁극적 목적은 같은데, 다만 수행과정에서 서로 대립된다고 본다. 그것은 타방의 정토는 가고자 하는 목적지의 모습, 즉 그 국토의 장엄을 이미 들어서 알고 있고, 또 찾아가는 방법을 듣고 배워서 알고 있고, 또한 극락정토는 대자비의 아미타불이 협시보살인 관세음보살과 대세지보살이 함께 마중을 나와 인도하여 간다. 그러나 유심의 정토는 마음에 정토는 두고 있지만 미리 들은 바가 없으므로 극락국토의 장엄을 알 수 없고, 또 찾아가는 방법을 듣고 배운 바가 없으므로 알 수가 없고, 또한 관음·세지 같은 인도자가 없으므로 스스로 막연히 찾아가야 하는 어려움이 따른다고 생각된다. 이것이 서로 대립되는

---

136 서윤길, 『한국밀교사상사』(운주사, 2006) p.204 참조.

정반대의 개념이라고 할 수 있다. 즉 유심정토의 개념으로는 나름대로 그 자리에서 현신성불은 할 수 있으나 정해진 국토에 쉽게 갈 수는 없다는 이치다. 결론적으로 말하자면, 이것은 자력과 타력의 차이에서 생기는 대립이라고 하겠다. 그래서 선도는 지방입상指方立相을 설하였다고 본다. 그렇다고 해서 선도가 유심정토를 무조건 부정하지는 않았다. 『관무량수경』에서 설하는 "이 마음이 부처를 짓고, 이 마음이 즉 부처가 되는 것이다"[137]라는 부분을 『관경소』에서는 다음과 같이 해석하고 있다.

"이 마음이 부처를 짓는다"는 것은 스스로 믿는 마음에 의지하여 모습을 반연하는 것이기 때문에 작作과 같다. 그리고 "이 마음이 부처이다"라고 한 것은 마음으로 불을 생각할 때 그 생각에 의하여 불신이 나타나기 때문에 마음이 부처가 되는 것이다. 이 마음을 떠나 밖에 다른 불은 없다.[138]

이와 같이 중생이 스스로 믿는 마음에 의지하여 부처의 모습을 짓는 것이고, 마음으로 부처를 생각할 때 그 생각에 의해서 부처의 모습이 나타난다고 설명하고 있다. 그래서 선도는 앞에서 천태지의 등이 주장하는 자성청정불성관自性淸淨佛性觀을 다음과 같이 지적하고 있다.

혹 어떤 수행자가 장차 이 일문의 유식법신의 관을 짓고, 혹은 자성청

---

137 『觀無量壽經』(대정장 12, p.343상) "是心作佛 是心是佛."
138 『觀無量壽佛經疏』(대정장 37, p.267상중) "言是心作佛者 依自信心緣相如作也 言是心是佛者 心能想佛 依想佛身而現 卽是心佛也 離此心外更無異佛者也."

정불성관을 짓는 사람은 그 뜻이 매우 어지럽다.[139]

이와 같이 선도는 마음에 관하는 뚜렷한 대상도 없이 무조건 이 마음이 부처라고 하는 논들을 비판하였다. 그래서 선도는 이를 증명하기 위해 정토를 서방이라고 하는 한 방향을 정한 것에 대하여 다음과 같이 설명하고 있다.

지금 생각하여 관하는 이 문들은 오로지 방향을 가리키고 모습을 세워서 마음을 머물게 하여 경계를 취하게 했다. 모습이 없고 염을 떠난 것은 총괄하여 밝히지 않았다. 부처님은 멀리 미래를 아시기에 말법시대의 죄악범부를 위하여 모습을 세워 마음을 머물게 하였는데도 불구하고 마음을 바로 하지 못하는데, 어찌 하물며 모습을 떠나기를 마음으로 바라겠는가? 이는 마치 신통이 없는 사람이 하늘에 머물면서 집을 세우려는 것과 같다.[140]

이와 같이 선도는 부처님께서 서방이란 한 방향을 정하신 것은 말법시대에 머무는 죄악의 범부들이 정토를 알지 못하기 때문에 오직 그들을 인도하기 위하여 구체적인 사상事象을 나타내신 것이라고 하고 있다.[141] 이러한 관념에서 선도는 범입보토론凡入報土論을 주장했다고 본다.

---

139 위의 경전(대정장 37, p.267중) "或有行者 將此一門之義作唯識法身之觀 或作自性淸淨佛性觀者 其意甚錯."

140 위의 경전(대정장 37, p.267중) "今此觀門等唯指方立相 住心而取境 總不明無相離念也 如來懸知末代罪濁凡夫 立相住心尙不能得 何況離相而心事者 如似無術通人居空立舍也."

141 坪井俊映 著, 韓普光 譯, 『淨土敎槪論』(如來藏, 2000) p.299 참조.

이러한 뜻을 평정준영은 설명하기를, 선도는 미혹한 범부중생의 눈으로는 모든 법이 모양 없음(諸法無相)과 부처님의 몸이 한량없고 끝이 없는 것을 도저히 볼 수가 없으므로, 모양에 집착하는 범부중생의 관념을 성취시키기 위하여 특히 서방정토를 말씀하신 것[142]이라고 하였다. 선도가 지방입상指方立相을 설한 것은 이러한 중생관 때문이라고 하겠다.

위에서 본 선도의 정토관은 여러 논사들의 유심정토설을 무조건 비판한 것이 아님을 알 수가 있다. 즉 선도는 유심정토를 인정하지만 유심정토는 타방정토처럼 마음에 의지할 대상과 목적지가 정해지지 않았다는 것이다. 논자의 생각도 선도의 이론에 동감한다. 앞에서 천태 지의는 사바가 곧 정토라고 했는데, 그러나 범부의 차원에서 사바는 곧바로 정토가 될 수 없다. 왜냐하면 사바세계는 삼독심으로 가득 찬 무상과 고의 세계임을 부정할 수 없는 사실이기 때문이다. 따라서 이 부정할 수 없는 괴로운 현실세계에 대립되는 세계가 반드시 설정되어야 하는 것이 타당하다. 즉 범부의 눈으로는 도저히 예토를 정토로 볼 수 없기 때문이다.

이상과 같이 유심정토설을 역대 논사들의 설을 들어 고찰하여 보았다. 본 고찰의 목적은 유심정토설에는 현신성불의 원리가 바탕하고 있다는 것을 논증해보고자 하는 것이었다. 논자의 소견이지만, 결론적으로 유심정토관과 현신성불관은 근본 개념이 동일하다고 본다. 그것은 유심정토는 마음이 정토를 만든다는 것이고, 현신성불도 현재의 몸으로 그 자리에서 깨달음을 얻어 부처를 이루는 것이므로 양자의 개념과

---

[142] 坪井俊映 著, 李太元 譯, 『淨土三部經槪說』(寶國寺, 1988) p.510 참조.

상통한다고 본다. 그러나 수행과정에서는 서로 대립된다. 즉 유심정토는 귀의할 대상과 목적지가 설정되어 있지 않으므로 스스로 정토를 만들어야 하고, 타방정토는 이미 아미타불의 본원에 의해 정토가 마련되어 있다는 것이다. 결론은 자력과 타력의 차이점이 있다고 본다.

그러면 이제 노힐부득과 달달박박이 현신왕생을 하는 모습을 보기로 하자. 본 설화에서 노힐부득과 달달박박은 현신성불로 그친 것이 아니라 현신성불을 보인 후에 두 부처가 나란히 왕생하는 모습을 보였다. 설화에서 "두 부처는 그들에게 설법을 하고 나서 온몸으로 구름을 타고 가버렸다"고 하는 것이 이를 증명하고 있다. 그런데 왜 노힐부득과 달달박박이 곧바로 현신왕생을 하지 않고 먼저 현신성불한 모습을 보여주었을까? 그 의미는 미혹한 중생들이 아직도 믿지 못하므로 현신성불한 모습을 직접 보여주어 불가사의한 광경을 믿게 하기 위한 것이라 볼 수 있다. 또한 이것은 정토는 저 멀리 있는 것이 아니라 현실에서 이룰 수 있다는 현세 정토 사상을 깃들게 하기 위한 것이라고 본다.[143] 그리고 나란히 두 부처가 왕생하였다는 것은 당시 신라인의 내세 정토신앙관을 보여주는 것이라고 본다. 즉 시대적으로 볼 때 신라인의 내세관은 미륵의 도솔천 상생 신앙에도 심취되어 있었지만 미타의 극락정토신앙에도 심취되어 있었다고 생각한다.[144] 그런데 본 설화에서 미륵을

---

[143] 여기에 대해 김영태는 논하기를, 신라 불교인들은 經典所說의 旣存佛이나 그 불상의 신앙에만 만족하지 않고, 이 땅의 백성으로 태어난 신라 사람이 出家學佛하고 수도정진하여 성불하는 것을 바랐으며, 또 그렇게 성불한 것으로 믿었던 창의적 신앙관을 보여준 것이라고 했다. 김영태, 앞의 논문, p.111.

[144] 문명대는 논하기를, 노힐부득이 먼저 미륵으로 성불한 후 그가 달달박박으로 하여금 미타불로 성불케 하지만, 그렇다 하더라도 미륵신앙에서 미타신앙으로 변천되던 일반적인 정토신앙의 추세와 마찬가지로 미륵신앙의 기반에 미타의

우위에 두고 있다는 것은 이때까지는 시대적으로 미륵신앙에 더 심취되어 있었다는 것을 말해주는 것이라고도 볼 수 있다.[145] 『삼국유사』에는 이 시기에 미륵불로 현신성불하였다는 설화가 여러 편 있는데, 이 설화들은 당시의 신앙성을 증명하고 있다. 간략하게 그 내용을 보자.

「미륵선화 미시랑과 진자사」[146]에서는 진자 스님이 간절히 기원한 끝에 꿈속에서 미륵선화를 보았는데, 이 미륵선화 미시랑은 미륵불의 화신으로 신라에 하생하여 현신성불을 하였다. 이러한 현실 감응담은 당시의 민중들로 하여금 미륵불을 더없는 구세불로 신봉하게 하였다.

「효소왕대 죽지랑」[147]에서는 술종공(眞平王代)이 죽지령에서 만난 거사가 방에 들어오는 꿈을 꾼 후, 그가 죽은 것을 확인하고 그를 위해 죽령에 돌미륵 한 구를 세웠는데, 이후 아내가 아이를 낳자 죽지竹旨라고 하였다. 이 죽지랑의 설화에서는 거사의 새로운 생명에 대한 염원이 잘 나타나 있는데, 이것은 도솔천의 왕생을 기원한 것이 아니라 바로 현생에 다시 태어나기를 기원한 것으로 현신성불을 염원한 것이 나타나고 있다.

새로운 등장을 인정할 수 있다고 하였다. 文明大, 「景德王代의 阿彌陀造像問題」,(『新羅彌陀淨土思想研究』民族社, 1988) p.176 참조.
[145] 「남백월 이성 노힐부득 달달박박」(대정장 49, p.995중)의 설화 기록을 보면 "노힐부득의 현신성불은 제33대 聖德王(8년, 709)의 일이고, 이 사실이 세상에 유포되자 35대 景德王(14년, 755)이 이 소문을 듣고 그곳에 대가람을 짓게 하여 경덕왕(23년, 764)에 완성하여 '白月山南寺'라고 편액을 내렸다"라고 기록한 것에서 신라 미륵의 현신성불 신앙은 통일신라 전성기의 성덕왕 대에서 경덕왕 대에 이르는 동안에 이루어진 것으로 추정할 수 있다.
[146] 『삼국유사』卷3 塔像 第4 「彌勒善花 未尸郎 眞慈寺」(대정장 49, p.994하)
[147] 위의 책, 卷2 紀異 第2 「孝昭王代竹旨郎」(대정장 49, p.973중)

「생의사 석미륵」[148]에서는 미륵의 하생을 현실화하고 있다. 이 설화는 꿈에 어떤 스님이 생의에게 이르기를 "내가 이곳에 묻혔으니 나를 꺼내 고갯마루 위에 묻어 달라"고 하여 땅을 파니 돌미륵이 나와 삼화령 위에 모셨다는 내용이다. 이 설화 역시 현신성불을 보여주어 미륵하생을 현실화하고 있다.

「낙산 이대성 관음·정취·조신」[149]에는 의상, 원효, 조신의 이야기가 실려 있는데 첫 번째는 의상대사(625~702)의 이야기이고, 두 번째는 원효대사(617~686)의 이야기이고, 세 번째는 조신의 꿈 이야기가 기록되어 있다. 의상과 원효의 이야기는 모두 관음진신이 낙산에 주처한다는 것을 보여주는 것이고, 세 번째 조신의 꿈 이야기는 죽은 아들이 미륵불로 현신성불함을 보여주는 이야기다. 조신 설화의 줄거리는 다음과 같다.

승려 조신이 태수 김흔의 딸을 깊이 연모하여 낙산사의 관음보살 앞에 나아가 인연을 맺게 해달라고 빌다가 잠이 들었는데, 꿈속에서 이 인연이 성취되어 고향으로 돌아가 40여 년을 자식을 다섯이나 두고 살면서 온갖 고난을 겪었다. 그러다가 마침내 큰아들이 굶어죽고, 열 살 난 딸아이가 구걸을 나갔다가 개에 물려 병들어 누웠다. 그리고 부부도 병이 들어 신음하며 죽을 지경에 이르러 후회하면서 이젠 서로 헤어지기로 하여, 아이를 둘 씩 나누어 데리고 아내는 고향으로 향하고 조신은 남쪽으로 가는 도중에 꿈에서 깨어났다. 꿈에서 깨어나 보니 수염과 머리카락이 모두 하얗게 세어 있었다. 조신은 망연자실하여

---

[148] 위의 책, 卷3 塔像 第4 「生義寺石彌勒」(대정장 49, p.991하)
[149] 위의 책, 卷3 塔像 第4 「落山二大聖 觀音·正趣·調信」(대정장 49, p.996하)

세상일에 전혀 뜻이 없어졌다. 고달프게 사는 것도 이미 싫어졌고 마치 100년 동안의 괴로움을 맛본 것 같아 세속을 탐하는 마음도 얼음 녹듯 사라졌다. 그는 부끄러운 마음으로 부처님의 얼굴을 바라보며 깊이 참회하는 마음이 끝이 없었다. 돌아오는 길에 해현으로 가서 아이를 묻었던 곳을 파보았더니, 그것이 바로 돌미륵이었다. 이와 같이 죽은 아들이 미륵불로 현신성불하였다.

「현유가 해화엄」[150]의 서두에는 유가종의 시조인 대덕 대현大賢이 경주 남산 용장사에 머물 때 그 절에 있는 돌로 된 장륙상丈六像의 미륵불 주위를 항상 돌았는데, 돌 때마다 장륙상도 대현을 따라 얼굴을 돌렸다는 이야기가 있다. 이 설화 또한 현실 성불을 보여주는 사례로서 당시 신라인이 미륵신앙에 깊이 심취되어 있었음을 보여주는 것이다.

이상과 같이 다섯 편의 설화를 살펴보았는데, 마지막의 「현유가 해화엄」조를 제외한 네 편의 설화는 모두 공통점이 있다. 그것은 모두 꿈속의 염원이 현실로 이루어지고 있다는 것이다. 이러한 사례들을 볼 때 신라가 얼마나 미륵의 현세 정토를 염원했는가가 잘 나타나 있다. 그러나 이 꿈을 통한 현신성불의 이야기는 노힐부득과 달달박박의 설화와는 성격이 다르다. 왜냐하면 노힐부득과 달달박박은 현재의 몸으로 염불 수행하여 그 자리에서 성불한 모습을 생생하게 보여준 예이고, 위에서 살펴본 여러 설화들은 죽은 후의 몸이 다시 미륵불로 화현한 예이므로 그 성격이 다르다고 볼 수 있기 때문이다. 또한 위의 모든 설화들은 경전의 이론과는 다르다. 언급한 대로 미륵은 먼 훗날에 하생할 부처이고, 미타는 사후에 찾아가 만나 뵙는 부처인데 신라인은

---

150 위의 책, 卷4 義解 第5 「賢瑜珈 海華嚴」(대정장 49, p.1009하)

이를 앞당겨 현실에서 이루고자 했던 것이다. 여기서 김영태의 논의처럼 신라인의 진취적이고 창의적인 희구 정신과 현세 정토신앙관을 엿볼 수 있다.

셋째, '염불로 현신성불하여 왕생하였다'는 것은, 설화에서 '각기 암자에 살면서 노힐부득은 부지런히 미륵불을 구하고, 달달박박은 미타불을 염불하였다'고 하는 것이 이를 말해주고 있다. 이들의 신분은 승려라 하지만 처자식을 거느리고 생업을 꾸려가며 살면서도 심출가心 出家하여 오직 염불 정진하여 성불하고 왕생하였다. 이것은 염불이 어느 특별한 사람이나 집단이 수행하는 것이 아니라 신분의 고하귀천을 가리지 않는다는 부처님의 일체평등사상을 보여주는 것이고, 염불은 때와 장소를 가리지 않는다는 것을 보여주는 것이며, 또한 염불은 『아미타경』에서 "조그만 선근복덕으로는 왕생할 수 없다"고 설한 바와 같이 염불수행 이외에는 어떤 수행도 큰 선근복덕이 없다는 것을 보여주고 있는 것이다.

그런데 위의 내용에서는 어떤 종류의 염불을 했다는 것은 나타나지 않고 있다. 설화에는 노힐부득은 부지런히 미륵불을 구하고 달달박박은 미타불을 염불하였다고 하였다. 여기서 달달박박이 미타불을 염불했다는 것은 이해할 수 있으나 노힐부득이 미륵불을 구했다고 한 것은 칭명염불 수행은 아닌 것 같다. 미륵불을 구했다는 것은 여러 가지 관점에서 생각할 수 있지만, 이것은 미륵의 본원에 따른 자심慈心을 스스로 실천한 것이라고 본다. 미륵보살의 본원은 앞에서 살펴보았듯이 "내 나라 인민이 모든 때와 더러움을 여의고 모두가 십선을 받들어 행하게 되면 그때야 비로소 위없는 정각을 성취하겠다"고 한 서원이다.

그래서 노힐부득은 "중생의 뜻에 따르는 것 또한 보살행의 하나"라고 하며 낭자에게 미륵보살의 자심을 행한 것이라고 본다. 그러나 이러한 자심은 곧 염불에서 나오는 것이라고 본다. 염불을 함으로써 거기에 선행 등의 자비의 마음이 따르는 것이다. 그래서 역대의 정토 논사들은 염불이 가장 큰 복덕인연이라고 역설한 것이다. 노힐부득의 보살행은 이러한 염불에 의해서 이루어진 것이라고 할 수 있다.

넷째, '낭자는 관음보살의 화신이었다'고 하였다. 본 설화에서 현신성불을 했는데, 이들의 성불을 도와준 여인이 바로 관세음보살이라는 것이다. 설화에서 "나는 관세음보살인데 이곳에 와서 대사를 도와 대보리를 이루도록 한 것이오"라고 한 것이 이를 말해 주고 있다. 관세음보살은 서방극락세계에 상주하면서 아미타불의 협시보살로서 중생들을 극락정토로 인도하며 아미타불을 돕는다. 관세음보살은 자비의 화신으로 중생의 고난을 구제하기 위하여 갖가지의 방편으로 몸을 나투어 설법 교화하는 보살이다. 관음신앙의 가장 큰 특징은 자발적 응현應現이라는 점이다. 「관세음보살보문품」에서는 다음과 같이 설한다.

선남자야, 어떤 나라의 중생을 부처의 몸으로 제도할 이에게는 관세음보살이 곧 부처의 몸을 나타내어 설법하느니라.[151]

또 『수능엄경』에는 본 설화의 내용과 매우 부합되는 내용이 있다.

---

[151] 「觀世音菩薩普門品」, (대정장 9, p.57상) "善男子 若有國土衆生應以佛身得度者 觀世音菩薩 卽現佛身而爲說法 應以辟支佛身得度者."

세존이시여, 만약에 보살들이 삼마지에 들어가 무루를 닦아 훌륭한 깨달음이 원만하게 나타나면 저는 그 사람 앞에 부처님의 모습을 나타내어 법을 말하여 해탈케 하겠나이다.[152]

이와 같이 관음보살은 대비원력大悲願力으로 스스로 보문시현普門示現하여 어느 누구에게도 어디에서도 시공을 초월하여 몸을 드러내 응한다는 것과 사바세계의 고통받는 중생의 곁을 잠시도 떠나지 않고 구제하여 이롭게 해준다는 이세보살利世菩薩이다. 이와 같은 자비심으로 두 수행자를 도와 대보리大菩提를 이루게 하였다. 앞에서 고찰한 광덕과 엄장의 설화에서도 관세음보살이 광덕의 처로 화신하여 이들의 자리와 이타의 마음을 시험하여 대보리를 이루게 하였다. 이와 같이 관세음보살은 미타관련 설화에 주로 등장한다. 이것은 관세음보살이 극락세계의 아미타불 옆에 항상 있으면서 중생들의 왕생을 돕는 인로왕보살이라는 것을 보여주는 것이다.

이상과 같이 고찰한 본 설화의 특성을 정리해보면, 노힐부득이 먼저 미륵불로 성불하였고 달달박박이 나중에 미타불로 각각 성불하였다는 것은 문맥으로 보면 미륵이 미타보다 우위에 있음을 보여주고 있다. 이것은 마치 미륵은 상위에 있고 미타는 하위에 있다는 것을 보여주는 것 같지만 실은 그렇지 않다. 이것은 설화에 나타나듯이 노힐부득과 달달박박의 수행 근기를 나타낸 것으로 볼 수 있다. 즉 노힐부득은 미륵보살의 본원에 따른 대승보살의 자비스런 이타행을 보여주었기에 먼저 성불할 수 있었던 것으로, 각자의 근기에 따라 우위는 바뀔 수

---

152 『首楞嚴經』(대정장 19, p.128중) "世尊若諸菩薩入三摩地進修無漏勝解現圓 我現佛身 而爲說法令其解脫."

있다고 본다. 또한 이것은 미륵신앙이 먼 미래를 추구하는 신앙이 아니며 미타신앙은 사후에나 가는 내세신앙이 아닌, 현세에서 이룩할 수 있는 현실적 정토신앙임을 보여준 사례이다. 한편 미륵불과 미타불로 현신성불하여 병립왕생하였다고 하는 것은 미혹한 중생들이 믿지 못하므로 현신성불한 참모습을 직접 보여주어 불가사의한 광경을 믿게 하기 위한 것이라 볼 수 있고, 또한 나란히 두 부처가 왕생하였다는 것은 당시 신라인의 정토신앙관을 보여주는 것으로서 신라인의 내세관은 미륵의 도솔천 상생에도 미타의 극락왕생에도 심취되어 있었다는 것을 보여주고 있는 것이다.

한편, 현신성불의 근본 개념은 선가에서 주장하는 유심정토설의 도리와 같다고 생각한다. 유심정토관은 마음이 정토를 만든다는 것인데, 이 원리는 현신성불의 이치와 상통한다고 할 수 있다. 다만 과정에서는 서로 대립된다. 그것은 유심정토관은 근본적으로 타방정토설을 부정하는 입장에서 출발했기 때문일 것이다. 결론적으로는 자력신앙과 타력신앙의 대립이라고 할 수 있다. 끝으로 낭자가 관음보살의 화신으로 나타나 두 수행자로 하여금 성불하여 왕생하도록 도와주었다. 여기서 관세음보살은 언제나 중생들이 고난에 처해 있을 때마다 나타나 구제해 주는 보살이며, 아미타불의 협시보살로서 중생들의 왕생을 돕는 인로왕보살이라는 것을 인식시켜 주었다고 본다.

3. 현세 정토설과 내세 왕생설

신라 정토신앙의 특성은 앞에서 고찰한 바와 같이 크게 두 가지로 나타난다. 하나는 현세 정토를 추구했다는 것이고, 또 하나는 내세 정토를 추구했다는 것이다. 현세 정토를 추구했다는 것은 이 땅에 곧 정토가 이루어지기를 희구한 것으로 주로 미륵신앙에 나타나 있고, 내세 정토를 추구했다는 것은 죽은 후의 안락한 생을 희구한 것으로 주로 미타정토신앙에 나타나 있다. 그 대표적인 사례는 월명사月明師가 지은 「도솔가兜率歌」와 「제망매가祭亡妹歌」에 잘 나타나 있다. 이 두 노래는 당시 신라인의 미륵신앙관과 미타신앙관을 조명해볼 수 있는 대표적인 노래들이다. 편의상 두 신앙을 나누어 고찰하고자 한다.

1) 도솔가와 현세 정토설

「도솔가」는 월명사 작(경덕왕 19년, 760)으로 향가 14수 가운데 유일하게 미륵사상과 그 신앙성이 가장 잘 나타나 있는 노래이다. 이 노래는 월명사가 도솔천에 계시는 미륵보살께 지어 바치는 공양의 노래라고 할 수 있으며, 불교의 세계관을 시가로 잘 나타낸, 지극한 신심이 스며 있는 불교의 발원문 형식을 갖춘 노래라고 할 수 있다. 노래는 다음과 같다.

> 오늘 여기 산화가를 부를 제
> 솟아나게 한 꽃아, 너는
> 곧은 마음의 명을 받들어
> 미륵좌주를 모셔라.[153]

이 노래는 제목으로 볼 때는 도솔천 상생을 표명하고 있지만, 결국

---

[153] 『삼국유사』卷5 感通 第7 「月明師 兜率歌」(대정장 49, p.1013중)

도솔천의 미륵보살이 하생하기를 염원하고 있다. 그러나 노래만으로는 아직 부족하다. 이 노래에 대한 일연의 해석을 보면 더욱 분명하게 알 수 있다.

용루에서 오늘 산화가를 불러
푸른 구름에 한 송이 꽃을 날려 보낸다
은근하고 곧은 마음이 시키는 것이니
도솔천의 대선가大仙家를 멀리서 맞이하리.[154]

본 해석의 마지막 행을 보면 미륵하생을 염원함이 확연히 나타나 있다. 위의 노래와 그 해석을 보면, 핵심은 세 가지로 되어 있음을 알 수 있다. 그것은 월명사가 꽃을 매개체로 하여 도솔천과 신라, 미륵과 신라, 미륵과 화랑, 미래와 현재를 하나로 일체화하려는 염원이 나타나고 있기 때문이다.

이 노래의 성격에 대해서는 그동안 많은 선학들의 연구 성과가 있었는데, 대표적인 논의를 보면 다음과 같다. 김학성은 꽃은 불력佛力을, 미륵좌주는 화랑적인 힘인 풍월도를 환유한 것으로 보았고,[155] 현용준은 여기에서 뿌려진 꽃은 단순히 공양의 의미를 지닌 꽃이 아니라 미륵을 모셔올 수 있는 주력을 지닌 물건이라고 하였다. 즉 청불을 하는 데 종교적인 귀의나 축도祝禱로써 하는 것이 아니라 꽃이라는 주물에게 명령하여 그 꽃이 지닌 주력으로 해서 미륵을 모셔오도록 하고 있으므로, 이 의식에서의 산화는 단순한 공양의 의미를 넘어선 주술적 의미를

---

[154] 위의 책(대정장 49, p.1013중)
[155] 김학성,『한국고시가의 거시적 탐구』(집문당, 1997) p.69.

지닌 행위이며, 산화를 하면서 부른 이 노래는 꽃에게 청불의 주력을 발휘케 하는 주가呪歌의 성격이 있다고 하였다.[156] 김승찬은 이 노래를 주밀呪密 사상의 바탕 위에 창작된 다라니 가운데 진언 양식의 향가라 하였고,[157] 김열규는 구지가龜旨歌적인 전통에 맥을 대고 있는 주가로 보았다.[158] 윤영옥도 순수한 불교적 관념에서 이루어진 것이 아니고 재래신앙의 양식 차원에서 불교의식을 수용한 것으로 주사적呪詞的 노래로 보았으며,[159] 김종우는 낭불쌍융郞佛雙融의 과정에서 이룩된 가요라 하였다.[160] 이와 같이 대부분 연구자들은 재래의 무속적 신앙을 화랑과 불교를 연결하여 주사적 노래로 보고 있다. 한편 김동욱은 이 노래를 미륵청불의 불교가요라 하였고,[161] 김운학은 도솔가를 산화공덕을 위한 미륵하생 신앙으로 보고 있다.[162]

  이와 같이 살펴본 바와 같이 김동욱과 김운학을 제외한 대부분의 논자들은 재래의 무속적인 신앙에 의한 주가라고 하였다. 이에 논자는 다음과 같이 본 노래의 고찰 범위를 정하고자 한다. 첫째, 이 노래는 재래의 무속적인 주가가 아니라 지극한 기도의 힘으로 지어진 청원가請願歌이다. 둘째, 이 노래는 현세 정토를 추구한 노래이다. 이와 같이 두 가지 주제를 가지고 이 노래가 신라의 현세 정토신앙임을 밝혀보고자

---

156 玄容駿, 「兜率歌 考」(金東旭 解說, 『삼국유사의 文藝的 硏究』 새문사, 1982) p.I-109.
157 金承璨, 「도솔가」(『향가연구』 태학사, 1998) p.392.
158 金烈圭, 「鄕歌의 文學的 硏究」(金承璨, 『鄕歌文學論』 새문사, 1986) p.24.
159 尹榮玉, 『韓國의 古詩歌』(文昌社, 1995) pp.129~137.
160 金鍾雨, 『鄕歌文學硏究』(二友出版社, 1980) p.47.
161 金東旭, 『韓國歌謠의 硏究』(乙酉文化社, 1961) p.60.
162 金雲學, 『新羅 佛敎文學硏究』(玄岩社, 1976) p.277.

한다.

첫째, 위에서 선학들은 이 노래를 재래의 무속신앙에 의한 주가라고 논하고 있는데 이는 불교의 주문을 올바로 이해하지 못한 견해라고 생각한다. 따라서 논자는 이 노래가 재래의 무속적인 주가가 아니라는 것을 밝혀보고자 한다.

먼저 선학들이 이 노래를 무속적인 주가로 보는 것에 반론을 제기하는 이는 김운학이다. 이에 대해 김운학은 마력魔力과 주술呪術은 같은 개념이며, 주술과 주력呪力은 다른 것이라 하였다. 주술에 의한 힘이 마력이라고 본다면, 정념正念에 의한 주력은 결코 마력이거나 주술일 수 없는 것이므로 무속적인 주술과 불교의 주문呪文은 다르다고 반론하였다.[163] 논자도 김운학의 견해와 뜻을 같이 한다. 왜냐하면 무속적인 주술과 불교적인 주력은 개념 자체가 다르기 때문이다. 즉 무속적인 주술은 사법邪法을 행한 결과에서 나오는 것이고, 이와 반대로 불교의 주력은 용어상으로는 같을 수 있지만 이는 정법을 행한 결과에서 나오는 것이기 때문이다. 따라서 주력은 다라니적 효과를 말하는 것이므로 이를 밀교적 진언이라고 볼 수 있는 것이다. 다음의 설을 보면 주술의 개념을 올바로 이해할 수 있다. 인도의 논사 용수는 주술(다라니)에 대하여 『대지도론』 「석권수지품釋勸受持品」에서 다음과 같이 설명하고 있다.

모든 외도의 성자들은 여러 가지 주술이 있어 백성들을 이익 되게

---

[163] 김운학, 위의 책, p.247 참조.

한다. 이 주문은 외움으로써 능히 희망하는 바에 따라 모든 귀신과 선인들을 부리고, 주문이기 때문에 명성을 크게 얻으며, 백성들을 귀의케 하고 복종케 한다. 이처럼 주술을 소중히 여기기 때문에 제석천이 부처님께 말씀드리길, 모든 주술 가운데 반야바라밀이 제일 큰 주술이라고 하였다. 왜냐하면 언제나 능히 중생들과 함께 불도의 덕을 누리기 때문이다. 다른 주술은 인연사를 즐기기 때문에 번뇌를 일으킬 수 있다. 또한 악한 업을 짓기 때문에 삼악도에 떨어져 고통을 받는다. 또한 다른 주술들은 탐·진·치의 삼독을 좇기 때문에 악행을 마음대로 행하지만, 이 반야바라밀다주는 능히 선정과 불도, 열반에 대한 집착마저도 멸할 수 있으니 하물며 탐욕과 분노 등으로 말미암아 생기는 병폐는 말할 것도 없다. 이 때문에 반야바라밀다를 대명주라고 하고, 무상주라고 하며, 무등등주라고 하는 것이다.[164]

위의 논에서 "다른 주술은 인연사를 즐기기 때문에 번뇌를 일으킬 수 있고, 또한 다른 주술들은 탐·진·치의 삼독을 좇기 때문에 악행을 마음대로 행한다"고 한 것은 명쾌한 해석이다. 여기서 다른 주술이란 당연히 불교의 주문이 아닌 외도의 주술이나 무속적인 삿된 주술과 같은 종류를 말하는 것이라고 본다. 원효도 주呪에 대하여 『금강삼매경론』에서 다음과 같이 설명하고 있다.

---

[164] 『大智度論』(대정장 25, p.469중) "諸外道聖人 有種種呪術利益人民 誦是呪故能隨意所欲 使諸鬼神諸仙人有是呪故 大得名聲 人民歸伏貴呪術故 是以帝釋白佛言 諸呪術中般若波羅蜜是大呪術 何以故 能常與衆生道德樂故 餘呪術樂因緣能起煩惱 又不善業故墮三惡道 復次餘呪術 能隨貪欲瞋恚自在作惡 是般若波羅蜜呪 能滅禪定佛道涅槃諸著 何況貪恚塵病 是故名爲大明呪無上呪無等等呪."

주呪라는 것은 비는 것이니, 마치 세속의 신주가 큰 위력이 있어서
주문을 외워 신에게 빌면 모든 복이 다 오고 모든 재앙이 다 물러가는
것과 같다. 이제 이 반야바라밀도 다시 이와 같아서 앞의 네 가지
덕을 갖추고 있어서 큰 신력이 있으니, 안으로는 곧 어떤 덕이든
갖추지 않은 것이 없고, 밖으로는 곧 어떠한 환란이든 벗어나지
않는 것이 없다. 만일 지극히 정성스런 마음으로 이 명구를 외우고
모든 부처와 보살과 신인에게 우러러 기도하면 원하는 바에 따라서
이루어지지 않는 것이 없으니, 이러한 뜻으로 말미암아 '주'라고
한 것이다.[165]

이와 같이 원효는 '주'란 반야바라밀과 같으므로 여기에 네 가지
덕을 갖추고 있어서 큰 신력이 있다고 하였다. 따라서 지극한 마음으로
이 명구를 외우면서 모든 부처와 보살과 신인에게 우러러 기도하면
원하는 바에 따라 모든 것이 이루어진다는 것이다. 이 설명에서 매우
중요한 것이 한 가지 있다. 그것은 명구(주문)를 외우되 그 대상을
'모든 부처와 보살'에게 우러러 하라는 것이다. 이 말은 만약 대상을
불·보살이 아닌 무속적인 신물神物 등을 대상으로 한다면, 앞에서 용수
가 설명한 바와 같이 그 대상에 따른 인연사를 즐기기 때문에 번뇌를
일으킬 수 있게 된다는 것이다. 즉 사법의 주술이 된다는 것이다. 월명사
의 신분은 원력願力을 지닌 덕 높은 고승이 틀림없다. 이러한 고승이

---

[165] 『金剛三昧經論』(대정장 34, p.994중) "呪者禱也 如世神呪有大威力 誦呪禱神福無
不招禍無不却 今此摩訶般若波羅密亦復如是 具前四德有大神力 內卽無德不修 外
卽無患不離 若至誠心誦此名句仰禱諸佛菩薩神人 隨所心願無不成辦 由是義故說
名爲呪."

무속의 주술을 행할 까닭이 없다. 더욱이 월명사는 오직 국운을 염려한 이타의 정신으로 노래를 지었다. 이와 같은 이타정신의 소유자가 무속적인 주술을 행했다는 것은 이치에도 맞지 않는다고 본다. 즉 주술을 행하는 이의 목적이 무엇인가에 따라서 결과가 달라진다는 결론이다. 따라서 「도솔가」는 월명사의 지극한 기도의 힘으로 지어진 진언밀교의 형식을 갖춘 청원가라고 본다.

여기서 잠시 진언밀교의 신라 전래설을 살펴보자. 역사적인 기록으로 볼 때 진언밀교가 최초로 삼국에 전래된 것은 신라 진평왕 27년(605)으로 보고 있다. 그 근거는 『해동고승전海東高僧傳』 제2권에 보면, 이때에 처음으로 서역승인 "북천축 오장국의 비마라진제, 농가타, 마두라국의 불타승가 등이 52나라를 경유하여 중국에 들어갔다가 해동으로 와 황룡사에 머물면서 『전단향화성광묘녀경栴檀香火星光妙女經』을 번역해 출판했다"[166]고 했는데 이 기록에 의한 것으로 보고 있다.[167] 월명사의 「도솔가」는 신라 경덕왕 19년(760)의 이야기다. 이를 미루어보면, 시기적으로 볼 때 이미 밀교의 다라니가 전래되었을 것이라고 추정할 수 있다.[168] 따라서 월명사가 만약 주문을 사용했다면 이때에 전수받은

---

[166] 『海東高僧傳』(대정장 50, p.1021하) "北天竺烏萇國 毘摩羅眞諦 年四十四 農伽陀 年四十六 摩豆羅國 佛陀僧伽 年四十六 經由五十二國始漢土 遂東來住皇龍寺 譯出 栴檀香火星光妙女經."

[167] 서윤길은 "이때에 번역된 경이 현재 전해지지 않아 그 자세한 내용은 단정해 말할 수는 없으나, 그 명칭으로 보아 밀교관계 경전일 것으로 판단된다"고 보고 있다. 서윤길, 『한국밀교사상사』(운주사, 2006) p.18 참조.

[168] 종석 스님은 "신라에 순밀사상이 전래된 것은 현장삼장의 죽음(644년)을 계기로 중국불교계는 밀교, 그것도 순밀이라는 새로운 바람을 맞게 되는데, 곧 태장계 밀법의 대가인 선무외 삼장의 장안 입경(719년)과 금강계 밀법의 대가 금강지

밀교의 진언을 사용했을 것이라는 것이 논자의 생각이다.

둘째, 「도솔가」가 현세 정토를 추구한 노래로 보고자 하는 것은, 본 노래의 제목으로 보면 도솔천 상생을 염원하는 것 같지만, 내용상으로 보면 도솔천 내원궁에 있는 미륵보살의 하생을 원구願求하는 청원심請願心이 스며 있기 때문이다. 이것은 결국 미륵보살이 하루속히 하생하시어 도솔천 같은 세상이 신라에 건설되기를 염원하는 것이라 본다. 그것은 노래의 구절과 배경설화에 잘 나타나 있다.

먼저 노래를 보면, 전체 4구체로 되어 있는데 한 구절씩 풀어보면서 그 의미를 새겨보기로 하자. 1구에서 "산화가를 부를 제"라고 하였다. 여기서 '산화(散花, 散華)'란 부처님 앞에 꽃을 뿌려 공양을 올리는 것이라고 할 수 있다. 산화에 대해서 『관정경』에서는 다음과 같이 설한다.

부처님께서 문수보살에게 말씀하셨다. "만약 어떤 선남자 선여인 등이 발심하여 약사유리광여래의 형상을 만들어 공양하고 예배하고 여러 색깔의 번개를 드리우고 향을 사루고 꽃을 뿌리고 노래하여 찬탄하면 …… 만일 마땅히 삼십삼천 위로 태어나고자 하는 이가 유리광불께 예경하면 반드시 왕생을 얻을 것이다."[169]

삼장의 장안 입경(719년)을 계기로 불기 시작한 이 바람은 그 후 불공 삼장과 혜과화상의 시대에까지 거세게 불어 닥쳐 중국불교를 밀교 일색의 불교로 치닫게 만들어, 이러한 거센 밀교 바람은 신라에까지 불어오게 되는 결과를 가져오게 된 것"이라고 설명하였다. 종석, 『밀교학개론』(운주사, 2000) pp.237~242 참조.

169 『灌頂經』(대정장 21, pp.533하~534상) "佛言文殊若有善男子善女人等 發心造立藥師瑠璃光如來形像 供養禮拜懸雜色幡蓋 燒香散華歌詠讚歎 …… 若欲上生三十三

이와 같이 산화는 존경하는 부처님께 꽃을 흩뿌리며 찬탄하는 행위로 나타난다. 위 경설에 '삼십삼천 위로'라고 한 것은 도솔천을 말하는 것으로 보인다. 산화에 대해서는 『미륵하생성불경』에 잘 나타나 있다. 미륵불이 삼회법회에서 이미 법륜을 굴려 하늘 사람들을 제도하고 나서 여러 제자들을 데리고 성에 들어가 걸식할 때 모든 하늘 사람들이 꽃을 뿌리며 다음과 같이 미륵불을 찬양하고 있다.

석제환인은 욕계의 하늘들을 데리고 범천왕은 색계의 하늘들을 데리고서 백천 가지 기악을 베풀어 부처님 공덕을 노래하고, 한편 하늘의 모든 꽃과 전단 가루향을 뿌려 부처님께 공양하고 …… 그때 하늘 사람·나찰들이 큰 힘의 마군을 미륵불이 항복받는 것을 보고 천만억 한량없는 중생들이 다 크게 기뻐하여 합장하고 외치기를 "매우 희유하고 매우 희유하옵니다. 여래의 신통력과 공덕을 구족하심이 헤아릴 수 없나이다"라고 외치는가 하면, 하늘사람들은 갖가지 잡색 연꽃과 만다라 꽃으로써 부처님 앞 땅에 뿌려 그 쌓임이 무릎에 이르고 여러 하늘들은 공중에서 백천 가지 기악을 베풀어 부처님 공덕을 노래로 찬탄한다.[170]

위의 경설에 나타난 바와 같이 산화는 꽃을 뿌려서 부처님께 공양을

天者 亦當禮敬瑠璃光佛必得住生."
170 『彌勒下生成佛經』(대정장 14, p.425중) "釋提桓因與欲界諸天 梵天王與色界諸天 作百千伎樂歌詠佛德 雨天諸華栴檀末香供養於佛 …… 爾時天人羅刹等 見大力魔 佛降伏之 千萬億無量衆生皆大歡喜 合掌唱言 甚爲希有甚爲希有 如來神力功德具 足不可思議 是時天人以種種雜色蓮花及曼陀羅花 散佛前地積至于膝 諸天空中作 百千伎樂歌歎佛德."

올리는 의식임을 알 수 있다. 월명사는 이러한 산화공덕의 의식을 노래로 지어 염송한 것이라고 본다. 현재 우리나라 사찰에서는 이 산화의식을 행하는 것은 보이지 않지만 재공齋供 때 염불송으로 하는 '산화락散花落' 삼창三唱이 이 산화의식을 갈음하는 것이라고 본다. 이렇게 산화에 대하여 간략히 살펴보았는데, 첫 구절부터 도솔천에 있는 미륵보살이 신라에 하생하기를 기원하고 있음이 나타나고 있다.

다음 2구에서는 "솟아나게 한 꽃아, 너는"이라고 하였다. 이 구절을 풀이해보면 "신라를 위하여 피어난 화랑이여, 너는 굳은 신념을 가지고"라고 해석해볼 수 있다. 이것은 다음 구로 이어지면서 그 목적이 나타나고 있다.

3구에서는 "곧은 마음의 명을 받들어"라고 하고 있다. 이 구절을 풀이해보면 "곧은 마음으로 미륵님의 말씀을 따라 미륵님이 시키는 대로 오직 이 나라를 위하여 그 명을 받들어라"라는 명령조의 당부라고 해석할 수 있다.

그리고 끝의 4구에서 "미륵좌주를 모셔라"라고 결론을 짓고 있다. 이는 곧 "화랑이여, 도솔천에 계시는 미륵부처님을 어서 빨리 모셔와 신라의 주인으로 앉으시게 하여라"라고 해석해볼 수 있다. 이와 같이 새겨볼 때, 이 노래에서는 구구절절 미륵하생을 염원하고 있음이 나타나고 있다.

다음으로 배경설화를 보자. 설화를 보면 월명사가 노래를 짓게 된 동기와 목적, 그리고 신라인의 미륵에 대한 신앙심이 현실감 있게 잘 나타나고 있다. 내용은 다음과 같다.

경덕왕 19년 경자년(760) 4월 초하루에 두 해가 나란히 나타나 열흘이 되어도 사라지지 않았다. 천문을 맡은 관리(日官)가 아뢰었다. "인연 있는 승려를 청하여 산화공덕을 하면 (재앙)을 물리칠 수 있을 것입니다." 그리하여 조원전에다 깨끗이 단을 만들고 청양루에 행차하여 인연 있는 승려가 오기를 기다렸다. 이때 월명사가 밭 사이로 난 남쪽 길을 가고 있었는데, 왕이 사람을 보내 그를 불러 단을 열고 기도하는 글을 짓게 하였다. 월명사가 말하였다. "신승은 국선의 무리에 속하여 단지 향가만을 알 뿐 범승梵聲은 익숙하지 못합니다." 왕이 말하였다. "이미 인연 있는 승려로 지목되었으니, 향가를 짓는다 해도 좋소." 이에 월명사가 「도솔가」를 지어 불렀다. …… 지금 세속에서는 이 시를 가리켜 「산화가」라고 하는데, 잘못된 것이니 마땅히 「도솔가」라고 해야 한다. …… 얼마 후 해의 괴이함이 곧 사라졌다. 왕은 이것을 기려 좋은 차 한 봉지와 수정염주 108개를 내려주었다. 이때 갑자기 모습이 말쑥한 동자 한 명이 나타나 공손히 꿇어앉아 차와 염주를 받들어 궁전 서쪽의 작은 문으로 나갔다. 월명은 그를 안 대궐의 심부름꾼으로 여겼고 왕은 법사의 시종이라고 여겼는데, 확인해보니 모두 잘못된 생각이었다. 왕이 매우 이상하게 여겨 사람을 시켜 뒤쫓게 하니 동자는 내원의 탑 안으로 사라졌고, 차와 염주는 남쪽 벽에 그려진 미륵상 앞에 있었다. 이에 월명의 지극한 덕과 정성이 이처럼 부처님(至聖)을 감동시킬 수 있다는 것을 알게 되어 조정에서나 민간에서나 모르는 이가 없었다. 왕은 월명사를 더욱 존경하여 다시 비단 100필을 주어 큰 정성을 기렸다.[171]

이상과 같이 설화에서 노래를 지어 부르게 된 동기와 목적, 신앙심이

---

[171] 『삼국유사』 卷5 感通 第7 「月明師 兜率歌」(대정장 49, p.1013중)

모두 나타나고 있다. 이에 대한 선학들의 견해를 보면, 위의 설화 내용에서 두 해가 나타나 열흘 동안 사라지지 않았다고 하였는데, 여기에 대한 해석이 다양하다. 이를 크게 두 가지로 나누어 보면 하나는 역사주의적 관점이고, 또 하나는 인류학적 관점의 해석들이다.

먼저 역사주의적 관점으로는 당시의 정치적, 종교적 상황과 결부시켜 이일병현二日竝現을 해석하였다. 임기중은 태양의 출현은 왕권에 대한 도전의 전조라고 보았고,[172] 김문태는 이일병현으로 문제가 발생하자 법상종을 신봉하는 월명사를 통해 해결하고 있다는 것과 밀접한 관계를 지니고 있다고 하였다. 특히 당시 선종과 갈등을 빚고 있던 법상종 및 화엄종 등과 같은 교종을 통하여 문제를 해결하였던 것으로 이를 당시의 교종과 선종의 갈등이라고 보았다.[173]

인류학적 관점에서의 해석은 현용준이 대표적이다. 현용준은 두 해의 등장을 전 세계적으로 존재하는 다일등장多日登場 설화와 관련하여 자연현상으로 풀이하고자 하였다. 즉「도솔가」에 얽힌 배경설화는 전 세계적으로 널리 퍼져 있는 개벽신화의 일부로서 해를 쏘아 떨어뜨렸다는 사양射陽 설화의 일부라고 보고 있다.[174]

이와 같이 다양한 견해가 있는데, 논자는 이 여러 논의 가운데 임기중의 왕권에 대한 도전의 전조라고 보는 주장이 설득력이 있다고 본다. 왜냐하면 이 이일병현은 불길한 징조를 상징한 것으로 볼 수 있기 때문이다. 이 같이 해가 둘 또는 셋이 함께 나타났다는 사례는『삼국사

---

172 林基中,『新羅歌謠와 記述物의 硏究』(이우출판사, 1981) p.169.
173 金文泰,「'삼국유사'의 詩歌와 敍事文脈 硏究』(太學社, 1995) p.131.
174 玄容駿,「兜率歌 考」(金東旭 解說,『삼국유사의 文藝的 硏究』새문사, 1982) pp.Ⅰ-110~117 참조.

기』의 기록에도 보인다.[175] 당시의 재래적 사고의 세계 관념으로 볼 때는 왕은 태양과 같은데, 태양이 둘이 뜨는 것은 현재의 왕에게 도전하는 도전 세력이 출현하는 것을 의미한다고 볼 수 있다.

「도솔가」는 이러한 불길한 위급의 사태를 수습하고자 짓게 된 것이라고 하겠다. 여기에서 천지귀신도 감동케 할 만한 힘을 지녔다는 월명사가 그 명을 받들게 된 것이다. 월명사는 「제망매가」에 나오는 바로는 그가 호국사찰인 사천왕사에 상주하면서 미륵보살을 돈독히 숭앙하던 국선國仙이며, 달밤에 피리를 불어 달의 운행을 멈추게 하고, 죽은 누이동생을 위해 향가를 지어 불러 종이돈을 서쪽으로 날려 보내는 신통력을 지닌 승려라고 기록하고 있다. 이러한 법력을 지닌 승려이므로 당시 천문을 담당한 일관이 그를 추천하여 노래로써 산화공덕을 올려 위급의 사태를 수습한 것이다.

「도솔가」는 신앙적 관점으로 볼 때, 표면적으로는 미륵불에게 올리는 산화가라고도 할 수 있으나 그 속뜻은 어서 빨리 우리의 구제자인 미륵불이 신라에 하생하시기를 염원하는 노래이다. 즉 현세 정토를 염원하는 것이다. 위의 설화에서 동자가 내원의 탑 안으로 사라졌고, 차와 염주는 남쪽 벽에 그려진 미륵상 앞에 있었다는 구절이 이를 잘 말해주고 있다. 여기서 홀연히 나타난 동자가 왕이 준 차와 염주를 받아가지고 내원 탑 속으로 들어갔다는 것은 곧 도솔천 내원궁을 상징적으로 보여준 것이며, 차와 염주가 남쪽 벽에 그려진 미륵상 앞에 있었다는 것은 곧 미륵보살이 월명사의 정성에 감응하여 시현했음을 보여준

---

[175] "혜공왕 2년(766)정월에 해 둘이 한꺼번에 나타났다. 이에 죄수들을 대사면하였다. …… 文聖王 7년 12월 초하루에 해 셋이 나란히 나타났다." 이병도 역주, 『三國史記』 新羅本紀 第9, 新羅本紀 第11(을유문화사, 1983) p.238, p.283.

것이라고 하겠다.

　앞에서도 살펴본 바와 같이, 경전상의 미륵보살은 현재 도솔천의 내원궁에 머물면서 먼 훗날의 하생을 위하여 기나긴 시간 동안 보살도를 닦는 중이다. 이 미륵보살이 장차 하생하여 부처를 이루어 석가불이 제도하지 못한 염부제의 미혹 중생을 남김없이 제도하여 줄 최종적인 구세불이라 하였다. 따라서 염부제 중생들은 56억 7천만 년 후에는 일체가 십선을 행하여 깨달음을 얻어 이상의 세계인 지상낙토의 백성이 된다고 하는 것이다.

　이와 같이 먼 훗날을 기약한 미륵보살을 월명사는 이 신라 땅에 당장 하생하시기를 간절히 희구하는 것이다. 이러한 지극한 신앙심을 볼 때 「도솔가」는 이일병현의 재앙이나 퇴치하고자 하는 하급의 무속적 노래가 아니라고 생각한다. 결론적으로 「도솔가」는 부지런히 공덕을 닦아 도솔천의 미륵보살을 하루속히 신라 땅에 모셔와 이상국토를 실현하여 어떠한 재앙도 들어올 틈조차 없도록 하자는 차원 높은 권유가요, 신심이 가득 찬 청원가인 것이다.

　이상에서 살펴본 바와 같이 「도솔가」는 현세 정토를 희구하는 노래임이 확연히 드러나고 있다. 따라서 이러한 시공초월의 신앙성은 불교의 일심一心사상과도 일치하는 것이라고 본다. 그 근거는 노래에서 오직 도솔천과 신라를 하나로 하려는 염원이 보이기 때문이다. 여기서 잠시 일심에 대한 원효의 견해를 보자. 원효는 그의 저술 『무량수경종요』의 첫머리에서 일심에 대하여 다음과 같이 설한다.

　대저 중생의 심성은 원융하게 통하여 막힘이 없으니, 크기는 허공과 같고 맑기는 큰 바다와 같다. 허공과 같으므로 그 체가 평등하여 차별상을 얻을 수 없거늘 어찌 깨끗한 세계(극락세계)와 더러운 세계(사바세계)가 있겠으며, 큰 바다와 같으므로 그 성품이 윤택하고 미끄러워 인연을 따르고 거스르지 않거늘 어찌 때를 따라 움직이고 고요함이 없으랴. …… 깨달음의 경계로 말하면 이곳(사바세계)도 없고 저곳(극락세계)도 없으며 예토와 정토가 본래 한마음일 따름이니, 생사와 열반이 마침내 두 변이 아니다.[176]

이와 같이 깨달음의 세계에선 이곳과 저곳이 없다고 하였다. 이러한 관념은 시공간의 초월과 상통하는 것이라고 볼 수 있다. 원효는 중생의 심성心性이 만법의 근원으로서 원융무애하기가 허공과 같고 담연하기가 큰 바다와 같아서 생사와 열반이 둘(二際)[177]이 아니고, 깨달음의 경계에서는 정토와 예토가 따로 없다고 하였다. 위의 경설이 『무량수경』의 요지를 밝힌 것이어서 극락정토와 사바세계가 둘이 아니라고 하였지만, 이 말을 좀 더 새겨보면 곧 도솔정토와 사바세계가 둘이 아니라는 말과도 상통하는 것이라 본다.[178] 「도솔가」를 지은 월명사는

---

176 『無量壽經宗要』(대정장 37, p.125하) "然夫衆生心性融通無礙 泰若虛空 湛猶巨海 若虛空故其體平等無別相而可得 何有淨穢之處 猶巨海故其性潤滑能隨緣而不逆 豈無動靜之時 …… 以覺言之無此無彼 穢土淨國本來一心 生死涅槃終無二際."

177 二際는 대립하는 두 가지의 극단을 말하는 것으로, 예를 들면 『중론』에서 말하는 유와 무, 열반과 생사를 뜻한다. 대승에서는 生死卽涅槃을 설한다. 또한 시간과 공간의 양쪽을 말한다.

178 태원 스님은 설명하기를 "원효의 근본사상은 融通無礙한 一心인데 이 일심을 眞如門인 體와 生滅門인 相 등 두 가지 문으로 나누었고 '濁淨과 湛然' 등으로 나누었지만, 이 두 가지가 융통하고 무애하다고 한 것은, 그가 和諍思想을 근본으로 하여 會通했다고 말할 수가 있다"고 하였다. 李太元, 『淨土의 本質과 敎學發展』(운주사, 2006) p.551.

아마도 이러한 일심의 세계관에서 시공 초월의 노래를 지었을 것이라고 생각된다. 이 노래의 신앙성을 요약하면 다음과 같다.

「도솔가」는 도솔천과 신라, 미륵과 신라, 미륵과 화랑, 미래와 현재를 하나로 일체화 하려는 작자의 염원이 나타나고 있다. 이러한 시공 초월의 사상이 깃든 신앙 관념은 곧 불교의 '일심사상'을 나타내고 있는 것이라 본다. 또한 이 노래는 표면적으로 볼 때 미륵불에게 올리는 청원가라고도 할 수 있으나, 그 속뜻은 어서 빨리 우리의 구제자인 미륵불이 오시어 이 신라에 앉으시라는 지극한 신앙심을 그대로 나타낸 노래이다.

그러나 여기까지는 신앙적 관점의 결론이다. 이를 사회적 관점으로 본다면, 월명사의 또 다른 속뜻은 임금과 화랑이 한마음이 되어 임금은 미륵불과 같은 치세로써 백성을 바른 길로 인도하여 장차 신라를 도솔천과 같은 안락하고 풍요로운 나라로 만들어야겠다는 염원이 있는 것이다. 이러한 근거는 위의 배경설화에서 월명사가 임금께 아뢰기를 "신승臣僧은 국선의 무리에 속하여 단지 향가만을 알 뿐 범성은 익숙하지 못합니다"라고 한 것에서도 나타나고 있다. 여기에서 월명사가 스스로 국선이라고 밝힌 것을 보면 화랑을 국가의 이념으로 세우고자 하는 강한 의지가 나타나고 있는 것이다. 이러한 의지가 곧 신라의 현세 정토신앙관을 희구하게 한 것이라고 본다. 또한 이상과 같은 관점으로 볼 때 월명사의 청원문은 하찮은 무속의 주술적 내지 기복적인 관념으로 지어진 노래가 아닌, 지극한 신심으로 지어진 불교의 발원문인 것이다.

2) 제망매가와 내세왕생설

「제망매가祭亡妹歌」도 월명사 작(경덕왕 19년, 760)으로, 죽은 누이동생을 위해 재를 올리면서 그 서글픔을 읊은 매우 서정적인 노래이다. 전문은 다음과 같다.

월명사는 죽은 누이동생을 위해 재를 올리면서 향가를 지어 제사를 지내는데, 문득 회오리바람이 일어나더니 종이돈을 날려 서쪽으로 사라지게 하였다. 그 향가는 다음과 같다.

삶과 죽음의 길은
여기 있으니 두려워지고
나는 간다는 말도
못 다 이르고 어찌 가는가.
어느 가을 이른 바람에
여기저기 떨어지는 나뭇잎처럼
한 가지에 나서
가는 곳을 모르는구나!
아아! 미타찰에서 만날 나는
도를 닦으며 기다리련다.[179]

이 노래는 월명사의 「도솔가」에 함께 실린 노래로서, 「도솔가」는 미륵정토를 염원하고 「제망매가」는 미타정토를 염원하고 있다. 미륵과 미타가 함께한 설화는 앞의 미륵신앙에서 고찰한 「남백월 이성 노힐부득 달달박박」조이다. 이렇게 같이 실리는 것은 두 가지 이유가 있다고 본다. 이를 시대적 관점으로 볼 때 하나는 신라사회의 귀족불교가

---

[179] 『삼국유사』 卷5 感通 第7 「月明師 祭亡妹歌」 (대정장 49, p.1013하)

점차 하층의 민중불교로 바뀌어 간다는 것이고, 다른 하나는 현세 정토를 염원하는 미륵신앙과 내세의 정토를 염원하는 정토왕생신앙을 함께 추구하였다고 볼 수 있다. 이 노래에서는 다음과 같은 특성이 나타나 있다. 첫째는 신라인의 내세관이 뚜렷이 나타나고 있으며, 둘째는 죽은 자가 산 자의 추선공덕에 의해 왕생하였다는 것이고, 셋째는 여인이 왕생하였다는 것이다.

이와 같이 「제망매가」의 특성이 크게 세 가지로 나타나고 있는데, 셋째의 여인왕생에 대해서는 앞으로 고찰할 제4장에서 자세히 논의할 것이므로 여기서는 생략하고, 첫째와 둘째에 나타난 신라인의 내세왕생관을 살펴보고자 한다.

첫째, '신라인의 내세관이 뚜렷이 나타난다'는 것은 즉 정토왕생관념이 뚜렷이 나타난다는 것을 말한다. 신라인의 내세 관념은 불교가 들어오기 전에는 지옥과 극락의 확실한 개념이 없었다. 그런데 불교가 전래되면서 지옥과 극락설, 업보윤회설, 인과응보설의 개념이 확실해졌다. 신라인의 내세관은 불교가 이 땅에 전래되기 이전부터 재래사상인 무속적 원시신앙에도 사후세계에 대한 설정은 있었다. 바로 '저승'이라는 관념이다. 그런데 이 저승관념이 불교의 사후세계인 '극락'과 '지옥'의 관념으로 바뀌면서 보다 더 구체화된 내세관이 설정된 것이라고 본다. 이것은 도솔천의 상생신앙과는 성격이 다르다. 아미타불의 극락세계는, 앞의 『유심안락도』에서 살펴보았듯이, 한 번 왕생하면 불퇴전의 무위법신無爲法身이 되어 불생불멸의 열반락을 누리는 데 비해, 도솔정토는 4천 세로 수명이 한정된 세계이므로 이 명이 다하면 삼계에 다시 윤회하여야 한다. 또한 도솔천은 욕락의 세계이므로 욕심이 생겨 육진경계 등 삼성, 삼수가 일어나므로 수시로 타락하여 지옥에도 떨어지고 중간에 죽는 수도 있다고 하였다. 이것이 서로 다른 점이라 할 수 있다.

주지하는 바와 같이, 불교에서는 내세를 두 개의 세계로 설정하고 있다. 즉 극락세계는 어떠한 고통도 없고 즐거움만 있는 세계이고, 지옥세계는 그 반대인 심한 고통과 괴로움만 있는 세계로서 상반되는 두 세계를 설정한다. 그러므로 이 극락세계에 가기 위해서는 평소에 선업을 많이 지어 그 과보로서 다음 생에는 좋은 몸으로 좋은 곳에 태어나게 된다는 것이 예로부터 오늘에 이르도록 이어지는 한국인의 내세관이라 할 수 있다. 「제망매가」에는 이 내세관이 뚜렷이 나타나고 있음을 볼 수 있다. 다음 노래의 구절을 보면 내세관적인 정토왕생사상이 확연해진다.

위의 배경설화에서 "종이돈을 날려 서쪽으로 사라지게 하였다"라고 하였다. 여기서 종이돈이 서쪽으로 사라진 것은 죽은 누이가 서쪽으로 갔다는 것을 의미한다. 또 노래에서 "미타찰에서 만날 나는"이라는 구절의 '미타찰'은 당연히 아미타불이 계시는 서방의 극락세계를 가리키는 말이다. 만약에 월명사가 무속을 행하는 주술사라면 굳이 종이돈을 서쪽이란 방향으로 날려 보낼 이유가 없다고 본다. 위의 두 구절만 보아도 서방극락에 왕생하였음이 분명해진다.

윤영옥은 「제망매가」를 재齋라는 의식에서 불리었기에 의식가라 할 수 있다고 하였다. 즉 월명은 불승이기에 죽은 뒤의 세계를 불교적으로 관상한 것이라고 하였다. 죽을 수밖에 없는 인생이라면 불승으로서는 그들이 마땅히 가야 할 곳은 불교적인 내세관을 가진 죽음이 없는 영원한 삶의 세계인 서방극락정토가 마땅히 가야 할 사후의 세계라고 하였다.

이러한 의식에서 죽은 자가 극락왕생하기를 천도한 노래라면 이는 축원과 같은 것이었을 것이라고 하였다.[180] 최철은 이 노래를, 월명사가 망매亡妹를 위해 재를 올리고 노래를 지어 제사할 때, 홀연 광풍이 일어나 지전을 서쪽으로 날려 보냈다는 것은 망매가 서방정토에 갔음을 은연중 희구하고 확신한 동시에, 노래 역시 죽은 동생의 명복을 빌기 위한 내용으로, 서방정토에 가서 편히 쉬라는 뜻이라고 해석하였다.[181]

이와 같이 살펴볼 때, 이 노래에는 신라인의 내세관이 뚜렷이 나타나고 있음을 보여준다. 그런데「제망매가」에 나타난 정토왕생을 위한 월명사의 의식행위를 선학들은 앞의「도솔가」와 같이 무속적인 축술관념呪術觀念으로 본다는 것이 문제라고 생각한다. 나경수는 이 노래를 망매의 천도굿에서 불린 노래라고 하였다. 표면적으로는 아미타 신앙에 침윤된 듯 보이지만, 내실을 따지고 보면 당시의 일반적인 내세관이 이미 무불습합巫佛褶合에 의해 토속화된 것이기 때문에 굳이 불교적인 노래 또는 불승의 노래로 볼 수 없다고 하였다. 즉 무속적인 내세관에서 이승과 저승으로만 생사의 세계를 구분하던 것이 고등종교의 타계관을 받아들이면서 가고자 하는 저승의 세계를 서방극락이라고 부르게 된 데서 연유한 것이라고 하였다.[182] 정상균은 이 노래를 해원굿 계통의 천도를 빈 형식이라 하였다.[183] 또 임기중은 이 노래의 성격을 주술적인 관념에서 온 것이라고 이해하고 있다. 즉 나요羅謠는 고유 신앙을 근간으로 해서 불리어진 청가請歌이며, 불교적인 성격은 한갓 외형적인 윤색에

---

180 윤영옥,『韓國의 古詩歌』(文昌社, 1995) pp.198~202 참조.
181 최철,『향가의 문학적 연구』(새문사, 1983) p.258.
182 나경수,『향가의 해부』(민속원, 2004) p.69.
183 정상균,『한국 고대 시문학사』(한국문화사, 2002) p.153.

불과한 것이 많다고 하며, 특히 제망매가는 나요의 제요적祭謠的인 성격을 보여주는 시가라고 할 수 있다고 하였다.[184]

이와 같이 대부분 국문학계의 논자들은 민속학적 관점에서 무속의 주력관념으로 보고 있다. 위의 모든 논의들은 당시의 신앙 형태로 보아 무속의 바탕 위에 이루어진 신앙 관념이므로 그 논리는 당연성이 있다고 본다. 그러나 이 시기부터 미타신앙이 싹트기 시작했고 월명사는 그동안 해오던 관습의 바탕 위에 불법을 전파하고자 했을 것이라고 생각한다. 그래서 외형적인 모습은 무속의식 같지만 월명사의 관념은 그렇지 않았을 것이라 생각한다. 왜냐하면 노래에서 "미타찰에 만날 나는"이라고 했기 때문이다. 즉 목적지가 무속에서 말하는 저승이 아니라 아미타불의 극락세계임을 분명하게 밝히고 있기 때문이다.

둘째, '죽은 자가 산자의 공덕에 의해 왕생한다'는 것은, 죽은 자가 스스로 극락세계를 찾아 갈 수 없으므로 산자의 추선공덕에 의해 왕생한다는 논리이다. 앞의 설화에서 살펴본 욱면비, 포천산의 오비구, 염불사, 광덕과 엄장, 노힐부득과 달달박박은 모두 살아 있는 자가 일심으로 염불하여 그 자리에서 현신성불하여 왕생하였다. 그런데 월명사의 누이동생은 죽은 후에 월명사가 왕생극락을 시켜주고 있다. 이것은 앞에서도 언급한 바와 같이 미타신앙이 순수 타력신앙임을 증명하고 있는 것이다. 즉 타인의 염불공덕만으로도 아미타불은 대비원력으로 죽은 자를 접인한다는 논리이다. 이러한 사실은 당시 민중들에게 염불의 공덕이 얼마나 큰가를 마음속에 심어주었을 것으로 짐작된다. 오늘날

---

184 林基中, 『고전시가의 실증적 연구』(동국대학교출판부, 1992) p.124.

행해지는 49재, 위령재 등은 이때의 신앙이 이어진 것이라고 생각된다. 남을 위해 재를 베푼 공덕에 대하여 『지장경』의 일례를 들어보면 월명사의 추선공덕과 일맥상통한다. 『지장보살본원경』에 '대변大辯'이란 장자와 지장보살과의 문답을 보자.

"대사여, 이 남염부제 중생이 명을 마친 뒤에 그의 권속들이 공덕을 닦고자 재를 베풀어 여러 가지 좋은 인연을 지으면 죽은 사람이 큰 이익을 얻을지언정 해탈하지 못하리까?" 지장보살이 답하기를 "장자여, 내가 이제 미래와 현재의 모든 중생을 위하여 부처님의 위신력을 받들어 대략 설명하리다. 장자여, 미래와 현재의 모든 중생이 임종 시에 한 부처님, 한 보살, 한 벽지불의 명호만 들어도 죄가 있고 없고를 가릴 것 없이 모두 해탈을 얻습니다. 만약 남자나 여자 간에 생전에 착한 인연을 닦지 않고 도리어 많은 죄를 지었다 하더라도 임종한 뒤에 권속들이 그를 위해 크고 작은 공덕을 지어 복을 닦아주면 그 공덕의 칠분의 일은 죽은 이가 얻게 되고 나머지 여섯의 공덕은 산 사람 스스로의 차지가 됩니다. 그러므로 미래나 현재의 선남선녀들이 이 말을 잘 새겨서 스스로 닦으면 그 공덕의 모두를 얻게 됩니다."[185]

---

[185] 『地藏菩薩本願經』「利益存亡品」(대정장 13, p.784중) "大士是南閻色提衆生命終之後 小大眷屬爲修功德 乃至設齋造衆善因 是命終人得大利益及解脫不 地藏答言 長者 我今爲未來現在一切衆生 承佛威力略說是事 長者 未來現在諸衆生等 臨命終日得聞一佛名一菩薩名一辟支佛名 不問有罪無罪悉得解脫 若有男子女人 在生不修善因多造衆罪 命終之後 眷屬小大爲造福利 一切聖事七分之中而乃獲一 六分功德生者自利 以是之故未來現在善男女等 聞健自修分分已獲."

월명사는 바로 이와 같은 믿음으로써 원력을 세워 누이동생의 재를 베풀었을 것이라고 본다. 위의 추선공덕 사상은 현대를 살아가는 말법중생에게 매우 귀중한 가르침이다. 또한 오역죄[186]를 아무런 죄의식도 없이 자행하는 오늘날의 죄악범부들에게는 크나큰 교훈이 아닐 수 없다. 그래서 현재 사찰에서 전통적으로 이어져 내려오는 조상천도재, 49재, 100일재, 기제사, 태아령천도재, 호국영령위령제 등은 부처님의 정법으로 호리만큼도 사심 없이 행해져야 한다. 만약 개인의 부귀영화를 위한 사심을 가지고 이러한 의식을 행한다면 그것이 곧 삿된 무속적 주술행위로 전환되는 것이다. 남을 위해 공덕을 닦는 추선행위 등은 아미타불의 본원에 따른 것으로, 이것은 곧 대승불교의 이념인 자리이타 사상을 보여주는 것이다. 추선공덕으로 왕생극락을 발원한 사례는 향가로는 이 노래뿐이지만 설화에는 여러 사례에 나타난다.

설화 「문호왕(문무왕) 법민」조[187]에는 문무왕(661~681 재위)의 아우인 김인문金仁問을 당나라 고종高宗이 옥에 가두었을 때 신라에서는 김인문의 무사귀환을 기원하여 인용사仁容寺를 세우고 관음도량을 열었다가, 김인문이 귀국 도중에 바닷가에서 죽자 미타도량으로 고쳤다는 이야기다. 이 설화의 요지는 죽은 자가 사후에 극락왕생하기를 기원한 것인데, 이것은 곧 아미타불이 임종 시에 내영하여 사자로 하여금

---

[186] 오역죄에 대해서는 여러 설이 있지만, 대표적인 것은 첫째로 어머니를 살해하는 것, 둘째로 아버지를 살해하는 것, 셋째로 성자(아라한)를 살해하는 것, 넷째로 부처님의 신체를 상처 입혀 출혈시키는 것, 다섯째로 교단의 화합일치를 파괴하고 분열시키는 것 등 다섯 가지를 든다. 『무량수경』(대정장 12, p.268상) ; 『관무량수경』(대정장 12, p.345중) 참조.

[187] 『삼국유사』 卷2 紀異 第2 「文虎王 法敏」(대정장 49, p.972중)

편안하게 왕생하기를 기원한 것이라 본다.

「남월산 감산사」조[188]에는 중아찬 김지성의 돌아가신 아버지 인장일 길간仁章一吉干과 어머니 관초리觀肖里 부인을 위하여 감산사 한 채와 돌미륵 한 구와 돌로 된 미타상 한 구를 정성 들여 세웠다는 이야기이다. 이것은 죽은 자의 명복을 빌기 위해 미륵상과 미타상을 안치하여 추선공양을 올려 선공덕을 쌓고자 한 것임을 알 수 있다. 여기서도 미륵·미타 두 신앙이 내세 정토를 추구하고 있음이 나타나고 있다.

「무장사 미타전」조는 제40대 애장왕哀莊王 2년(801)에 소성왕비昭聖王妃가 죽은 소성왕(799년 즉위)을 위해 무장사에 아미타불상을 세웠다는 이야기다. 설화의 내용은 다음과 같다.

소성대왕의 왕비 계화황후는 대왕이 먼저 죽자 허둥대며 어쩔 줄 몰라 하고 매우 슬퍼하여 피눈물을 흘리며 상심해하였다. 이에 왕의 밝고 아름다운 일을 기리고 명복을 빌기로 마음먹었다. 이때 서방에 아미타라는 큰 성인이 있어 지극한 정성으로 믿으면 잘 구원하여 맞이한다는 말을 듣고는 이렇게 말하였다. "이것이 사실이라면 어찌 나를 속이겠는가?" 왕후는 여섯 가지 화려한 옷을 내놓고 창고에 쌓아둔 재물을 다 털어 이름난 장인들을 불러 모아 아미타불상 하나를 만들게 한 다음 다시 여러 신들을 만들어 모셨다.[189]

이 설화도 죽은 자를 위한 지극한 추선공덕을 보여주는 이야기다. 이러한 설화를 통해 보면 당시 신라인들이 생각하는 극락정토의 신앙

---

188 위의 책, 卷3 塔像 第4 「南月山 甘山寺」(대정장 49, p.1000중).
189 위의 책, 卷3 塔像 第4 「鍪藏寺 彌陀殿」(대정장 49, p.1000하).

관념은, 극락은 죽은 자가 가는 곳으로서 이들이 편하게 가게 하기 위해서는 추선공덕을 많이 지어야 한다는 것을 보여주고 있다. 이것은 미타신앙이 순수 타력신앙이며 미타신앙만의 특수성이라 할 수 있다. 또한 이러한 신앙심은 현대사회에서 반드시 계승 발전시켜야 할 신앙관이라고 본다. 왜냐하면 현대사회는 물질문명이 발달하는 것에 반해 인류도덕은 쇠퇴하고 있기 때문이다. 이른바 '물질의 풍요 속에 정신이 빈곤한 시대'이다. 이러한 탁한 시대에 효 사상까지 사라져버린다면 그야말로 생지옥이 따로 없기 때문이다.

이상과 같이 살펴본 바를 토대로 「제망매가」의 신앙적 특성을 정리하면 다음과 같다. 먼저 신라인의 내세관이 뚜렷이 나타나고 있다. 이것은 불교가 들어오기 전의 저승 관념이 불교가 수용되면서 사후세계인 '극락'과 '지옥'의 관념으로 바뀌면서 보다 더 구체화된 내세관이 설정되었다고 본다. 또 죽은 자가 산 자에 의해 왕생한다는 것은 남을 위한 추선공덕을 말하는 것으로, 이는 타인의 염불공덕만으로도 아미타불은 대비원력으로 죽은 자를 접인한다는 것을 민중에게 심어준 것이다. 또한 여인이 왕생한다는 것에서 아미타불은 상하·귀천·남녀를 차별하지 않는다는 인간평등을 선언한 아미타불의 본원을 보여주었다.

이상 본 절을 전체적으로 요약해보면, 신라인의 미륵신앙은 도솔천 상생도 염원하였지만 결국 현세 정토를 추구하는 신앙이고, 미타신앙은 내세의 극락정토를 추구하는 신앙이었다는 것을 알 수 있다. 특히 미타신앙은 타인의 공덕만으로도 왕생극락할 수 있다는 것을 보여주었는데, 이것이 미타신앙의 큰 특성이다.

제4장 여인왕생과 정토신앙

1. 여인득도장애설

본 장의 목적은 여인도 결국 왕생할 수 있다는 도리를 교학적으로 밝혀보려는 데 있다. 그런데 이에 앞서 여인득도장애설을 살펴보고자 하는 것은, 부파불교 시대에는 여인의 몸으로는 성불할 수 없다는 관념이 지배하고 있었기 때문이다. 따라서 이 여인부정설을 먼저 이해하게 되면 앞으로 고찰되는 2, 3절의 여인성불과 왕생에 대한 개념을 보다 쉽게 이해할 수 있게 되리라고 본다. 이것이 여인득도장애설을 먼저 언급하고자 하는 이유이다. 이 설의 경전적 근거는 부파불교 시대에 설해졌던 이른바 '여인오장설女人五障說'이다. 이 여인오장설은 여인이 성불하지 못하는 이유는 여인에게 다섯 가지 장애가 있기 때문이라는 설이다. 즉 여인의 몸으로는 범천왕, 제석, 마왕, 전륜성왕, 불이 될 수 없다고 하는 설이다.

이 이야기는 『중아함경』과 『증일아함경』 등에 설해져 있다. 또한 대승경전인 『묘법연화경』과 『불설초일명삼매경佛說超日明三昧經』에서도 설하고 있다. 그런데 위의 설들을 살피기 전에 참고할 것이 있다. 위의 두 대승경전에서 여인부정설을 설명하고 있다는 것은, 위의 두 경전에 등장하는 용녀와 장자의 딸 혜시가 성불하는 모습을 보이기 전에 사리불과 성도라는 비구가 이들에게 여인은 성불할 수 없다는 것을 설명한 것을 말한다. 그러면 위의 네 경설을 차례대로 살펴보기로 하겠다. 네 경은 거의 같은 내용으로 설하고 있다. 먼저『중아함경』을 보면 다음과 같이 설하고 있다.

아난아, 마땅히 알라. 여인은 오사五事를 얻을 수 없으니, 비록 여인은 여래·무소착·등정각·전륜왕·제석천·마군왕·대범천이 되려고 하더라도 끝내 그리 될 수 없느니라. 그러나 알라. 만일 남자가 여래·무소착·등정각·전륜왕·제석천·마군왕·대범천이 되려 한다면 그것은 반드시 그렇게 될 수 있느니라.[190]

이와 같이 여인은 성불할 수 없음을 설하고 있다.『증일아함경』에서도 같은 내용으로 설하고 있다.

대개 여자의 몸으로는 전륜왕이 되려 하여도 되지 못하고, 제석이 되려 하여도 되지 못하고, 범천왕이 되려 하여도 되지 못하고, 마왕이 되려 하여도 되지 못하고, 여래가 되려 하여도 역시 되지 못한다.[191]

---

[190]『中阿含經』(대정장 1, p.607중) "阿難當知 女人不得行五事 若女人作如來無所著等正覺 及轉輪王 天帝釋 魔王 大梵天者 終無是處 當知男子得行五事 若男子作如來無所著等正覺 及轉輪王 天帝釋 魔王 大梵天者 必有是處 佛說如是."

[191]『增壹阿含經』(대정장 2, p.757하) "夫處女人之身 求作轉輪聖王者終不獲也 求作帝

여기서도 여인은 절대 성불할 수 없음을 설하고 있다. 다음 『묘법연화경』에서는 사리불이 용녀에게 여인은 절대 성불할 수 없다는 것을 다음과 같이 설명하며 용녀에게 묻는다.

네가 오래지 않아 위없는 높은 도를 얻겠다고 말하고 있지만 그런 일은 믿을 수가 없다. 왜냐하면 여자의 몸은 때 묻고 깨끗하지 못하므로 법의 그릇이 아니기 때문이다. 그런데 어떻게 위없는 도를 능히 얻을 수 있다고 말하느냐. 부처님의 도는 멀기 때문에 한량없는 겁 동안 부지런히 고행을 쌓고 모든 법도를 닦아 갖춘 뒤에 이루어지는 것이다. 또한 여자의 몸은 다섯 가지의 장애가 있으니 그 첫째는 범천왕이 될 수 없는 것이요, 둘째는 제석이 될 수 없는 것이요, 셋째는 마왕이 될 수 없는 것이요, 넷째는 전륜성왕이 될 수 없는 것이요, 다섯째는 불신이 될 수 없는 것이다. 네가 어떻게 여자의 몸으로 빨리 성불할 수 있다고 하느냐.[192]

이와 같이 사리불은 여자의 몸은 다섯 가지 장애가 있어 성불하지 못한다고 설명하고 있다. 이 설을 다음의 『불설초일명삼매경』에서는 더욱 자세하게 설하고 있다. 즉 장자의 딸 혜시가 5백 명의 여인들과 함께 부처님을 찾아와 아뢰기를, 지금은 여인의 몸이지만 위없이 바르고

釋者亦不可獲也 求作梵天王者亦不可得也 求作魔王者亦不可得也 求作如來者亦不可得也."

[192] 『妙法蓮華經』「提婆達多品」(대정장 9, p.35하) "汝謂不久得無上道是事難信 所以者何 女身垢穢非是法器 云何能得無上菩提 佛道懸曠經無量劫 勤苦積行具修諸度 然後乃成 又女人身猶有五障 一者不得作梵天王 二者帝釋 二者魔王 四者轉輪聖王 五者佛身 云何女身速得成佛."

참된 도의 뜻을 내어 여인의 몸을 바꾸어 속히 정각을 이루어서 시방을 제도하고 해탈시키고자 하는 것이 원이라고 하였다. 그때 거기에 성도라는 비구가 있었는데, 혜시에게 여인은 성불할 수 없다면서 다음과 같이 설명하고 있다.

여인의 몸은 불도를 이룰 수가 없습니다. 왜냐하면 여인에게는 세 가지 일의 장애와 다섯 가지 일의 장애가 있기 때문입니다. 무엇이 세 가지인가? 어릴 때는 부모가 주관하게 되고, 출가하면 남편이 주관하게 되어 자유가 없고, 늙으면 아들을 어렵게 여겨야 하는 것이니, 이것이 바로 세 가지입니다. 무엇이 다섯 가지 장애인가? 첫째는 여인은 제석이 될 수 없습니다. 왜냐하면 용맹스럽고 욕심이 적어야 남자가 될 수 있는데 여러 가지 악의 교태가 많기 때문에 여인이 된 것이니, 하늘의 제석이 될 수 없습니다. 둘째는 범천이 될 수 없습니다. 왜냐하면 청정한 행을 받들어 더러운 때가 없으며, 사등심四等心[193]을 닦고 사선을 닦아야 범천에 오르게 되는데 음행을 멋대로 하면서 절제가 없었기 때문에 여인이 된 것이니, 범천이 될 수 없습니다. 셋째는 마천魔天이 될 수 없습니다. 왜냐하면 십선을 완전히 갖추고 삼보를 존경하며 양친을 효도로써 섬기고 어른과 노인에게 겸손하게 순종해야 마천이 될 수 있는데 경솔하고 교만하고 온순하지 못하며 바른 교를 헐뜯고 시샘했기 때문에 여인이 된 것이니, 마천이 될 수 없습니다. 넷째는 전륜성왕이 될 수 없습니다. 왜냐하면 보살의 도를 행하고 중생을 자비로이 여기며 삼존과 선정과 사부師父를 받들어 공양해야 전륜성왕이 되어 사천하를 주관하고 백성들을 교화하며

---

193 四無量心과 같다.

널리 십선을 행하고 도덕을 존중하며 법왕이 되어 가르치게 되는데 숨은 교태가 여든네 가지나 있고 청정한 행이 없기 때문에 여인이 된 것이니, 성제聖帝가 될 수 없습니다. 다섯째는 여인은 부처님이 될 수 없습니다. 왜냐하면 보살의 마음을 행하여 일체 중생을 가엾이 여기고 대자대비로써 대승의 갑옷을 입으며, 오음을 녹이고 육쇠六衰를 없애며, 육도를 넓히면서 깊은 지혜의 행과 공·무상·무원을 환히 알고 삼해탈문을 초월하며, 아와 인이 없고, 수도 없고 명도 없음을 알며, 본래부터 없다는 것과 불기법인不起法印을 분명히 알며, 온갖 것은 마치 요술과 같고 허깨비 같으며, 꿈과 같고 그림자·파초·거품더미·아지랑이·번갯불·물속의 달과 같다고 분별하며, 오처五處는 본래 없고 삼취라는 생각이 없어야 부처님이 될 수 있는데, 색욕과 요정과 숨은 교태에 집착하여 몸과 입과 뜻이 달랐기 때문에 여인이 된 것이니, 부처님이 될 수 없습니다.[194]

---

194 『佛說超日明三昧經』(대정장 15, p.541중) "不可女身得成佛道也 所以者何 女有三事隔五事礙 何謂三 少制父母 出嫁制夫 不得自由 長大難子 是謂三 何謂五礙 一曰女人不得作帝釋 所以者何 勇猛少欲乃得爲男 雜惡多態故 爲女人不得作天帝釋 二曰不得作梵天 所以者何 奉清淨行無有垢穢 修四等心若遵四禪乃昇梵天 婬恣無節故 爲女人不得作梵天 三曰不得作魔天 所以者何 十善具足尊敬三寶 孝事二親謙順長老 乃得魔天 輕慢不順毀疾正敎故 爲女人不得作魔天 四曰不得作轉輪聖王 所以者何 行菩薩道慈愍群萌 奉養三尊先聖師父 乃得轉輪王主四天下 敎化人民普行十善 遵崇道德爲法王敎 匿態有八十四無有清淨行故 爲女人不得作聖帝 五曰女人不得作佛 所以者何 行菩薩心愍念一切 大慈大悲被大乘鎧 消五陰化六衰廣六度 了深慧行空無相願 越三脫門 解無我人無壽無命 曉了本無不起法忍 分別一切如幻如化 如夢如影芭蕉聚沫 野馬電㷿水中之月 五處本無三趣想 乃得成佛 而著色欲淖情匿態身口意異故 爲女人不得作佛得."

이와 같이 여인이 성불할 수 없음을 자세히 설명하고 있다. 이것이 근본적으로 여자가 성불하지 못한다고 하는 이유라고 하였다. 이와 같은 여인부정설은 훗날에 결국 여인이 남자로 변해야 성불할 수 있고 왕생할 수 있다는 이른바 '변성남자성불설變成男子成佛說'이 생겨나게 하는 동기가 되었다고 할 수 있다.

그러면 이와 같은 여인부정설이 설해지는 근본적 이유가 단지 여인오장설에만 의한 것일까? 이러한 부정 관념은 부처님 당시의 사회적 배경에도 근본적인 원인이 작용하였다고 본다. 『불설옥야녀경』을 보면 당시의 사회상을 잘 반영하고 있다고 본다. 이 경에서는 재가여인은 본래부터 세 가지 장애와 십악사十惡事가 있기 때문에 존경받지 못한다는 것을 설명하고 있다. 즉 고독장자가 아들을 위해 며느리를 맞이했는데 며느리가 오만방자하여 여자의 예로서 시부모와 남편을 받들어 섬기지 않으므로, 부처님께 청하여 며느리로 하여금 교훈을 받게 하는 내용이다. 경의 내용은 다음과 같다.

"여인의 법에 세 가지 장애와 열 가지 악이 있는데 스스로가 알지 못한다." 옥야가 부처님께 여쭈었다. "무엇이 세 가지 장애이고 열 가지 악입니까?" 부처님께서 말씀하셨다. "첫째는 어렸을 때에 부모에게 장애되는 것이요. 둘째는 출가하여 남편에게 장애되는 것이요, 셋째는 늙었을 때에 아들에게 장애되는 것인데 이것이 세 가지 장애이다. 열 가지 악이란 무엇인가. 첫째는 낳았을 때에 부모가 좋아하지 않는 것이요, 둘째는 양육하는 재미가 없는 것이요, 셋째는 시집가고 장가드는 데 의를 잃을까 항상 근심하는 것이요, 넷째는 곳곳에서 사람을 두려워하는 것이요, 다섯째는 부모와 이별하는 것이요, 여섯째는 다른 문호에 의탁하는 것이요, 일곱째는 임신하기가 어려운 것이요, 여덟째는 생산할 때 어려운 것이요, 아홉째는 항상 남편을 두려워하는 것이요, 열째는 항상 자유를 얻지 못하는 것이다. 이것이 열 가지 악이다."[195]

이와 같이 『옥야경』의 설은 방자한 며느리를 훈계하는 것이라고 하지만, 자세히 살펴보면 당시 인도사회의 여성 관념을 보여주는 것이라고 본다. 그런데 위 경설의 경우는 신분 높은 장자의 며느리에 대한 것이므로, 이 며느리는 사회적으로 높은 신분의 여성이라 할 수 있다. 그러면 반대로 노예계급에 속하는 여성에 대한 관념은 어떠할까? 여기서 잠시 인도의 카스트 제도를 살펴보기로 하자. 이 사회제도는 여인부정설과는 직접적인 관련은 없지만 근원적으로 여인부정설의 관념이 들게 하는 동기가 되었다고도 볼 수 있다. 널리 알려진 대로 카스트cast는 고대 인도의 봉쇄적인 독특한 신분계급을 말하는데, 카스트란 말은 라틴어의 카스튜스(castus, 純血), 포르투칼어의 카스타(casta, 혈통)에서 유래된 말이다. 인도어로는 자티(jāti, 출생의 뜻)라고 한다. 이 카스트 제도는 베다 시대 이후, 출생에 의해 사회적 신분과 직업 등의 구분을 규정하는 특이한 사회계급 제도를 말하는데 일반적으로 사성四姓계급 제도라고 한다.

---

[195] 『佛說玉耶女經』(대정장 2, p.864상) "女人之法 有三鄣十惡 不自覺知 玉耶白佛 何等三鄣十惡 佛告玉耶 一者小時父母所障 二者出嫁夫主所障 三者老時兒子所障 是爲三障 何等十惡 一者生時父母不憙 二者養育無味 三者常憂嫁娶失禮 四者處處畏人 五者與父母別離 六者倚他門戶 七者懷妊甚難 八者産生時難 九者常畏夫主 十者恆不得自在 是爲十惡."

네 가지 계급은 ①브라흐마나brāhmaṇ, ②크샤트리아kṣatriya, ③바이샤vaiśya, ④수드라śūdra로 구분된다. 이 계급의 신분을 보면 브라흐마나는 바라문(司祭者)으로 제사와 종교의 권리를 독점하는 최상위의 계급이고, 크샤트리아(刹帝利)는 왕족으로 정치·군사의 권력을 장악하는 상위 계급이고, 바이샤(毘舍)는 서민으로 농업·목축·상공업에 종사하는 하위 계급에 속하고, 수드라(首陀羅)는 노예로서 노역 등에 종사하는 최하위 계급에 속하였다.[196]

이러한 카스트 제도의 근본 뿌리에는 힌두교의 가치관적 특징인 종교적 정淨·부정不淨의 개념이 놓여 있다. 예를 들면 주검과 인간의 배설물은 부정한 것으로 간주되어, 이러한 것들과 항상 접촉하는 직업을 가진 사람은 그 더러움이 그에게 부착·고정되어 있으므로 부정한 사람으로 간주되었다. 특히 시신을 처리하는 직업을 가진 사람들은 그 주검의 더러움에 염오됨이 심하여 불가촉성이 현저한 사람으로 간주되고, 또한 땀·때·인간의 배설물 등을 손으로 만질 수밖에 없는 이발사·세탁부·산파 등은 절대로 청정한 상위계급에 속하지 못하고 최하위의 비천한 계급에 속했다.[197] 인도에 있어서 브라흐마나 시대에는 바라문을 정점으로 한 엄격한 사성계급(카스트)제도가 확립되어, 베다 종교를 배울 수 있는 신분은 바라문·왕족·서민의 계급에 한정되어 있었다. 이러한 세 가지 계급에 태어난다는 것은 생리적으로 모태에서 태어난다고 하는 의미 이외에, 대개 베다를 학습한 결과로서 종교적인 재생을 의미하기 때문에 재생족(再生族, davija)이라고 한다. 그러나 카스트

---

[196] 후지타 코타츠 外, 권오민 옮김, 『초기·부파불교의 역사』(민족사, 1989) p.23.
[197] 나라 야스야키, 정호영 옮김, 『인도불교』(민족사, 1990) p.21.

가운데 최하위인 수드라의 노예계급으로 태어나는 자는 일생족(一生族, ekajāti)이라고 하여 베다의 종교를 신봉하는 것이 인정되지 않았다. 즉 바라문 종교에 있어서 수드라라고 불리는 사람들은 인간으로서 인정되지 않았다.[198] 이와 같이 최하위의 신분들은 종교조차도 신앙할 수 없었다고 하겠다. 위에서 살펴본 『옥야경』의 십악사설十惡事說도 아마도 이러한 관념의 뿌리에서 설해졌다고 볼 수 있다.

이상에서 살펴본 바와 같이, 고대 인도사회에서는 여성의 지위를 매우 낮게 보았고, 부파불교시대의 경론에서는 여자는 범천왕·제석·마왕·전륜성왕·불이 될 수 없다고 설하고 있다. 그 이유는 다섯 가지 장애가 있기 때문이라고 하였다. 그런데 이 문제는 사실상 부처님의 평등사상과는 근본적으로 어긋나는 점이 있다. 왜냐하면 부처님은 일체 중생이 모두 성불할 수 있다고 하셨기 때문이다. 이 문제에 대해 본각 스님은 논하기를, 여인은 본성이 악과 거짓됨으로 뿌리 깊은 존재이기 때문에 당연히 부처님께서 그렇게 제정하신 것이라고 대답한다면 불교는 결코 본성평등의 종교가 아니며, 이는 여성에게만 예외였다고 하는 결론을 받아들이지 않으면 안 될 것이라고 언급하고 있다.[199] 따라서 여기에 대해서는 여전히 의문이 남지만 이 문제는 간단한 논증으로 결론을 얻을 수 없다고 생각되므로 구체적인 논의는 다음으로 미루고, 본고에서는 위 경설 등에 따른 범위에서 마무리 짓고자 한다.

본 절의 내용을 간추려보면, 여인이 성불하지 못하는 이유는 다섯 가지 장애가 있기 때문이라고 하였다. 또한 『옥야경』의 십악사설도

---

[198] 후지타 코타츠 외, 앞의 책, p.111.

[199] 여성문제에 대해 본각 스님의 자세한 논의가 있다. 本覺, 「佛典에 보이는 女性에 관한 問題」(『論文集』 5, 중앙승가대학교, 1996) p.162.

여인오장설과 그 개념은 같다고 볼 수 있다. 또 한편으로 인도 카스트의 계급설을 보면 최하위 계급인 수드라는 노예계급으로서 이 계급에 속하는 사람들은 인간으로 인정되지도 않았다. 그래서 이들 계급은 종교 자체를 모르는 사람들이라고 할 수 있다. 이들이 어떻게 성불을 한단 말인가. 이러한 사회적 배경이 결국 여인이 성불할 수 없다는 관념과 훗날에 여인이 왕생할 수 없다는 관념을 낳게 하는 근원적 동기가 될 수 있었다고 본다.

그러면 이제부터 여인이 성불하고, 왕생할 수 있다는 설을 살펴보자. 대승불교에서는 여성에 대한 위상이 이전과는 달라진다. 특히 정토교에서는 아미타불의 본원력으로 수억 겁의 업장이 소멸되어 여인도 성불하여 왕생할 수 있다는 이론이 성립되었다.

2. 여인성불관과 왕생설

지금까지 살펴본 대로, 여인이 성불할 수 없다는 설은 부파시대 불교의 관념이었다. 그러나 대승불교에 이르러서는 결국 여인이 성불할 수 있고 왕생할 수 있음을 설하고 있다. 결국 대승불교에서는 이 부파불교의 여인오장설을 파하고 여인이 성불할 수 있음을 증명하기 위하여 대승불교의 공·무아 사상 등에 입각한 이른바 '변성남자성불설變成男子成佛說'을 설하게 되었다. 이 설의 핵심은 여인은 다섯 가지 장애가 있기 때문에 도저히 여자의 몸으로는 성불할 수 없으므로 남자로 변해야 비로소 성불할 수 있고, 왕생할 수 있다는 이론이다. 따라서 변성남자성불설은 여인왕생과 관련이 깊다. 왜냐하면 극락왕생도 여인의 몸으로는 왕생하지 못하기 때문이다. 이 설이 나타난 대표적인 경전을 보면 다음과 같다.

① 『묘법연화경』(대정장 9)
② 『불설초일명삼매경』(대정장 15)
③ 『무소유보살경無所有菩薩經』(대정장 14)
④ 『무량청정평등각경無量淸淨平等覺經』(대정장 12)
⑤ 『과도인도경過度人道經』(『佛說阿彌陀三耶三佛薩樓佛檀過度人道經』)(대정장 12)
⑥ 『불설수마제보살경佛說須摩提菩薩經』(대정장 12)

이와 같이 여러 경전에서 변성남자성불에 대하여 설하고 있다. 이 가운데 『무량청정평등각경』과 『과도인도경』은 정토경전으로, 여인왕생을 설하고 있다. 본 절에서는 위의 여섯 경전에 나타난 여인성불설과 여인왕생설을 살펴본 후에, 여인이 남자의 몸으로 바꾸어 성불하고 왕생하는 인은 무엇인가에 대해 논하고자 한다. 먼저 『묘법연화경』을 보면, 앞의 제1절에서 고찰한 부분과 이어지는 대목으로 용녀가 남자로 변하여 성불하는 모습이 나온다.

"내가 지금 보배구슬을 세존께 받들어 올리니, 이 일이 빠르지 않나이까?" 그들이 빠르다고 대답하니 용녀가 다시 말하였다. "여러분들은 (내가) 신통력으로써 성불하는 것을 보시오.(내가 성불하는 것이) 이보다 더 빠를 것이나이다." 그때 모인 대중이 모두 용녀를 보니, 순식간에 남자의 몸으로 변하여 보살행을 갖추고, 남방의 청정한 세계에 가서 보배 연꽃에 앉아 등정각을 이루었다.[200]

이와 같이 용녀가 남자로 성불하여 보배 연꽃에 앉아 등정각을 이루는 장면을 보여주고 있다. 여기서 아미타불의 극락정토는 아니지만 남방의 청정한 세계에 가서 태어나는 여인왕생을 보여주는 사례이다. 다음 『불설초일명삼매경』에서도 똑같이 남자의 몸으로 변하여 성불하고 있다. 이 경설도 앞의 절에서 고찰한 부분과 이어지는 대목인데, 성도비구가 설명한 여인오장설에 대하여 혜시는 다음과 같이 답변하며 성불을 이룬다.

비유하면 마치 요술쟁이가 해·달·제석·범천·전륜성왕·하늘·용·귀신·인민·날짐승·길짐승을 뜻에 따라 나타냈다가 황홀한 사이에 곧 간 곳을 모르게 하는 것처럼, 생사도 그와 같아서 본래는 아무것도 없었으나 마음으로 행한 바에 따라 저마다 스스로 얻은 것이니, 본래부터 없는 데에 이르러서 요술도 없고 허깨비도 없으며 합한 것도 없고 흩어진 것도 없으며 또한 처소도 없어야 비로소 부처님을 뵐 수 있을 따름입니다. 그 까닭은 오계로는 사람이 되고, 십선으로는 하늘에 가서 나며, 간탐을 부리면 아귀에 떨어지고, 마구 달려들면 축생이 되며, 악행을 하면 지옥에 떨어지며, 사등심을 행하면서 공을 알지 못하고 행하면 범천에 가서 나고, 공에 의지하여 제도되기를 구하면서 산란한 마음으로 공에 집착하면 무상천에 가서 나며, 육도 무극의 생각으로 삼계를 여의지 않고, 괴롭고 싫은 몸을 두려워하며 나고 죽는 재난을 싫어하고 뜻을 열반에 두기 때문에 아라한에

---

200 『妙法蓮華經』「提婆達多品」(대정장 9, p.35하) "我獻寶珠世尊納受 是事疾不 答言 甚疾. 女言 以汝神力觀我成佛 復速於此 當時衆會皆見龍女 忽然之間變成男子 具菩薩行 卽往南方無垢世界 坐寶蓮華成等正覺."

떨어집니다. 보살의 뜻을 일으켜 일체 중생을 제도하려 하면서 본래 없음을 알지 못하고, 부처님 몸의 형상에 집착하여 빠르게 부처님이 되고자 하면서 착한 스승을 만나지 못하고, 선권방편을 알지 못하고 곧 중간에서 그치면 연각의 도를 얻습니다. 이러한 행은 합한 것이 있고 흩어짐이 있으므로 곧 위없이 바르고 참된 도를 얻지 못합니다. 온갖 것에는 모양이 없거늘 어찌 남자와 여인이 있겠습니까? ……이때에 혜시는 곧 여인의 몸을 바꾸어 남자가 되어 공중으로 솟구쳐 올랐다가 내려와 부처님 발에 머리를 조아려 예배하고는 불기법인[201]을 얻었다.[202]

혜시는 이와 같은 답변으로 여인이 성불할 수 있음을 말하고 곧 성불하는 모습을 보여준다. 여기서 대승불교의 공사상에 입각한 무아사상을 드러내고 있다. 이것은 극락왕생설은 아니지만, 이 성불설은 여인이 왕생할 수 있다는 것과 근본개념이 다르지 않음을 볼 수 있다. 또 『무소유보살경』에는 다음과 같이 설하고 있다.

---

201 不起法忍이란 不生法忍 또는 無生法忍이라고도 한다. 생기하거나 소멸함이 없는 제법의 실상을 관찰하여 체득하여 편안히 머무는 것을 말한다.
202 『佛說超日明三昧經』(대정장 15, pp.541중~542상) "譬如幻師化作日月帝釋梵天轉輪聖王天龍鬼神人民禽獸 隨意則現 恍惚之間則不知處 生死如是 本無所有從心所行各得之至於本無 無幻無化無合無散亦無處所 乃成佛耳 所以者何 五戒爲人十善生天 慳墮餓鬼抵突畜生惡墮地獄 行四等心不解空行生于梵天 倚空心度散心著空生無想天 六度無極之想不離三界畏苦厭身 惡生死難志存泥洹 故墮羅漢 發菩薩意欲度一切 不解本無著佛身相 欲疾得佛不得善師不了善權 便中道止得緣覺道 斯之所行有合有散 則不得成無上正眞道也 一切無相何有男女 …… 於是慧施 則轉女像化成男子踊在空中 從上來下稽首佛足 得不起法忍."

"모든 선남자야, 이것은 모든 행의 진실한 체성이다. 너희들은 마땅히 항상 있다고 하는 생각을 일으키지 말라. 너희들은 여인의 몸을 생각함을 버려야 한다. 마땅히 장부의 몸과 무등등의 몸과 모든 부처님의 몸을 바라고 구하여야 한다. 너희들은 아뇩다라삼먁삼보리심을 발하여 장부의 몸을 받아라." 모든 여인들은 이 소리를 듣는 순간 마음이 적정에 머물러 여래의 상을 갖춘 32대인의 상을 보았다. 그들은 보고 나서 모두가 이와 같이 말하였다. "나는 마땅히 이와 같이 오묘한 몸을 얻기 바란다. 물들고 집착함이 없으며, 물들고 집착하는 바가 없는 이와 같은 부처님의 몸은 적정하여 고뇌가 없다." 그 여러 여인들이 이 말을 설했을 때 그 여러 여인들은 모두가 여인의 몸이 변하여 장부의 몸을 얻었다.[203]

이 경설의 요지는 여인들이 부처님의 설법을 듣고 남자로 변하여 가르침을 받는 과정을 보여주는 것인데, 여인들이 깨달음을 얻어 성불을 이루자면 나라는 존재에 집착하지 말아야 한다는 것을 보여주고 있다. 즉 무아와 무소유를 가르치고 있다. 이 설 또한 극락왕생설은 아니지만 여인이 왕생할 수 있다는 것과 근본 개념이 상통함을 볼 수 있다. 다음의 『무량청정평등각경』은 정토경전인데, 여기서는 극락정토의 장엄을 묘사하면서 여인이 남자의 몸으로 바꾸어 왕생하는 모습을 보여주고 있다.

---

203 『無所有菩薩經』(대정장 14, pp.691하~692상) "諸善男子 此是諸行眞實體性 汝等不應起常有想 汝等可捨女人身想 應當願心丈失之身 無等等身諸之身 汝等可發阿耨多羅三藐三菩提心受丈夫身 彼諸女人聞是聲亡 已刹那時心住寂靜 閞口來像具三十二大人之相 彼等見已皆作是言 願我當得如是妙身 無有染著無染著處 如此佛身寂靜無惱 彼諸女人說是語時 彼諸女人悉轉女身得丈夫身."

그 국토는 칠보로 된 땅으로서 모두 평탄하고 방정하며, 지옥·새·짐승·아귀와 날아다니고 꿈틀거리는 무리들이 없고 아수라·용·귀신도 없다. 마침내 큰비가 오는 때도 없고 또한 봄·여름·가을·겨울이 없으며 큰 차가움과 큰 더위도 없어서 항상 온화하고 적당하여 비할 수 없이 매우 상쾌하며, 모두 만 가지 자연인 물건과 온갖 음식이 있어서 뜻대로 얻고자 하면 저절로 앞에 있고, 쓰지 않으면 저절로 가버려서 마치 제6 천상의 자연의 물건처럼 마음대로 자연스럽게 뜻을 따르느니라. 그 나라에는 모두 보살과 아라한들이 있으며 부녀자는 있지 않다. 수명은 매우 길어서 끝없는 수의 겁이며, 여자로서 가서 태어나는 이는 모두 남자가 되어 화생하나니, 다만 보살과 아라한이 헤아릴 수 없이 있을 뿐이다.[204]

이와 같이 여자로 가서 태어나는 이는 모두 남자가 되어 화생한다고 하였다. 위 경설에서 '부녀자는 있지 않다'는 것은 이미 왕생하면 여자의 몸은 남자의 몸으로 변한다는 것을 설명하고 있다. 다음 『과도인도경』[205]

---

[204] 『無量淸淨平等覺經』(대정장 12, p.283상) "其國七寶地皆平正 無有泥犁禽獸餓鬼蜎飛蠕動之類也 無阿須倫諸龍鬼神也 終無有大雨時 亦無春夏秋冬也 亦無有大寒亦不大熱 常和調中適甚快善無比 皆有萬種自然之物 百味飮食 意欲有所得 則自然在前 意不用者 則自然化去 比如第六天上自然之物 恣若自然則皆隨意 其國中悉諸菩薩阿羅漢 無有婦女 壽命極壽 壽亦無央數劫 女人往生者 則化生皆作男子 但有菩薩阿羅漢無央數."

[205] 이 경의 갖춘 이름은 『佛說阿彌陀三耶三佛薩樓佛檀過度人道經』이다. 지겸이 吳나라 때(228~253년) 한역한 경으로서 구마라집이 한역한 『佛說阿彌陀經』과 구별하기 위하여 『大阿彌陀經』이라고 부르며 간단히 줄여서 『過度人道經』이라고도 부른다. 이 경에는 24원이 나오는데 이것은 『無量淸淨平等覺經』에 24원이 나오는 것과 일치한다.

의 내용도 위의 『무량청정평등각경』과 같다.

그 국토 중에는 모든 보살과 아라한이 있되 부녀자는 없으며, 수명이 헤아릴 수 없이 많은 겁에 걸친다. 여인이 가서 태어나려 하면 즉시 남자로 변화해야 이루어진다.[206]

다음 『불설수마제보살경』에서는 다음과 같이 설한다.

"지금 내가 오래지 않아 또한 응당 여래·무소착·등정각·성혜행·안정·세간부·무상사·도법어·천인사·불·천중천을 얻게 되리니, 이와 같이 자세히 살피시오. 내 지금 마땅히 변하여 남자가 되겠나이다." 이 말을 하고서 즉시 남자가 되어 머리카락이 즉시에 떨어지고 가사가 몸에 있어 문득 사미가 되었다.
수마제는 또 만수시리에게 말했다. "내가 내세에 마땅히 부처가 될 때를 살피건대, 나의 나라에는 세 가지 일이 있지 않으니 무엇이 세 가지인가. 첫째는 마의 일이요, 둘째는 지옥이요, 셋째는 여인의 모습이니라."[207]

이상에서 살펴본 바와 같이 여인성불설은 왕생처만 없지 정토경전에

---

206 『過度人道經』(대정장 12, p.303하) "其國中悉諸菩薩阿羅漢 無有婦女 壽命無央數劫 女人往生 卽化作男子."
207 『佛說須摩提菩薩經』(대정장 12, p.78상) "如今我後亦當逮如來無所著等正覺成慧行安定世間父無上士道法御天人師佛天中天 如是審諦 我今便當變爲男子 適作是語 便成男子 頭髮卽墮袈裟著身 便爲沙彌 須摩提復謂文殊師利言 審我來世當作佛時 使我國中莫有三事 何等爲三 一者魔事 二者地獄 三者女人態."

서 설한 여인왕생설과 근본개념이 다르지 않음을 볼 수 있다. 그러면 이와 같은 여인성불과 여인왕생은 어떠한 인연에 의하여 이루어지는 것일까? 그것은 다름 아닌 서원에 의한 것이다. 즉 위에서 살펴본 경설들에 나타난 성불과 왕생은 오직 보살의 서원에 의해서 이루어진다는 결론이다. 서원에 대해서는 제5장의 향가의 연구에서 구체적으로 언급하겠지만, 여기서는 위에서 살펴본 경전 가운데 『무량청정평등각경』과 『불설수마제보살경』에서 서원한 대원을 살펴보고자 한다.

먼저 『무량청정평등각경』에서는 법장보살이 중생을 구제하기 위해 24가지 서원을 세운다. 법장보살은 이 서원을 세우기 전에 세요왕여래世饒王如來께 나아가 다음과 같이 발원한다.

> 제가 이 서원을 세우겠나이다. 원하옵건대 다타아가타 부처님의 덕을 모두 얻어서 사람의 괴로움이나 나고 죽는 근본을 뽑아버리되, 모두 부처님과 같이 하고 오직 경을 연설하여 시행할 일을 빨리 얻게 하며, 제가 부처가 될 때에는 따를 자가 없게 하겠나이다. 원하옵건대 부처님께서는 저를 위하여 부처님 공덕을 말씀해 주옵소서. 제가 마땅히 받들고 지니어 그 가운데에 머무르고 서원대로 불국토를 또한 그렇게 만들겠나이다.[208]

이와 같이 서원을 세우므로 세요왕여래께서는 법장보살을 칭찬하고 법장보살을 위하여 210억의 부처님 국토 안의 선하고 악한 것과 국토의

---

[208] 『無量淸淨平等覺經』(대정장 12, p.283상) "我立是願 如多陀竭佛所有者 願悉得之 拔人勤苦生死根本 悉令如佛 唯爲說經 所可施行 令疾得決 我作佛時 令無及者 願佛爲我說諸佛國功德 我當奉持 當那中住 取願作佛國亦如是."

좋고 나쁜 것을 스스로 보게 하였다. 법장보살은 소원대로 이 가운데 한 국토를 골라 24대원을 세우고 끝없는 수의 겁 동안 여러 부처님을 섬기고 공양하며 정진하여 불도를 이루었다. 그런데 이 경의 24원에는 『무량수경』의 48원 가운데 제35원처럼 직접적으로 '여인왕생원'을 세운 것은 나타나지 않는다. 그러나 24원 전체에는 일체 중생이 포함되어 있기 때문에 당연히 여인은 포함된다고 본다. 예를 들자면 첫째의 원에 "내가 부처가 될 때에는 나의 국토에는 지옥이나 새, 짐승이나 아귀와 날아다니고 꿈틀거리는 무리들이 있지 않을 것이니, 이 서원대로 되지 않으면 저는 마침내 부처가 되지 않을 것입니다"[209]라고 했는데, 여기서 '새나 짐승 꿈틀거리는 무리들이'라고 한 것만 보아도 알 수가 있다. 이것은 작은 미물에 이르기 까지가 포함되어 있는데 하물며 사람인 여인이야 말할 것도 없이 포함되어 있다고 생각한다. 또 제10원을 보면

열째는 내가 부처를 이룰 때에 나의 국토에 있는 인민이 애욕이 있다면 나는 부처가 되지 않을 것입니다.[210]

라고 하였다. 이 10원에서 '애욕이 있다면'이라고 한 것은 극락정토에는 애욕을 가진 자가 없다는 것을 말하고 있다. 이 원은 이미 왕생하면 사바의 애욕이 모두 사라져서 남녀의 개념 따위는 없어진다는 것을 말해주는 것이라 본다.

---

[209] 위의 경전(대정장 12, p.281상) "一我作佛時 令我國中無有地獄禽獸餓鬼蜎飛蠕動之類 得是願乃作佛 不得從是願終不作佛."
[210] 위의 경전(대정장 12, p.281중) "十我作佛時 我國中人民有愛欲者 我不作佛."

다음 『불설수마제보살경』을 보면, 나열성(羅閱城, 왕사성)의 장자 욱가郁迦의 딸인 8세의 수마제가 부처님이 계시는 영조산(靈鳥山, 영취산)으로 찾아가 부처님께 10개의 항목을 질문하고, 부처님은 수마제를 위하여 그 하나하나에 40가지의 법을 붙여 답을 하여 가르치시고 있다. 수마제의 질문을 간추려보면 다음과 같다.

보살이 어떻게 하면 나는 곳마다 사람들이 보고 항상 기뻐하며, 부귀한 몸이 되어 항상 재보가 많으며, 남과 헤어지지 않을 수 있으며, 일천 개의 꽃잎으로 된 연못 안에서 화생하여 법왕 앞에 설 수 있으며, 신족통을 얻어 무량한 불국토에 이르러 모든 부처님께 예배할 수 있으며, 원수의 침략을 받지 않고 또 원수의 미워함을 받지 않을 수 있으며, 재앙과 죄가 없어 지은 선행을 무너뜨리지 않을 수 있으며, 악마의 장난에 휩쓸리는 일이 없으며, 내가 듣는 자로 하여금 믿고 따르게 하며, 목숨이 다할 때는 부처님 앞에 서서 설법을 듣고 나쁜 곳에 떨어지지 않을 수 있습니까?[211]

이와 같은 수마제의 10가지 질문에 부처님은 마흔 가지의 법으로 일일이 답을 주시고 계신다. 이에 수마제는 모든 가르침을 받고 다음과 같은 서원을 세운다.

---

[211] 『佛說須摩提菩薩經』(대정장 12, p.76중) "菩薩云何所生處 人見之常歡喜 云何得大富有常多財寶 云何不爲他人之所別離 云何不在母人腹中 常得化生千葉蓮華中立法王前 云何得神足從不可井億剎土 去到彼間禮諸佛 云何得無讎怨無侵嫉者 云何所說聞者信從踊躍受行 云何得無女罪所作善行無能壞者 雲何魔不能得其便 云何臨壽終時佛在前立 爲說經法卽令不墮苦痛之處 所問如是."

오직 세존께서 말씀하신 40사事 법을 저는 마땅히 받들고 행하여 부족함이 없이 모두 구족하게 하여 한 법도 어기지 않겠나이다. 만일 한 법이라도 어긴다면 저는 불법을 끊고 여러 불제자를 끊는 것이 되옵나이다.[212]

이와 같이 수마제는 40가지의 법을 모두 지켜 8세의 여자로서 성불을 이루고 있다. 이것은 오직 큰 서원에 의한 것임을 알 수 있다. 이상과 같이 여인이 성불하여 왕생할 수 있다는 것을 경설을 통하여 살펴보았다.

본 절의 내용을 간추려보면, 여인이 성불하거나 왕생을 할 때는 이미 여인의 몸이 변하여 남자가 된다는 논리이다. 이것이 '변성남자성불설'인데 이는 부처님의 본성평등사상과 대승불교의 보살이념을 세운 것이라 할 수 있다. 또한 여인이 성불하거나 왕생하는 근본적 인은 오직 서원에 의하여 이루어진다는 것을 보여주고 있다. 앞으로 논의될 『무량수경』의 48원 등에는 서원에 의해 여인이 모두 왕생할 수 있음을 자세히 설하고 있다.

3. 신라의 여인왕생설

본 절은 신라에도 여인이 왕생하였다는 것을 설화를 통해 밝혀보고자 한다. 비록 설화이지만 이는 당시의 사회에 있어서는 매우 큰 사건이라고 할 수 있다. 당시 사회는 역사적으로 볼 때 남존여비사상이 뿌리박혀 있던 시대이다. 이러한 시대에 여인이 성불을 하여 왕생했다는 것은

---

212 위의 경전(대정장 12, p.77중) "爾時須摩提白佛言 唯世尊 所說四十事 我當奉行令不缺減 悉使具足不違一事 若失一義我爲斷佛劫法減衆弟子."

실로 큰 사건으로 일대 혁신이라고도 할 수 있다. 이는 곧 부처님의 일체평등사상을 만천하에 선포한 것이다.

신라에 여인이 염불하여 스스로 왕생한 사례는 앞에서 고찰한 설화 「욱면비 염불서승」조가 대표적이다. 이 설화를 앞에서는 천인賤人이 왕생했다는 것을 주제로 하여 고찰하였지만, 여기서는 그 맥락을 같이하면서 욱면이 여인의 몸으로 왕생했다는 것을 구체적으로 밝혀보고자 한다.

내용을 요약해보면, 아간 귀진의 집에 욱면이라는 계집종이 있었는데 그의 주인을 따라 매일 절에 가서 뜰 가운데 서서 스님을 따라 염불을 하였다. 그러나 주인은 그녀가 자기 일을 제대로 하지 않는다고 하면서 날마다 곡식을 두 섬씩 주고 하루저녁 내내 찧도록 하였다. 그래도 욱면은 불평하지 않고 방아를 초저녁에 다 찧고는 절로 돌아와 밤낮으로 염불을 게을리 하지 않았다. 욱면은 뜰의 좌우에다 긴 말뚝을 세우고 두 손바닥을 뚫어 새끼줄로 꿰어 말뚝 위에 매달아 합장하여 염불을 하였다. 욱면은 절 사람들의 권유로 법당 안으로 들어와 열심히 정진하던 중, 얼마 후에 서쪽 하늘에서 음악소리가 들려오자 욱면의 몸이 솟아올라 지붕을 뚫고 나가서 서쪽 교외에다 육신을 버리고 참모습(眞身)을 드러내고, 연화대에 앉아 큰 빛을 내며 천천히 가버렸다는 이야기다. 이것이 대강의 줄거리이다.

이러한 이야기는 마치 앞에서 고찰한 인도의 카스트 제도를 연상케 하고 있다. 이것은 인도뿐만 아니라 신라에도 이와 같이 천대받는 노예계급이 있었다는 것을 말해주는 것이라고 본다. 그런데 이 비천한 신분의 여인이 당당히 왕생을 하고 있다. 이것은 대승불교의 이념인 일체평등사상을 그대로 보여주는 사례로서 당시의 억압받고 천대받던 여인들에게는 매우 큰 희망과 위안을 주었을 것이라고 본다. 따라서 본 절의 고찰은 이와 같이 여인이 왕생할 수 있다는 것을 교리적으로 증명한 역대 논사들의 논증을 통하여 살펴보고자 한다.

예부터 여인이 왕생할 수 있는가 없는가에 대해서는 논쟁의 대상이었다. 이러한 논란은 세친의 『왕생론』에서 비롯되었다고 할 수 있다. 세친은 『왕생론』에서 여인은 왕생하지 못한다고 하였다.

여인이나 신체가 불구인 자, 이승의 종성은 태어나지 못한다.[213]

이 설에 대하여 천태지자(538~597)는 『정토십의론』의 제9의문의 문답에서 그 의혹을 풀었는데, 문답의 내용은 다음과 같다. 어떤 사람이 다음과 같이 물었다.

『왕생론』에는 여인과 불구자와 이승의 대중은 정토에 나지 못한다고 했는데, 진정 이러한 가르침이 있다면 여인과 신체불구자들은 결정코 왕생하지 못한다는 말이 아닌가.[214]

이와 같이 『정토십의론』에서는 세친이 『왕생론』에서 말한 "여인급근결 이승종불생女人及根缺 二乘種不生"에 대한 의문을 제기하고 있다. 이 물음이 여인은 왕생하지 못한다는 논란을 일으킨 동기라고 할 수 있다. 여기에 대하여 천태지자는 다음과 같이 답한다.

---

213 『往生論』(대정장 26, p.231상) "女人及根缺 二乘種不生."
214 『淨土十疑論』(대정장 47, p.80중) "往生論云 女人及根缺二乘種不生 既有此教 當知女人及以根缺者 定必不得往生."

여인이나 불구자와 이승들이 나지 못한다 한 것은, 단지 저 나라에 나는 대중 가운데는 여인이나 소경·벙어리·귀머거리들이 없다는 뜻이지, 이곳의 여인이나 신체불구자가 극락세계에 왕생하지 못한 다는 뜻은 아니다. 이는 경전의 뜻을 전혀 모르는 어리석은 자다. 즉 위제희 부인 같은 분은 정토에 왕생하길 원하여 부처님께 설법을 청한 주인공이고, 또한 오백 시녀들도 모두 정토에 왕생할 수 있다고 부처님께서 수기를 주시지 않았는가. 다만 이곳(사바세계)의 여인과 장님·벙어리·귀머거리 등도 마음으로 아미타불을 염원하면 모두 정토에 왕생하여 다시는 여인이나 불구자의 몸을 받지 않는다는 뜻이다. 또 역시 이승이 단지 마음을 돌이켜 정토에 왕생을 발원하면 그곳에 이르러서는 더 이상 이승에 집착하는 마음이 없어진다. 이러한 까닭에 여인과 불구자나 이승이 태어나지 못한다고 말씀하신 것이지, 이곳 사바세계의 여인이나 불구자가 왕생하지 못한다고 말씀하신 것이 결코 아니다.[215]

천태지자는 이렇게 답한 후에 『무량수경』의 48원 가운데 제35원의 예를 들어 설명하였다. 이 답변에는 아미타불의 본의가 잘 나타나고 있다. 아무리 죄악 범부중생이라도 일심으로 발원하고 행하면 모두 아미타불의 대자비로 왕생한다는 논리이다. 즉 일단 왕생하면 눈이 열리고 귀가 열리고 입이 열리는 깨달음을 얻어 누세의 업장이 소멸된

---

[215] 위와 같음(대정장 47, p.80중) "女人及根缺二乘種不生者 但論生彼國 無女人及無盲聾瘖啞人 不道此間女人 根缺人不得生 彼若如此說者 愚癡全不識經意 即如韋提夫人 是請生淨土主 及五百侍女 佛授記悉得往生彼國 但此處女人 及盲聾瘖啞人 心念彌陀佛 悉生彼國已 更不受女身 亦不受根缺身二乘人 但迴心願生淨土 至彼更無二乘執心 爲此故云 女人及根缺二乘種不生 非謂此處女人及根缺人不得生也."

몸이 되므로 남녀와 불구자라는 이름조차도 없어진다는 것이다. 그래서 정토에는 여인이 태어나지 못한다고 하는 세친의 설을 천태지자는 『관무량수경』에서 설한 위제희 부인이 왕생한 예를 들어 설명하고 있다. 원효도 『무량수경종요』에서 세친의 "여인급근결 이승종불생"에 대하여 다음과 같이 설명하였다.

> 논에서 설하기를 "여자와 불구자, 그리고 이승의 종성은 그곳에 태어나지 못한다"고 하였다. 이승의 종성이 나지 못한다 함은 그 종성이 이승으로 아주 결정된 이승을 말한 것이요, 그 근성이 이승으로 아주 결정된 성문을 일컫는 말이 아니니, 이것을 가리기 위해 이승의 종성이란 말을 쓴 것이다. 이런 뜻에 의거해 볼 때 논리상 서로 어긋나는 바가 있다고 할 수 없다. 또 "여자와 불구자는 저곳에 나지 못한다"고 했지만, 이는 저곳에 태어날 때에 누구나 여자가 아니고 불구자가 아닌 몸을 받게 됨을 뜻하고, 이 세상의 여자들이 그곳에 가서 태어나지 못한다는 말이 아니니, 저 위제희 부인이 왕생한 일이 바로 그렇다.[216]

이와 같이 원효도 위제희 부인이 왕생한 예를 들며 여자나 불구자는 극락에 태어나게 되면 이미 여자와 불구자를 벗어난다고 설명하고 있다. 그런데 여기서 밝힐 것이 있다. 위에서 천태지자와 원효의 논들이 나오게 된 원인은 결국 세친이 『왕생론』에서 설한 "여인급근결 이승종불

---

216 『無量壽經宗要』(대정장 37, p.126중) "論說云 女人及根缺 二乘種不生者 是說決定種性二乘 非謂不定根性聲聞 爲簡此故 名二乘種 由是義故 不相違也 又言女人及根缺者 謂生彼時 非女非根缺耳 非此女等不得往生 如韋提希而得生故."

생"이란 말 때문에 생겨난 것인데, 세친의 본래 뜻 역시 위의 논사들의 뜻과 다르지 않다는 것이다. 다음의 해설을 보면, 세친은 여인과 불구자와 이승이 왕생하지 못한다고 한 것이 본래 아님을 알 수 있다.

대의문 공덕의 성취란, 게송에서 "대승의 선근계는 평등하여 혐오라는 이름조차 없으며, 여인이나 신체 불구자나 이승의 종성은 나지 못하며"라고 하였다. 정토의 과보는 두 가지 혐오스러움의 과실을 떠났음을 마땅히 알아야 한다. 첫째는 몸이고 둘째는 이름이다. 몸에는 세 종류가 있으니 첫째는 이승의 사람이고, 둘째는 여인이고, 셋째는 모든 감각기관이 불구인 사람이다. 이 세 가지 허물이 없기 때문에 몸의 혐오스러움을 떠났다고 말한다. 이름에도 또한 세 종류가 있으니 단지 세 가지 몸이 없는 것뿐만 아니라, 나아가 이승이라든가 여인이라든가 불구라고 하는 세 가지 이름을 들을 수 없기 때문에 이름의 혐오스러움을 떠났다고 말한다. '평등하여'라는 것은 평등하여 우열이 없기 때문이다.[217]

위의 해설을 보면 이미 정토에 왕생하면 혐오스러움의 과실을 떠나는 것으로 보고 있다. 그렇기 때문에 "여인이나 신체 불구자나 이승의 종성은 나지 못하며"라고 한 것이다. 이와 같은 세친의 뜻을 전혀 모르는 어떤 무지한 자가 천태지자에게 질문을 잘못하여 논란의 소지가 된

---

217 『往生論』(대정장 26, p.232상) "大義門功德成就者 偈言大乘善根界等無譏嫌名女人及根缺二乘種不生故 淨土果報離二種譏嫌過應知 一者體 二者名 體有三種 一者二乘人 二者女人 三者諸根不具人 無此三過故 名離體譏嫌 名亦三種 非但無三體 乃至不聞二乘女人諸根不具三種名故 名離名譏嫌 等者 平等不相故."

것이지, 세친의 논 자체는 전혀 틀리지 않았다는 것이다. 따라서 결국은 천태지자나 원효의 논은 세친의 해설과 동일한 것임을 알 수 있다.

이를 정리해 보면, 이미 발심하여 신·원·행이 갖추어진 자는 아미타불의 본원에 의해 정토에 나면 이미 여인이 아니고, 불구자가 아니고, 이승이 아니라는 말이다.[218] 즉 정토에 나는 순간 아미타불의 본원에 섭수되어 신·구·의 삼업이 청정해진다는 것을 말하고 있다.『무량수경』의 제35원을 보면 아미타불은 법장보살 시절에 이미 여인이 왕생할 수 있도록 다음과 같이 원을 세워 놓았음을 볼 수 있다.

만일 내가 부처를 이루었을 때, 시방의 한량없고 불가사의한 모든 부처님의 세계에 어떤 여인이 나의 이름을 듣고 환희하고 즐거이 믿고 보리심을 일으키고, 여인의 몸을 싫어하고 멀리하였는데도 목숨을 마친 뒤에 다시 여인의 모습을 받게 된다면 나는 바른 깨달음을 성취하지 않겠다.[219]

이 서원은 지겸의『대아미타경』제2원에도 잘 나타나 있다. 제2원은『무량수경』의 48원보다 더욱 자세하다.

---

[218] 여기에 대하여 태원 스님은 "이 세상에서 신체적으로 어떠한 장애를 가지고 있더라도 열심히 염불하면 몸에 장애가 없는 건장한 보살로 극락세계에 태어날 수 있다는 것이다. 이러한 것을 증명하기 위하여 원효는『관무량수경』에서 위제희 부인이 왕생한 것과『고음왕다라니경』에서 아미타불에게 부모가 있다는 예를 들었다"라고 하였다. 李太元,『왕생론주강설』(운주사, 2003) p.172.

[219]『無量壽經』(대정장 12, p.268하) "設我得佛 十方無量不可思議諸佛世界 其有女人 聞我名字 歡喜信樂發菩提心厭惡女身 壽終之後復爲女像者 不取正覺."

둘째 원은 이러하다. 언젠가 부처를 이룰 때 나의 국토 중에는 부인이나 여인이 있어서는 아니 되니, 나의 국토에 와서 태어나고자 하는 자는 즉시 남자가 되어야 하고, 헤아릴 수 없는 여러 천신과 인민들, 그리고 꿈틀대는 벌레에 이르기까지 나의 국토에 와서 태어나려는 자는 모두 일곱 보배로 된 연못의 연꽃 가운데서 화생해야 한다. 그리고 장성한 뒤에는 모두 보살이 되어야 하고 아라한도 헤아릴 수 없어야 한다. 이 원이 성취되면 곧 부처를 이룰 것이지만, 이 원이 성취되지 않으면 결코 부처를 이루지 않을 것이다.[220]

이와 같이 아미타불은 이미 여인이 왕생할 수 있도록 대원을 세워 놓으셨다. 여기서 여인왕생은 결국 본원에 의한 것임을 알 수 있다. 또한 『무량수경』의 제18원에서 "나의 이름을 십념十念하면 누구든지 왕생할 수 있다"고 하는 '염불왕생원'에는 이미 여인왕생 및 일체 중생이 포함되어 있다. 그리고 재차 제35원에 '여인왕생원'을 세웠다.[221] 제18원에는 여인이라는 단어만 없을 뿐이지 이 두 서원은 모두 같은 의미이다.

이와 같이 욱면비 설화를 통해 여인왕생에 대하여 살펴보았다. 한편 『삼국유사』에서 여인이 왕생한 사례는 앞에서 살펴본 바와 같이 대표적으로 세 편이다. 설화 「남월산 감산사」조[222]와 향가 「제망매가」[223]와

---

220 『大阿彌陀經』(대정장 12, p.301상중) "第二願 使某作佛時 令我國中 無有婦人女人 欲來生我國中者 即作男子 諸無央數天人民 蜎飛蠕動之類 來生我國者 皆於七寶水池蓮華中化生 長大皆作菩薩 阿羅漢都無央數 得是願乃作佛 不得是願終不作佛."
221 장휘옥은 "제35원은 고대 인도의 남존여비의 사회구조를 떠올리게 하는 것으로서, 이 설은 불교 본래의 평등사상을 표명한 것이라 해도 좋을 것"이라고 하고 있다. 장휘옥, 『정토불교의 세계』(불교시대사, 1996) p.73.
222 『삼국유사』 卷3 塔像 第4 「南月山 甘山寺」(대정장 49, p.1000중)

본 욱면비 설화이다. 「남월산 감산사」조는 중아찬 김지성의 돌아가신 어머니 관초리 부인을 위하여 돌로 된 미타 한 구를 정성들여 세우고 극락왕생을 발원하였다는 이야기이고, 향가 「제망매가」는 월명사가 죽은 누이를 위하여 재를 올리며 발원하여 극락왕생하도록 했다는 노래이다. 그런데 이 설화와 향가의 특징은 욱면의 현신왕생과는 달리 이미 죽은 여인이 왕생하고 있는데, 이것이 미타정토신앙의 본질을 보여주는 사례이다.

  이상 살펴본 신라의 여인왕생관의 특성을 간추려보면, 욱면이 여인의 신분으로 왕생할 수 있다는 것은 당시의 사회상을 반영하는 것으로서 비천한 하급신분들로 하여금 종교에 참여할 수 있는 기회와 용기를 갖게 하였으며, 이러한 대혁신은 불교가 본래 인간평등을 위한 종교임을 보여준 것이고, 또한 이것은 오직 아미타불이 세운 본원에 의한 것임을 보여주는 것이다.

---

223 위의 책, 卷5 感通 第7 「月明師 祭亡妹歌」(대정장 49, p.1013하)

제5장 향가와 왕생발원 신앙

1. 원왕생가와 왕생발원

『삼국유사』에는 신라향가 14수가 실려 있다. 그러나 이 14수 가운데 정토신앙의 본질이 가장 잘 나타나고 있는 노래는 「원왕생가願往生歌」와 앞으로 고찰할 「제망매가」와 「도솔가」 3편이라고 본다. 이 노래들을 감상해보면 한 가지 공통점이 나타난다. 그것은 노래마다 지극한 발원심이 나타나고 있다는 점이다. 따라서 본장에서는 이 발원심을 중심으로 하여 고찰하고자 한다. 「원왕생가」(문무왕 대, 661~680)는 설화 「광덕·엄장」조에 실려 있는 노래이다. 이 노래는 아미타불에 대한 심심深心의 신앙심과 구도심이 가득 찬 서정적인 발원가라고 할 수 있다. 노래는 다음과 같다.

달님이여,
이제 또 서방으로 가셔서
무량수불 앞에

말씀을 가져다 전해다오.
다짐 깊으신 부처님을 우러르며
두 손 모아 비옵나니
원왕생, 원왕생을 바치나이다.
그리워하는 사람 있다고 아뢰옵소서.
아아, 이 몸 버리시고
마흔여덟 가지 소원
모두 이루어지실까![224]

이 노래에는 미타신앙의 본질이 그대로 표출되고 있다. 앞에서도 언급했듯이 정토행자의 마음가짐은 세 가지가 구족되어야 한다. 첫째는 믿음이고, 둘째는 발원이고, 셋째는 실천이다. 본 노래에는 이 세 가지가 모두 구족되어 있지만 그 가운데 둘째인 발원심이 강하게 나타나고 있음을 볼 수 있다. 그 증거는 위 노래에서 "원왕생願往生"을 반복하고 있고 "마흔여덟 가지 소원 모두 이루어지실까"라고 한 것이 이를 증명하고 있다. 본 노래의 배경설화에는 광덕과 엄장이 염불실천으로 왕생극락 하였다는 내용이 실려 있는데 이것에 대해서는 앞의 제2장에서 살펴보았으므로, 여기서는 노래에 나타나고 있는 발원심에 대해서 살펴보고자 한다. 본 고찰에서는 이 발원심을 정토경론에 근거하여 두 가지 주제로 정하여 논하고자 한다. 첫째는 발원의 의미는 무엇인가를 살펴보는 것이고, 둘째는 아미타불의 본원에 대해 구체적으로 살펴보고자 한다.

먼저 발원發願이란 말을 일반적으로 정의하면 '불과佛果인 보리를

---

[224] 『삼국유사』 卷5 感通 第7 「廣德 嚴莊」(대정장 49, p.1012중)

증득하기 위하여 서원을 발하는 것'이라고 말할 수 있다. 이것을 정토신앙의 범주에서 정의한다면 '정토에 왕생하기 위하여 굳센 믿음을 가지고 지극한 마음을 일으키는 것'이라고 할 수 있다. 이러한 서원의 뜻에 대해 『법원주림』에서는 다음과 같이 설명하고 있다.

『대장엄론』[225]에서 말하였다. "불국토에 태어나는 것은 큰일이므로 혼자 공덕만을 행해서는 성취할 수 없나니 반드시 원력을 필요로 한다. 마치 소가 아무리 힘껏 수레를 끌어도 반드시 부리는 사람이 있어야 하는 것과 같아서 청정한 불국토에 가는 데에는 서원이 앞에서 이끄는 것으로 말미암아 이루어지는 것이다." 원력에 의하는 까닭에 복덕이 증장하여 잃지도 않고 무너지지도 않아 항상 그 부처를 보기 때문이다.[226]

이 설명은 우리 중생들은 근기가 나약하므로 발원을 하되 부처님의 원력에 의지해야만 한다는 것을 가르쳐주고 있다. 『무량수경』의 48원 가운데 제19원에는 모든 중생이 정토왕생을 발원하기만 하면 누구나 그 서원을 성취할 수 있다고 하였다.

만약 내가 성불의 경지에 도달하더라도 시방세계의 중생들이 보리심

---

[225] 『대장엄론』에는 동일한 문장이 안 보이고, 『萬善同歸集』(대정장 48, p.979하), 『諸經要集』(대정장 54, p.6중) 등 여러 경에서 위의 문장을 인용하고 있다.
[226] 『法苑珠林』「發願部」(대정장 53, p.405중하) "大莊嚴論云 佛國事大 獨行功德不能成就 要須願力 如牛雖力挽車要須御者能有 所至淨佛國土由願引成 以願力故福德增長不失不壞常見佛故."

을 일으켜 모든 공덕이 되는 일을 닦고, 지극한 마음으로 나의 정토에 태어나고자 서원을 세운다면, 그들의 수명이 다할 때 제가 대중들에 둘러싸여 함께 가서 그들 앞에 나타나 맞이할 수 없다면 나는 정각을 이루지 않겠습니다.[227]

이와 같이 누구라도 보리심을 일으켜 서원을 세운다면 반드시 그들 앞에 나타나 서원을 이루게 해준다고 하였다. 가재(迦才, ?~620?)는 그의 저서 『정토론』에서 다음과 같이 설명한다.

(정토에 태어나는 원인이 되는 것에) 다시 여섯 가지가 있다. 첫째, 모름지기 아미타불의 명호를 칭념해야 한다. 둘째, 모름지기 예배해야 한다. 셋째, 모름지기 찬탄해야 한다. 넷째, 모름지기 서원을 발해야 한다. 다섯째, 모름지기 관찰해야 한다. 여섯째, 모름지기 회향해야 한다.[228]

이와 같이 가재는 정토에 태어나는 인에 대하여 칭념, 예배, 찬탄, 서원, 관찰, 회향의 여섯 가지 왕생인往生因을 말하고 있는데, 넷째는 모름지기 서원을 발해야 된다고 강조하고 있다. 가재는 위 경설에 이어서 발원에 대해 다음과 같이 설명한다.

---

227 『無量壽經』(대정장 12, p.268상중) "設我得佛 十方衆生發菩提心修諸功德 至心發願欲生國 臨壽終時 假令不與大衆圍遶現其人前者 不取正覺."
228 『淨土論』(대정장 47, p.89중) "復有六種 一須別念阿彌陀佛名號 二須禮拜 三須讚歎 四須發願 五須觀察 六須迴向."

넷째, 발원이란 다음과 같다. 모름지기 극락에 태어나기를 원구해야 하고, 혹은 자신의 왕생을 서원하거나 혹은 중생의 왕생을 서원하며, 혹은 석가모니부처님께서 정토로 보내주실 것을 서원하거나 혹은 아미타부처님께서 와서 맞이해주실 것을 서원하며, 혹은 정토에서 노닐기를 서원하거나 혹은 영원히 태내에 들어 신체를 받아 태어나는 일이 없기를 서원하며, 임종 시 안온하기를 서원하거나 바른 생각이 앞에 드러나기를 서원하며, 이와 같이 여러 가지 마음을 따라 서원을 발한다. 예를 들면 『보성론』[229]의 게송에서 말한 것과 같다. "이 여러 가지 공덕에 의지하여 목숨을 마칠 때 아미타부처님의 한량없는 공덕을 갖춘 몸을 친견할 수 있게 되고, 저와 나머지 모든 믿는 이들이 그 부처님을 뵙고 나서 더러움을 여읜 지혜의 눈을 얻어 위없는 보리를 증득하기를 서원합니다."[230]

이와 같이 정토에 태어나려는 행자는 오로지 깊은 신심을 가지고 아미타불에 의지하여 지극한 서원을 발해야 된다는 것을 강조하고 있다.

「원왕생가」의 구절을 보면 "원왕생 원왕생"이라고 하였는데 이 구호는 말 그대로 왕생을 원한다는 말이다. 그런데 이 구호는 노래의 작자가 아무런 근거도 없이 지어 부른 것이 아니라 그 근거가 분명하다. 선도의

---

[229] 『究竟一乘寶性論』(대정장 31, p.829하) "依此諸功德 願於命終時 見無量壽佛 無邊 功德身 我及餘信者 旣見彼佛已 願得離垢眼 成無上菩提."
[230] 『정토론』(대정장 47, p.89하) "四發願者 須別發願求生極樂 或願自身往生 或願衆生 往生 或願釋迦遣送 或願彌陀來迎 或願常遊淨土 或願永離胎形 或願臨終安隱 或願 正念現前 如是種種隨心發願 如寶性論偈曰 依此諸功德 願於命終時 得見彌陀佛無 邊功德身 我及餘信者 旣見彼佛已 願得離垢眼 證無上菩提也."

저서 『법사찬』에 보면 전경轉經 게송이 실려 있는데, 그 가운데 한 구절을 보면 "원왕생 원왕생 원재미타회중좌 수집향화상공양(願往生 願往生 願在彌陀會中坐 手執香華常供養)"²³¹이라 하고 있고, 또 담란의 『찬아미타불게』에 보면 첫 게송에 "나무지심귀명례 서방아미타불 현재 서방거차계 십만억찰안락토 불세존호아미타 아원왕생귀명례(南無至心歸命禮 西方阿彌陀佛 現在西方去此界 十萬億刹安樂土 佛世尊號阿彌陀 我願往生歸命禮)"²³²라고 기록되어 있다. 현재 한국불교에서는 이와 같이 기록된 선도의 게송을 『석문의범』에 실어 사용하고 있다. 게송을 보면 다음과 같다.

원왕생 원왕생 왕생극락견미타 획몽마정수기별
(願往生 願往生 往生極樂見彌陀 獲夢摩頂授記莂)
원왕생 원왕생 원재미타회중좌 수집향화상공양
(願往生 願往生 願在彌陀會中坐 手執香火常供養)
원왕생 원왕생 왕생화장연화계 자타일시성불도
(願往生 願往生 往生華藏蓮華界 自他一時成佛道)²³³

이 게송은 현재 우리나라 사찰 법당에서 천도재 등을 지내고 나서 밖에 나가 소대작법燒臺作法을 할 때 공통적으로 풍송諷誦하고 있다. 이 게송을 해석하면 다음과 같다.

---

231 『轉經行道願往生淨土法事讚』(대정장 47, p.427하)
232 『讚阿彌陀佛偈』(대정장 47, p.420하)
233 안진호, 『釋門儀範』下(법륜사, 1984) p.77.

원합니다. 원합니다. 왕생을 원합니다. 극락세계 어서 가서 아미타불
친히 뵙고 마정수기 받기를 원합니다.
원합니다. 원합니다. 왕생을 원합니다. 아미타부처님 회중좌에 왕생
하여 향과 꽃을 집어 언제나 공양하기를 원합니다.
원합니다. 원합니다. 왕생을 원합니다. 연화세계 어서 가서 너도나도
다함께 일시에 불도를 이루기를 원합니다.

이와 같은 간절한 발원에서 아미타신앙의 본질이 잘 나타나고 있다. 그런데 위 게송에서 잠시 확인할 것이 있다. 본 게송의 두 번째는 위에서 제시한 선도의 게송이다. 여기서 확인하고자 하는 것은, 시대적으로 볼 때 「원왕생가」의 노래가 선도의 영향을 받았으리라는 추정이다. 그것은 「원왕생가」가 지어진 시기가 신라 문무왕 대(661~680)이고, 선도(613~681)의 입적 연대는 당唐 고종高宗 영륭 2년(681)이다.[234] 연대로 보면 당시 선도의 게송이 신라에 전파되었으리라고 추정할 수 있다. 또한 선도의 게송임을 추정할 수 있는 근거는 게송의 문구가 동일한 것에서도 알 수 있다.[235] 그런데 이와 같은 역사적인 증명은 본 고찰에서는 크게 중요하지는 않다고 본다. 왜냐하면 본 고찰의 주제는 「원왕생가」가 정토교학을 토대로 하여 지어졌다는 것을 논증하는 데 목적이 있기 때문이다.

---

[234] 『淨土宗全書』 9, p.427.
[235] 여기에 대해 최철은 본 노래의 연구에서 시기적으로 보아 그 영향도 생각해 볼 수 있다고 하였다. 또한 『釋門儀範』에 "願往生 願往生"이 나온 것도 그 연원을 신라 향가의 정토가요에서 충분히 찾을 수 있다고 하였다. 최철, 『향가의 문학적 해석』(연세대학교출판부, 1990) pp.258~259.

이상과 같이 발원의 의미를 살펴본 결과, 정토발원의 특성은 발원을 하되 부처님의 원력에 의지해야만 한다는 것을 알 수 있다. 왜냐하면 우리 중생들은 근기가 나약하기 때문에 아미타불의 본원에 의지하여야만 그 발원을 성취할 수 있기 때문이다. 그러면 본원이란 무엇인가? 앞에서도 본원에 대해서는 간략히 언급하였지만 여기서는 구체적으로 살펴보고자 한다.

본원本願이란 범어 Pūrva-Pranidhāna의 번역으로, 불보살이 아직 불과를 얻기 이전의 과거세에 중생을 구제하고자 일으키는 서원을 말하는 것으로 숙원宿願이라고도 한다. 인위因位에서 서원을 일으켜 현생에 그 과를 얻었기 때문에 과위果位에 대하여 본원이라고 부른다. 또한 '본本'은 근본해根本解라는 뜻을 지니는데, 비록 보살의 마음이 광대하고 서원 또한 헤아릴 수 없이 크지만 오로지 이 서원만을 근본으로 삼기 때문이다. 그래서 『화엄경탐현기』에서는 다음과 같이 설명하고 있다.

> 부처님의 본원이란 부처님께서 과거세에 일대사를 일찌감치 아셨음을 밝힌 것이다. 원인은 곧 원을 일으킨 것이며, 그 원이 지금 이루어진 것이다.[236]

이와 같이 본원은 불보살이 과거세에 일으키는 서원을 말한다. 서원에 대해 평정준영은 정의하기를 "서원은 불보살이 과거세에 수행했을 때 일으킨 중생제도의 원으로서 사람들의 교화구제를 맹서한 원망이기

---

[236] 『華嚴經探玄記』(대정장 35, p.155하) "佛本願者明佛往昔曾見是事 因卽發願願今成也."

때문에 서원이라고 한다. 그러나 중생제도의 맹서를 내포하지 않은 단순한 원망은 단지 발원이라고만 하지 서원이라고는 하지 않는다"[237]라고 하였다. 이러한 뜻에 의한다면 본 노래는 단순한 발원가에 속한다고도 할 수 있다. 왜냐하면 설화에 나타난 광덕의 구도행각은 아미타불의 본원에 의지한 개인적인 왕생을 위한 발원이라고 할 수 있기 때문이다.

또한 본원은 총원總願과 별원別願으로 구분된다. 총원은 보살로서 누구라도 일으키지 않으면 안 되는 기본적이고 보편적인 서원을 말하고, 별원은 보살 자신이 특별한 목적을 달성하기 위하여 일으킨 특수한 서원을 말한다. 이와 같은 총원은 일반적으로 사홍서원四弘誓願을 말하는데, 이는 모든 보살이 일으키는 다음의 네 가지 서원을 말한다.

중생이 끝없지만 맹세코 건지기를 원합니다.(衆生無邊誓願度)
번뇌가 다함없지만 맹세코 끊을 것을 원합니다.(煩惱無盡誓願斷)
법문이 한량없지만 맹세코 배울 것을 원합니다.(法門無量誓願學)
불도가 위없지만 맹세코 증득할 것을 원합니다.(佛道無上誓願成)

이 사홍서원의 설에 대해서 최초로 이야기한 사람은 중국 양나라 때 법운(法雲, 467~529)이다.[238] 그는 『법화경』의 주석서인 『법화의기』에서 『법화경』의 「약초유품」[239]을 해석하면서 "종미도자령도하 명사홍서지덕從未度者令度下 明四弘誓之德"이라 하여 '사홍서四弘誓'라는

---

237 坪井俊映 著, 韓普光 譯, 『淨土教概論』(如來藏, 2000) p.141.
238 香川孝雄 著, 「四弘誓願の源流」(『印佛研究』 38-1號) p.294.
239 『法華經』 「藥草喩品」 (대정장 9, p.19중) "未度者令度 未解者令解 未安者令安 未涅槃者令得涅槃."

이름을 붙였다.[240] 그 이후 천태지의가 『석선바라밀차제법문』에서 『보살영락본업경』[241]의 설을 인용하여 이를 사제四諦에 배열하였다.[242] 이 설을 지의는 『천태사교의』에서 다음과 같이 자세히 설명하고 있다.

다음으로 장교에서 보살의 계위를 밝히면 다음과 같다. 처음 보리심을 발할 때부터 사제라는 대상을 인연으로 하여 네 가지 큰 서원을 발하고, 그 다음에 육바라밀을 닦는다. 네 가지 큰 서원이란 첫째, 아직 구제되지 못한 중생을 구제하는 것이다. 곧 중생이 헤아릴 수 없이 많지만 모두 구제하겠다는 서원이다. 이것은 고제라는 대상을 인연으로 하여 생겨난다. 둘째, 아직 깨닫지 못한 중생을 깨닫게 하는 것이다. 곧 번뇌가 다함이 없지만 모두 다 끊겠다는 서원이다. 이것은 집제라는 대상을 인연으로 하여 생겨난다. 셋째, 아직 안주하지 못한 자를 안주하게 한다. 곧 법문이 한량없지만 모두 배우겠다는 서원이다. 이것은 도제라는 대상을 인연으로 한다. 넷째, 아직 열반을 얻지 못한 이들로 하여금 열반을 얻게 하는 것이다. 곧 부처님의 도리는 위가 없이 높지만 모두 성취하겠다는 서원이다. 이것은 멸제라는 대상을 인연으로 한다.[243]

---

240 『法華義記』(대정장 33, p.648하)

241 『菩薩瓔珞本業經』(대정장 24, p.1013상)

242 『釋禪波羅蜜次第法門』(대정장 46, p.476중) "四弘誓願者 一未度者令度 亦云衆生無邊誓願度 二未解者令解 亦云煩惱無數誓願斷 三未安者令安 亦云法門無盡誓願知 四未得涅槃令得涅槃 亦云無上佛道誓願成 此之四法 卽對四諦 故瓔絡經云 未度苦諦令度苦諦 未解集諦令解集諦 未安道諦令安道諦 未證滅諦令證滅諦."

243 『天台四敎儀』(대정장 46, p.777중) "次明菩薩位者 從初發心 緣四諦境 發四弘願 修六度行 一未度者令度 卽衆生無邊誓願度 此緣苦諦境 二未解者令解 卽煩惱無盡

이와 같이 지의는 사홍서원이 사제의 인연으로 인해 생겨난다고 설명하고 있다. 이상에서 살펴본 바와 같이 총원은 공통적으로 세우는 원을 말한다.[244]

이에 대해 별원別願은 불보살이 각각 독자적으로 세우는 서원을 말한다. 예를 들면 『무량수경』에서 법장보살이 세운 48원[245]과 『비화경』에서 설하고 있는 석가모니불의 500대원,[246] 『미륵보살소문본원경』에서 설하는 미륵보살이 봉행하는 10가지 선善한 본원[247] 등이 모두 별원으로 분류된다. 또한 『아촉불국경』에 나오는 20대원[248]과 『약사여래본원공덕경』 등에서 설하는 12대원[249] 등이 모두 독자적으로 세우는 서원이기 때문에 별원이라고 한다. 이 가운데 대표적인 서원이 아미타불의 48대원이라고 하겠다. 특히 48원 가운데 제18원 '염불왕생원'은 아미타부처님의 별원인 48원을 다시 총원과 별원으로 구분한 것 가운데 별원에 속한다. 이것은 오직 이 설에 의지하는 것만으로도 정토왕생을 성취할 수 있다는 뜻에서 붙여진 이름이다.

여기서 48원의 내용을 모두 게재하는 것은 번거로움이 따르므로 원명願名만을 보기로 하겠다. 평정준영은 48원의 명목을 요혜了慧의

誓願斷 此緣集諦境 三未安者令安 卽法門無量誓願學 此緣道諦境 四未得涅槃者令得涅槃 卽佛道無上誓願成."

244 사홍서원에 대해서는 태원 스님의 자세한 설명이 있다. 李太元, 『淨土의 本質과 敎學發展』(운주사, 2006) pp.137~138.
245 『無量壽經』(대정장 12, p.267하) 범본에는 46원, 이역본에는 36원, 또는 24원.
246 『悲華經』(대정장 3, p.212하)
247 『彌勒菩薩所問本願經』(대정장 12, p.188하)
248 『阿閦佛國經』(대정장 11, p.752하)
249 『藥師如來本願功德經』(대정장 14, p.401중)

『무량수경초無量壽經鈔』의 설과 성총聖聰의 『직담요주기直談要註記』의 설, 그 외의 이칭異稱을 대조하였는데, 명칭이 조금씩 다르지만 의미는 같다.[250] 여기서는 일반적으로 잘 알려진 『무량수경초』의 설을 보기로 하겠다. 명목은 다음과 같다.

① 무삼악취원無三惡趣願　② 불갱악취원不更惡趣願
③ 실개금색원悉皆金色願　④ 무유호추원無有好醜願
⑤ 숙명지통원宿命智通願　⑥ 천안지통원天眼智通願
⑦ 천이지통원天耳智通願　⑧ 타심지통원他心智通願
⑨ 신경지통원神境智通願　⑩ 속득누진원速得漏盡願
⑪ 주정정취원住正定聚願　⑫ 광명무량원光明無量願
⑬ 수명무량원壽命無量願　⑭ 성문무수원聲聞無數願
⑮ 권속장수원眷屬長壽願　⑯ 무제불선원無諸不善願
⑰ 제불칭양원諸佛稱揚願　⑱ 염불왕생원念佛往生願
⑲ 내영인접원來迎引接願　⑳ 계념정생원係念定生願
㉑ 삼십이상원三十二相願　㉒ 필지보처원必至補處願
㉓ 공양제불원供養諸佛願　㉔ 공구여의원供具如意願
㉕ 설일체지원設一切智願　㉖ 나라연신원那羅延身願
㉗ 소수엄정원所須嚴淨願　㉘ 견도량수원見道場樹願
㉙ 득변재지원得辯才智願　㉚ 지변무궁원智辯無窮願
㉛ 국토청정원國土淸淨願　㉜ 국토엄식원國土嚴飾願
㉝ 촉광유연원燭光柔輭願　㉞ 문명득인원聞名得忍願
㉟ 여인왕생원女人往生願　㊱ 상수범행원常修梵行願

---

[250] 坪井俊映 著, 李太元 譯, 『淨土三部經槪說』(寶國寺, 1988) pp.80~81 참조.

㊲ 천인치경원天人致敬願　㊳ 의복수념원衣服隨念願
㊴ 수락무염원受樂無染願　㊵ 견제불토원見諸佛土願
㊶ 제근구족원諸根具足願　㊷ 주정공불원住定供佛願
㊸ 생존귀가원生尊貴家願　㊹ 구족덕본원具足德本願
㊺ 주정견불원住定見佛願　㊻ 수의문법원隨意聞法願
㊼ 득불퇴전원得不退轉願　㊽ 득삼법인원得三法印願[251]

이상이 아미타불의 48대원이다. 이와 같은 아미타불의 대서원은 오로지 중생을 구제하기 위하여 영겁의 세월 동안 무량한 공덕을 쌓아 세운 서원이다. 그래서 중생들은 오직 이 본원에 의지하기만 하면 극락정토에 왕생할 수 있다고 하였다. 특히 48원 가운데 제18원은 '염불왕생원'으로 일체 중생이 아미타부처님의 명호를 십념만 하여도 극락정토에 왕생할 수 있다고 하였다. 그래서 정토교에서는 이 18원을 가장 중요시하고 있다. 의산義山의 『무량수경수문강록無量壽經隨聞講錄』에서는 이 18원이 왜 중요한 서원인가를 다음과 같이 설명하고 있다.

또한 중생이 저 국토에 태어나지 못하면 하나하나의 여러 원을 얻을 수 없다. 그러므로 나머지 47원으로는 저 나라에 태어날 수 없는 것으로, 하나의 장엄이라고 말할 수 있다. 만약 이 원이 없다면 모두 유명무실이 되는 까닭에 왕본원王本願이라고 하는 것이다.[252]

---

[251] 이 원명의 호칭에 대해서는 여러 가지 견해가 있고 학자에 따라 다르게도 부르지만, 이러한 원명을 붙이기 시작한 것은 신라의 정토교학자들에 의해서 처음으로 시도되었다고 한다. 韓普光, 『新羅淨土思想の硏究』(大阪 東方出版, 1991) p.361 참조.

이와 같이 18원은 48원 가운데 가장 큰 왕본원王本願으로 일컬어지고 있다. 따라서 제18원은 삼심三心을 구족하여 염불을 계속한 사람을 구제할 것을 맹세한 본원이라고 하고 있다. 이 삼심설은 정토 논사들이 『관무량수경』의 '삼심'에서 가져온 말이다. 『관무량수경』에서는 다음과 같이 설하고 있다.

상품상생이란 저 극락정토에 태어나기를 원하는 중생들이 세 가지 마음을 일으켜 극락정토에 왕생하는 것을 말한다. 그 세 가지란 무엇인가. 첫째는 지극히 정성스러운 마음이고, 둘째는 깊은 신앙심이며, 셋째는 자신이 쌓은 모든 선행을 회향하여 극락세계에 태어나기를 바라는 마음이다. 이러한 세 가지 마음을 갖추면 누구나 반드시 저 극락정토에 태어난다.[253]

이와 같이 삼심을 지성심至誠心, 심심深心, 회향발원심廻向發願心이라 하였다. 이 삼심에 대해 여러 논사의 설이 있다. 특히 선도는 정토왕생의 행도行道로서 『왕생예찬』에서 안심安心, 기행起行, 작업作業의 길을 말하고 있는데, 이 가운데 첫째의 안심을 가지고 『관경』에서 설한 지성심, 심심, 회향발원심인 삼심을 구족하는 것이라 하였다. 그래서 선도는 『관경소』에서 "삼심이 이미 갖추어지면 행行으로서 이루지 못할 것이 없다"[254]고 하였고, 『왕생예찬게』에서는 "이러한 삼심을 갖추면

---

252 『淨土宗全書』 14, p.319.
253 『觀無量壽經』(대정장 12, p.344하) "上品上生者 若有衆生願生彼國者 發三種心卽便往生 何等爲三 一者至誠心 二者深心 三者廻向發願心 具三心者必生彼國."
254 『觀經疏』「散善義」(대정장 37, p.273중) "三心旣具 無行不成."

반드시 왕생을 얻는다. 만약 일심이라도 적으면 곧 왕생을 얻을 수 없다"[255]라고 하여 정토원생자가 가져야 할 중요한 마음이라고 하고 있다. 그리고 이 삼심 가운데 중심이 되는 것은 심심, 즉 깊은 믿음(深信)이다. 지성심은 심신深信이 있어야 하는 모습으로서의 진실심眞實心이고, 회향발원심은 심신에 의한 귀결로서의 원생심願生心인 까닭에 이 삼심은 결국 심신에 포함된다.

위에서 보았듯이 이 삼심의 설은 『관경』 상상품의 글과 연계된 것이지만 정영사 혜원은 삼심을 왕생을 닦는 마음이라 하여, 이것은 상삼품上三品만이 일으키는 마음이라고 했다.[256] 또 가재는 삼심을 『기신론』의 직심直心 등과 같다고 보았으며, 오직 상상품만이 삼심을 발한다고 했다. 그러나 선도는 삼심을 널리 구품에 통하는 안심安心이라고 하고, 또한 정선定善의 사람도 똑같이 삼심을 갖추지 않으면 안 된다고 했으며, 총체적으로 정토왕생의 정인正因으로 삼았다고 본다. 따라서 삼심은 정토왕생을 원하는 사람은 반드시 갖지 않으면 안 되는 마음이라고 했다. 이 삼심에 대해 『염불경』에서는 다음과 같이 설하고 있다.

지성심이란 무엇인가. 몸으로 하는 모든 행위(身業)는 오로지 아미타부처님께 예배하고, 입으로 하는 모든 말(口業)은 오로지 아미타부처님의 명호를 칭념하며, 마음으로 하는 모든 생각(意業)은 오로지 아미타부처님을 믿으면서, 이러한 실천행을 행하면서 정토에 왕생하고 성불한 이후까지 물러나려는 마음을 내지 않기 때문에 지성심이라 한다. 심심이란 곧 진실하게 믿음을 일으키는 것이다. 오로지

---

[255] 『往生禮讚偈』(대정장 47, p.438하) "具此三心必得生也 若少一心卽不得生."
[256] 望月信亨, 『支那淨土敎理史』(東京 法藏館, 1942) p.100.

부처님의 명호를 칭념하고 정토에 왕생할 것을 서원하며 성불할
것을 단단히 결심하여 끝내 다시 의심하지 않기 때문에 심심이라
한다. 회향발원심이란 지금까지 정진하여 갖추게 된 예불과 칭념의
공덕으로 오직 정토에 왕생하여 빨리 위없는 보리를 성취할 것을
소원하기 때문에 회향발원심이라 한다.[257]

이와 같이 지성심이란 신구의身口意 삼업을 청정히 하여 몸으로는
오로지 아미타부처님께 예배하고, 입으로는 오로지 아미타부처님을
칭념하고, 생각으로는 오로지 아미타부처님을 믿으면서 정토에 왕생하
기를 발원하는 것이고, 심심이란 오로지 아미타부처님을 진실하게
믿는 것이고, 회향발원심이란 지성심과 심심을 가지고 정토에 왕생하기
를 발원하는 것이다.

이상과 같이「원왕생가」에 나타난 미타정토신앙을 정토발원심과
아미타불의 본원과 대비하여 살펴보았다. 본 노래의 신앙성을 요약하면
다음과 같다.

이 노래는 아미타불의 본원사상이 구구절절 스며서 표출되는 진실한
발원가이다. 즉 원효의 말처럼 중생의 극락왕생은 모름지기 본원에
의지하여야만 갈 수 있는 것이지 스스로의 힘으로 되지 않는다는 것을
보여주고 있다. 즉 여기서 미타신앙의 본의를 보여주고 있다. 또「원왕생
가」는 원생자가 지녀야 할 삼심을 구족한 노래라고 본다. 삼심 가운데서

---

257 『念佛鏡』(대정장 47, p.122상) "何者至誠心 身業專禮阿彌陀佛 口業專稱阿彌陀佛
意業專信阿彌陀佛 乃至往生淨土 成佛已來不生退轉 故名至誠心 深心者 卽是眞實
起信 專念佛名 誓生淨土 成佛爲期 終不再疑 故名深心 迴向發願心者 所有禮念功德
唯願往生淨土速成無上菩提 故名迴向發願心."

도 지성심, 심심이 가득 배어 있는 노래이다. 그리고 이 노래는 경전에 근거가 분명히 나타나고 있다. 특히 『무량수경』의 48원 가운데 제18원 '염불왕생원'과 제19원 '내영인접원'에 잘 나타나고 있다. 또한 이 노래가 근본적으로 정토교리에 근거했다는 것은 노래의 구절에 "원왕생 원왕생"이라는 구호가 이를 증명하고 있다. 따라서 「원왕생가」는 극락세계의 아미타부처님께 귀의하고자 하는 지극한 신심으로 부른 '정토발원가 淨土發願歌'라고 하겠다.

2. 제망매가와 왕생발원

앞에서도 대략 살펴보았듯이 「제망매가」는 월명사가 죽은 누이동생을 위해 재를 올리면서 그 서글픔을 읊은 노래로, 나약한 중생심이 그대로 표출되고 있다. 즉 중생의 힘으로는 삶과 죽음을 자유로이 할 수 없다는 것을 보여주고 있다. 노래는 다음과 같다.

삶과 죽음의 길은
여기 있으니 두려워지고
나는 간다는 말도
못 다 이르고 어찌 가는가.
어느 가을 이른 바람에
여기저기 떨어지는 나뭇잎처럼
한 가지에 나서
가는 곳을 모르는구나.
아아, 미타찰에서 만날 나

도 닦으며 기다리련다.²⁵⁸

위의 노래를 새겨보면 중생들의 애환이 그대로 나타나고 있다. 즉 삶과 죽음을 초탈하지 못한 중생들의 고뇌가 그대로 표출되고 있다. 깨달은 자는 본래 오고 감이 없는데 미혹한 중생은 어쩔 수 없이 오고 가야 함을 보여주고 있다. 월명사가 아무리 공부를 많이 한 법력 높은 고승일지라도 부처님의 경지는 아니라고 본다. 그래서 아미타부처님께 의지하여 왕생극락을 발원하는 모습이 잘 나타나고 있다. 따라서 여기서의 고찰은 월명사의 왕생발원심을 주제로 고찰하고자 한다. 그런데 이 노래는 앞의 「원왕생가」와는 왕생의 유형이 다르다. 즉 「원왕생가」는 산 자가 스스로 염불하여 왕생한 것이고, 이 노래는 죽은 자가 타인의 염불공덕으로 왕생한다는 점이다. 이것은 곧 미타신앙이 완전한 타력신앙임을 보여주는 것으로서 미타신앙의 본질적 특수성을 잘 나타내고 있는 것이다.

앞에서도 언급했지만, 48원 가운데 본원에 의한 왕생사상이 가장 잘 나타나 있는 원은 제18, 19, 20원이다. 여기서 제19원을 보면 "시방의 중생들이 보리심을 일으키고 모든 공덕을 쌓고 지극한 마음으로 서원을 일으켜 나의 국토에 태어나고자 원할 때에 제가 대중에게 둘러싸여 그들 앞에 나타나지 못한다면 나는 부처가 되지 않겠다"²⁵⁹고 하였다. 48원이 전체가 그러하지만 특히 이 19원에는 아미타불의 대자대비심이 잘 나타나고 있다. 위의 원에서 "지극한 마음으로 서원을 일으켜 나의 국토에 태어나고자 원할 때에"라고 하였다. 이것은 마치 자애로운 부모

---

258 『삼국유사』 卷5 感通 第7 「月明師 祭亡妹歌」(대정장 49, p.1013하)
259 『佛說無量壽經』(대정장 12, pp.267하~269중)

가 철모르는 어린아이에게 일러주는 것 같다. 여기서 아미타부처님의 대자비심이 그대로 나타나고 있다. 이러한 자비심의 표출은 아미타불이 오로지 중생을 구제하기 위하여 영겁의 세월 동안 쌓아올린 무량한 공덕에 의한 것임을 우리는 이미 알고 있다. 여기서 잠시 자비에 대해 고찰해보자.

주지하는 바와 같이, 자비에는 중생연자비衆生緣慈悲, 법연자비法緣慈悲, 무연자비無緣慈悲 등 세 가지가 있다. 중생연자비란 사바의 중생이 일으키는 자비로서 아버지가 자식을 애지중지하는 것처럼 항상 좋은 일로 이익을 주고 안온하게 하는 것인데, 인간으로서는 누구나 가지고 있는 자비심으로 이른바 범부가 갖고 있는 자비이다. 법연자비란 성문 연각 등 이승의 보살이 일으키는 자비로서 중생이 모든 법이 다 공하다는 이치를 알지 못하고 항상 한마음의 즐거움을 구하므로, 자비로써 그 구함에 따라 즐거움을 주는 것이다. 무연자비란 모든 부처님의 대자비를 말한다. 즉 모든 유위의 법을 만드는 모든 인연이 거짓이고, 진실한 것이 아니며, 전도되어 허망한 줄을 깨달아 알고 계시기 때문에 중생으로 하여금 제법실상諸法實相의 지혜를 증득하게 하려는 자비를 말한다. 좀 더 설명하자면 무연자비란 말 그대로 조건(緣) 없는 자비를 말하는 것으로 부처님만이 가지는 최고의 자비로 무연대비라고도 한다. 즉 일체평등의 이치를 깨달아 상대의 모습(相)을 가리지 않고 행하는 자비를 말한다. 무연無緣이란 진여평등의 이치를 깨달아 중생의 본체가 허망하다는 것을 알고 일으키는 자비로서, 중생의 몸을 연으로 해서 일으키는 것이 아니라 어떠한 관계가 없는 것에도 구애됨이 없이 스며들어가는 마음을 말한다. 『관무량수경』에는 무연자비에 대해 다음과 같이 설하신다.

부처님의 몸을 관찰함으로써 부처님의 마음도 보는 것이니라. 이 부처님의 마음이란 대자대비이기 때문에 조건 없는(無緣) 자비로써 모든 중생을 구제하시느니라. 이와 같이 관을 행하는 사람은 육신을 다른 세상에 버리더라도 여러 부처님 앞에 태어나 무생인을 증득하느니라.[260]

이와 같이 무연자비는 조건 없는 자비를 말한다. 또 무연대비도 같은 의미의 말이다. 무연대비에 대해서 『구사론기』에는 다음과 같이 설한다.

무연대비란 이른바 저 보살이 대비를 일으키되, 중생이 보살의 은혜로 생각해도 일으키고 은혜로 여기지 않아도 일으키는 것을 말한다. 그러므로 무연대비라 한다. 자발적으로 늘 다른 사람들과 관련되어 있기 때문에 교만한 마음 없이 다른 사람을 자기 몸처럼 포섭한다.[261]

이와 같이 무연대비는 중생이 은혜로 생각하든 안하든 대비를 베푸는 말로서 분별대상이 없는 평등불편의 대자비를 말한다. 그래서 이 자비의 마음을 구체적으로 나타낸 것이 부처님의 본원이라고 하였다.[262] 이와 같은 본원을 성취하기 위하여 아미타불은 오랜 세월을 무량한 공덕을

---

260 『觀無量壽經』(대정장 12, p.343하) "以觀佛身故亦見佛心 諸佛心者大慈悲是 以無緣慈攝諸衆生 作此觀者 捨身他世生諸佛前 得無生忍."
261 『俱舍論記』(대정장 41, p.281상) "無緣大悲者 謂彼菩薩起此大悲 不由衆生於菩薩所有恩方起 無恩亦起故言無緣大悲 任運恆時繫屬他故以無慢心 皆悉攝同己身相似."
262 坪井俊映 著, 李太元 譯, 『淨土三部經槪說』(보국사, 1988) pp.377~379 참조.

쌓아가며 대서원을 세웠다. 그래서 평정준영은 서원과 발원은 그 의미가 다르다고 하였다. 즉 서원은 불보살이 과거세에 있어서 수행했을 때 일으킨 중생제도의 원으로서 사람들의 교화구제를 맹서한 원망願望이기 때문에 서원이라고 하고, 중생제도의 맹서를 내포하지 않은 단순한 원망은 단지 발원이라고만 하지 서원은 아니라고 하였다. 이 말은 발원자의 근기와 목적에 따라 그 의미가 달라진다는 것으로 해석할 수 있다. 그러면 월명사의 근기는 어느 정도 될까. 본 노래의 배경설화를 보면 월명사의 근기는 대단하다.

> 월명은 언제나 사천왕사에 살면서 피리를 잘 불었다. 일찍이 달밤에 피리를 불며 문 앞의 큰 길을 지나가자 달이 그를 위해서 운행을 멈추었다. 이 때문에 이 길을 월명리라 하였으며 월명사 또한 이 일로 이름을 드날리게 되었다. 월명사는 바로 능준대사의 제자이다. 신라 사람들은 향가를 숭상한 지가 오래되었는데, 대개 시가와 송가 같은 것이었다. 그래서 이따금 천지와 귀신을 감동시킨 경우가 한두 번이 아니었다.²⁶³

이와 같이 월명사는 피리를 잘 불어 가는 달도 멈추게 하는 등 천지와 귀신을 감동시켰을 정도로 법력이 뛰어난 고승이다. 그러나 아무리 고승이라 할지라도 월명사는 불보살의 화신은 아니다. 다만 월명사의

---

263 『삼국유사』 卷5 感通 第7 「月明師 祭亡妹歌」(대정장 49, p.1013하) "明常居四天王寺 善吹笛 嘗月夜吹過門前大路 月馭爲之停輪 因名其路曰月明里 師亦以是著名 師卽能俊大師之門人也 羅人尙鄉歌者尙矣 蓋詩頌之類歟 故往往能感動天地鬼神者非一."

법력이 이와 같으므로, 그는 아미타불의 대서원을 충분히 알고 있었기 때문에 이 본원력에 의지하여 지극한 왕생발원으로 누이동생을 미타찰로 인도한 것이다. 그러므로 월명사의 원은 순수한 중생의 발원이지 불보살의 서원은 아니라고 하겠다.

　이와 같이 발원과 서원은 그 차원을 달리한다고 할 수 있다. 그래서 부처님께서는 이와 같은 중생심을 다 아시고 『무량수경』에서 다음과 같이 이르신다.

　세간이 어지럽고 인심이 거칠어져 모두 애욕을 탐하게 되니 부처님의 도에 미혹한 자는 많고 그것을 깨닫는 자는 드물다. 세간이 어수선하여 의지하고 신뢰할 만한 것은 없으니 존귀한 자이든 비천한 자이든, 높은 자이든 낮은 자이든, 빈한한 자이든 부유한 자이든, 귀족이든 천민이든 힘들게 고생하지만 세상일에 얽매여 각자 살생의 표독스러움만을 품고 있을 뿐이다. 악한 기운은 지극히 어두워서 망령되이 일을 일으키니 하늘과 땅을 위배하고 거역하며 인심을 따르지 않는다. 자연은 악하지 않은 이에게 먼저 그것을 주고 행하는 것을 듣고 그 죄는 끝까지 기다리게 된다. 그 수명이 다하지 않았는데도 문득 갑자기 그 목숨을 빼앗아 악도에 떨어져 들어가 생을 거듭하여 힘들어하고 괴로워한다. 그 가운데서 돌고 돌아 수천억 겁을 지나도 그곳에서 나오는 것을 기약할 수 없다. 비통하여 말할 수가 없으니 매우 애절하고 불쌍할 뿐이다. 부처님께서 미륵보살과 여러 천신 및 인간들에게 말씀하셨다. "나는 지금까지 그대들에게 세간의 일에 대하여 말하였다. 사람들이 그것을 이용하는 까닭에 부처님의 도를 얻지 못한다. 마땅히 오랫동안 생각하고 헤아려 온갖 악한 일을 멀리 여의고 그러면서도 선한 일은 선택하여 열심히 그것을 실천해야 한다. 애욕과 영화로움은 항상 보존되는 것이 아니며 모두 마땅히 나누어지고 흩어질 뿐이다. 그리하여 즐거워할 만한 것은 하나도 없다. 그러므로 부처님께서 세상에 계실 때를 만났다면 마땅히 열심히 정진해야 한다. 지극한 마음으로 안락국에 태어나기를 발원하는 사람은 지혜가 밝고 통달하여 공덕이 수승한 것을 반드시 얻는다."[264]

이와 같이 부처님께서는 세간의 고통을 말씀하시며 부처님 법을 만났을 때 부지런히 정진하여 이 고통으로부터 벗어나야 한다고 간곡히 이르신다. 그 벗어나는 방법이란 오직 지극한 마음으로 부처님께 의지하여 발원하라는 것이다.

지금까지 제1, 2절을 통하여 서원과 발원에 대해 대략 고찰하였는데, 발원은 발원자의 목적에 따라 발원의 의미가 달라짐을 알 수 있다. 그러면 역대 선지식들은 과연 어떠한 목적으로 발원을 하였을까. 여기서는 대표적인 정토 논사인 인도의 세친, 중국의 여산혜원, 담란, 선도의 정토에 대한 발원 사례를 간략히 살펴보면서 월명사의 발원을 고찰해 보고자 한다.

먼저 세친은 많은 저술을 하였는데 대부분 유가(瑜伽, 유식)에 대한

---

[264] 『無量壽經』(대정장 12, p.275상중) "總猥憒擾皆貪愛欲 惑道者衆 悟之者寡 世間怱怱 無可聊賴 尊卑上下貧富貴賤 勤苦怱務各壞殺毒 惡氣窈冥爲妄興事 違逆天地不從人心 自然非惡先隨與之 次聽所爲待其罪極 其壽未盡便頓奪之下入惡道 累世懃苦展轉其中 數千億劫無有出期 痛不可言甚可哀愍佛告彌勒菩薩諸天人等 我今語汝世間之事 人用是故坐不得道 當熟思計遠離衆惡 擇其善者勤而行之 愛欲榮華不可常保 皆當別離無可樂者 曼佛在世當勤精進 其有至願生安樂國者 可得智慧明達功德殊勝."

것이고, 정토사상에 대한 것은 『왕생론』이라고도 불리는 『무량수경우바제사원생게無量壽經優波提舍願生偈』 1권뿐이다. 그러나 그 내용은 이미 보살의 경지에서 발원하고 있다. 모두 게재하는 것은 무리이고 정토왕생발원이 잘 나타나는 몇 게송을 보면 다음과 같다.

세존이시여, 저는 일심으로 시방에 정성을 다하여 귀명하옵니다. 걸림 없는 빛이신 여래시여, 안락국에 태어나기를 원하옵니다. …… 여인이나 신체가 불구인 자와 승의종성은 태어나지 않으며 중생이 원하고 즐기는 바를 모두 능히 만족하니, 저는 아미타불 국토에 나기를 원하옵니다. …… 어떤 세계가 부처님 법의 공덕의 보배가 아니겠는가. 저희 모두는 왕생하여, 불법을 드러내기를 부처님과 같아지기 원하옵니다. …… 제가 논을 짓고 게송을 설함은 아미타부처님을 뵙고 모든 중생과 두루 함께 안락국에 왕생하기를 바라기 때문입니다.[265]

이와 같이 세친은 안락국에 왕생하기를 원하는 '원생게'를 마치고, 이어서 왕생의 행도로서 오념문五念門을 설한다. 오념문은 예배문禮拜門, 찬탄문讚歎門, 작원문作願門, 관찰문觀察門, 회향문廻向門의 다섯 가지 수행문을 말하는데, 구체적으로 다음과 같다.

---

[265] 『無量壽經優波提舍願生偈』(대정장 26, p.231상중) "世尊我一心 歸命盡十方 無礙光如來 願生安樂國 …… 女人及根缺 二乘種不生 衆生所願樂 一切能滿足 故我願往生 …… 何等世界無 佛法功德寶 我皆願往生 示佛法如佛 我作論說偈 願見彌陀佛 普共諸衆生 生安樂國."

어떤 것이 예배인가. 몸의 업으로 아미타여래·응공·정변지에게 예배하는 것이니 그 나라에 나려고 하기 때문이다. 어떤 것이 찬탄인가. 입의 업으로 찬양하는 것이니 그 여래의 이름을 부르는 것이다. 그 여래의 광명지상처럼, 그 이름의 뜻과 같이 여실하게 수행하여 상응하고자 하기 때문이다. 어떤 것이 작원인가. 마음으로 항상 서원을 짓는 것이니 오로지 한마음으로 결국에는 안락국토에 왕생하려고 생각하고, 사마타를 여실하게 수행하고자 하기 때문이다. 어떤 것이 관찰인가. 지혜로 관찰하는 것이니 바른 정신집중으로 그것을 관하여 비파사나를 여실하게 수행하고자 하기 때문이다. 그 관찰에 세 종류가 있으니 어떤 것이 세 종류인가. 첫째는 그 불국토의 공덕장엄을 관찰하는 것이고, 둘째는 아미타부처님의 공덕장엄을 관찰하는 것이고, 셋째는 그곳의 모든 보살의 공덕장엄을 관찰하는 것이다. 어떤 것이 회향인가. 모든 괴로움에 번민하는 중생을 버리지 않고, 마음으로 항상 소원을 지어 회향할 것을 우선으로 삼으니 대비심을 성취하기를 원하기 때문이다.[266]

이와 같이 세친은 신구의 삼업을 예배문과 찬탄문과 작원문에 배대하여 극락왕생의 행도를 설하고 있다. 즉 몸으로는 부처님께 예배해야 하고, 입으로는 부처님의 명호를 부르며 찬탄해야 하고, 마음으로는

---

[266] 위의 책(대정장 26, p.231상중) "云何禮拜 身業禮拜阿彌陀如來應正遍知 爲生彼國意故 云何讚歎 口業讚歎 稱彼如來名 如彼如來光明智相 如彼名義 欲如實修行相應故 云何作願 心常作願 一心專念畢竟往生安樂國土 欲如實修行奢摩他故 云何觀察 智慧觀察 正念觀彼 欲如實修行毘婆舍那故 彼觀察有三種 何等三種 一者觀察彼佛國土功德莊嚴 二者觀察阿彌陀佛功德莊嚴 三者觀察彼諸菩薩功德莊嚴 云何迴向 不捨一切苦惱衆生 心常作願迴向爲首成就大悲心故."

오로지 왕생하겠다는 생각하며 서원을 짓는 것이라 하였다.

여산혜원은 원흥 원년元興元年(402) 7월에 동지들과 함께 반야정사의 아미타상 앞에서 단을 차리고 서원을 세우며 염불결사를 한 것으로 유명하다.『출삼장기집전』「혜원법사전」에 보면 그는 다음과 같이 서원하고 있다.

> 혜원은 곧 정사의 무량수불상 앞에서 단을 차리고 서원을 세워 다함께 서방을 기약하였는데, 그 글은 다음과 같다. "바라옵건대 섭재(寅年) 가을, 7월 무진삭 28일(을미일)에 법사 혜원은 그윽하고 아득한 기운을 바르게 느끼고는 오래된 심회를 특별히 일으키게 되었습니다. 이에 부처님의 혜명을 이으려는 동지와 번뇌를 그친 청신사 123인 무리를 인도하여 여산의 그늘진 곳 반야정사 아미타불상 앞에 모여 향화를 갖추어 공경히 서원합니다."[267]

위에서 보듯 혜원이 염불결사를 시작하면서 그를 따르는 대중이 많았다. 이것을 계기로 하여 정토교가 일시에 일어났으며, 이 감화는 먼 후대에까지 내려오며 큰 영향을 끼쳤다. 혜원의 염불은 그 방법에 있어 칭명적인 것은 잘 보이지 않고, 이관적理觀的인 염불과 사관적事觀的인 염불을 겸한 이사겸수적理事兼修的인 염불을 했다고 볼 수 있다. 혜원이 임종 7일 전에 "아미타불의 몸이 허공에 가득 찼고, 원광圓光

---

[267]『出三藏記集傳』「慧遠法師傳」(대정장 55, p.109하) "遠乃於精舍無量壽像前建齋立誓共期西方 其文曰 惟歲在攝提秋七月戊辰朔二十八日乙未 法師釋慧遠 貞感幽冥宿懷特發 乃延命同志息心淸信之士百有二十三人 集於廬山之陰般若臺精舍阿彌陀像前 率以香華敬薦而誓焉."

가운데 모든 화불化佛이 계시고 관음과 세지 등 두 보살이 좌우에서 모시는 것을 보았다"[268]는 기록으로 보아, 혜원은 스스로 현생에서 반주삼매를 얻는 것에도 그 목적이 있었지만 극락세계에 왕생하는 데에 더 큰 목적을 두었음을 알 수가 있다.[269] 이러한 결과는 처음 염불결사에서 굳은 맹세의 서원이 있었기 때문이라고 생각된다.

담란은 『무량수경』의 본원력을 강조하였다. 담란의 정토 관련 저서는 『왕생론주往生論註』 2권, 『약론안락정토의略論安樂淨土義』 1권, 『찬아미타불게讚阿彌陀佛偈』 1권이다.[270] 담란은 특히 타력본원설을 처음으로 강하게 주장한 논사이다. 본래 『무량수경』은 남방에서 행해졌는데 북방에서 이 경을 사용하여 원력론願力論을 주장한 사람은 담란이 최초이며, 그의 주장은 후세에 큰 영향을 주었다.[271] 특히 담란은 48원 가운데 제11원, 제18원이 정토에 왕생하여 불퇴전을 얻고 속히 성불할 수 있는 이유를 증명할 수 있는 것이라고 하였다. 즉 제11원은 주정정취住正定聚의 본원이므로 이 원력에 의해 저 국토에 태어나는 사람은 모두 정정취에 머무르고 불퇴전을 얻을 수 있다고 하였고, 제18원은 정토왕생의 본원이므로 이 원력을 입어 시방세계의 중생이 정토에 왕생할 수 있다고 하였다. 위의 3부 가운데 직접적으로 담란의 발원이 담긴 책은

---

[268] 『佛祖統紀』(대정장 49, 262하) "見阿彌陀佛身滿虛空 圓光之中有諸化佛觀音勢至左右侍立."

[269] 李太元, 『念佛의 源流와 展開史』(운주사, 1998) p.285 참조.

[270] 3부의 내용에서 『왕생론주』는 세친의 『왕생론』을 주석한 책이고, 『약론안락정토의』는 정토가 三界에 해당되는가 안 되는가와 三嚴 二十九種의 莊嚴과 三輩往生, 十念相續 등에 대해 문답형식으로 간단하고 명료하게 설명한 책이고, 『찬아미타불게』는 『무량수경』을 근본으로 지어진 게찬으로 讚 195, 禮拜 51輩로 되어 있다.

[271] 望月信亨 著, 李太元 譯, 『中國淨土教理史』(운주사, 1997) p.86.

『찬아미타불게』이다. 이 책은 처음부터 끝까지 아미타불을 찬탄하며 극락왕생을 발원하는 게송으로 되어 있다. 그 가운데 한 게송을 보면 다음과 같다.

지극한 마음으로 목숨 바쳐 서방의 아미타부처님께 예배하나이다. 제가 비롯함이 없는 세월부터 삼계에 윤회한 것은 허망함 때문에 윤회한 바가 되었으며, 한 생각 한 때에 지은 업이 족히 대지(육도)에 얽매이고 삼도에 걸리게 하였나이다. 오직 원하건대 자비스런 광명으로 저를 호념하시고, 저로 하여금 보리심을 잃지 않게 하여 주옵소서.[272]

이와 같이 담란은 삼계에 윤회하는 것은 보리심을 일으키지 못한 까닭이므로 아미타부처님께서는 자신을 호념하시어 보리심을 잃지 않게 해달라고 발원하고 있다.

선도(613~681)는 담란, 도작의 뒤를 이어 중국 정토교를 대성시킨 사람으로 칭명염불을 강조한 논사이다. 선도의 저술은 일반적으로 5부 9권으로 알려져 있는데[273] 이 가운데 『법사찬法事讚』과 『왕생예찬』에는 극락왕생을 원하는 게송이 실려 있다. 『왕생예찬』의 게송을 보면 선도의 발원심이 잘 나타나고 있다.

---

272 『讚阿彌陀佛偈』(대정장 47, p.424상) "南無至心歸命禮西方阿彌陀佛 我從無始循三界 爲虛妄輪所迴轉 一念一時所造業 足繫大地滯三塗."

273 선도의 5부 9권은 『觀無量壽佛經義疏』 4권(약칭 『觀經疏』, 대정장 37), 『轉經行道願往生 淨土法事讚』 2권(약칭 『法事讚』, 대정장 47), 『觀念阿彌陀佛相海三昧功德法門』 1권(약칭 『觀念法門』, 대정장 47), 『往生禮讚偈』 1권(약칭 『往生禮讚』 대정장 47), 『依觀經等明般舟三昧行道往生讚』 1권(약칭 『般舟讚』, 대정장 47)이다.

제자 모모는 현재 생사의 범부로 죄장이 깊고 무거워 육도의 고통에 빠진 것을 가히 갖추어 말할 수 없나이다. 금일 선지식을 만나 아미타불의 본원인 명호를 들을 수 있어 일심으로 칭념하여 왕생하기를 원합니다. 원하옵건대 부처님께서는 자비로 버리지 마시고 본래의 큰 서원으로 섭수하여 주옵소서.[274]

이와 같이 선도는 현재를 살아가는 중생은 죄장이 무겁고 깊어 육도윤회를 벗어날 길이 없음을 자각하고 오직 아미타불의 본원에 의해 왕생하기를 발원하였다. 그래서 선도는 특히 참회염불을 강조하였다. 위의 『예찬』에서는 다음과 같이 참회발원하고 있다.

예참하는 모든 공덕으로, 원하옵건대 목숨이 마칠 때에 임해 무량수불의 끝없는 공덕의 몸을 친견하게 하여 주옵소서. 저와 다른 믿는 사람들이 이미 저 부처님을 친견하고 나서, 원하옵건대 더러움을 여읜 눈을 얻어 안락국에 왕생하게 하여 주옵소서.[275]

삼보를 비방하고 부모에게 불효하여 오역죄와 착하지 못한 업을 지었으니 이 여러 가지 죄의 인연을 가지고 있기 때문에 거짓된 생각으로 전도되어 번뇌에 얽히게 되어 한량없는 생사의 고통을 받게 되었습니다. 정례하며 참회하오니, 원하옵건대 제거하여 주옵

---

[274] 『往生禮讚』(대정장 47, 447하) "弟子(某甲)現是生死凡夫 罪障深重 淪六道苦不可具云 今日遇善知識 得聞彌陀本願名號 一心稱念心願往生 願佛慈悲不捨本弘誓願攝受."
[275] 위의 책(대정장 47, 440중) "禮懺諸功德 願臨命終時 見無量壽佛 無邊功德身 我及餘信者 既見彼佛已 願得離垢眼 往生安樂國."

소서.[276]

　이와 같이 선도는 참회발원을 강조하고 있다. 선도의 이러한 사상은 도작의 말법사상에 영향을 받은 것이다. 위 참회발원의 의미는, 말법중생은 근기가 하열하여 스스로의 힘으로는 도저히 왕생할 수 없으므로 오로지 아미타불의 본원에 의지하여 깊은 참회로써 왕생을 발원해야 된다는 것을 보여주고 있다.

　이상과 같이 대표 논사들의 왕생발원을 살펴보았는데, 논사들은 왕생발원을 하되 아미타불의 본원에 삼업三業을 모두 의지하여 발원하고 있다. 「제망매가」의 작자 월명사도 위의 논사들과 똑같은 마음으로 누이동생의 왕생극락을 발원하였다고 본다. 이것은 우리가 어쩔 수 없는 중생이기 때문이라는 것을 보여주는 것이고, 중생들은 무명이 육근을 가려 스스로는 원하는 곳을 가고 올 수가 없으므로 부처님이 세워놓은 원력을 믿고 그곳에 가기를 발원해야 하는 것을 보여주고 있는 것이다. 그래서 모든 정토경론에서는 타력왕생의 이치를 설하고 있다. 그러면 과연 타력왕생이란 어떠한 도리인가?『염불경』에서는 자력과 타력에 대해 다음과 같이 설명하고 있다.

　비유하면 자력이란 마치 나이가 어린아이가 처음 세 살 때 집을 나와 서울을 향해 가는데 천 리를 걸어야 하는 것과 같다. 어린아이에게 스스로 서울까지 가서 관직을 구하게 한다면 서울에 도달할 수가 없다. 왜냐하면 어린아이이기 때문이다. 다른 수행문도 이와 같아

---

[276] 위의 책(대정장 47, 443상) "不孝父母謗三寶造作五逆不善業 以是衆罪因緣故 妄想顚倒生纏縛 應受無量生死苦 頂禮懺悔願滅除."

다겁 동안 수행해야만 성취한다. 마치 어린아이처럼 자력으로 서울을 향하여 걸어가게 하여도 끝내 도달할 수가 없는 것은 자력이기 때문이다. 타력이란 마치 어린아이가 비록 나이는 적지만 부모나 코끼리 수레, 말 등에 의지한다면 머지않아 서울에 도착하여 드디어 관직을 얻을 수 있는 것과 같다. 왜냐하면 타력이기 때문이다. 염불의 수행도 또한 이와 같아 임종 시에 아미타불의 원력을 입으면 일념 사이에 서방에 왕생하여 뒤로 물러나지 않는 지위를 얻는 것이, 마치 부모나 코끼리 수레, 말 수레의 힘에 의지하여 어린아이를 태우고 간다면 머지않아 서울에 도착하여 관직을 찾는 것과 같다. …… 또 자력과 타력이란, 마치 개미가 날개 달린 새를 의지하면 장차 수미산에 오르게 되고, 높이 올라 모든 쾌락을 누릴 수 있는 것과 같다. 범부가 하는 염불도 또한 이와 같아 부처님의 원력을 입어 속히 서방세계에 왕생하여 모든 쾌락을 누리는 것이, 개미가 날개 있는 새의 힘에 의지하여 산에 오르는 것과 같다. 이것이 타력이다. 나머지 다른 수행의 문은 마치 개미가 자력으로 기어서 산을 오르려고 하지만 도달할 수 없는 것과 같다. 이것이 자력이다.[277]

---

[277] 『念佛鏡』(대정장 47, p.122중하) "猶如小兒年始三歲 宅去京地向經千里 遂遣小兒自行向京 以心官職 無由得到何以故 爲幼小故 餘門修道亦復如是 要須多劫修道乃成 猶如小兒自力向京不可得到 由自力故 言他力者 猶如小兒雖小 依父母及象馬車乘力故 不久到京 遂得官職 何以故 由他力故 念佛修道亦復如是 臨命終時乘阿彌陀佛願力 如一念頃往生西方 得不退地 由如父母將象馬車乘載小兒 不久到京 …… 又自力他力者 猶如蟻子寄在翅鳥之上 遂將蟻子在須彌山 蟻子昇高受諸快樂 凡夫念佛亦復如是 乘佛願力速生西方受諸快樂 猶如 蟻子乘翅鳥力上山相似 此之他力 餘門修道猶如蟻子自力行上山 不此乃自力." 道鏡·善道 저, 이태원 역, 『염불 정토에 왕생하는 길(念佛鏡)』(운주사, 2003) pp.23~25 참조.

이와 같이 자력으로 왕생하는 것은 마치 개미가 높은 산을 기어서 오르려고 하는 것과 같고, 타력으로 왕생하는 것은 날개 있는 새에 의지하여 높은 산을 단숨에 올라 도착하는 것과 같다고 하였다. 이것은 마치 "힘들게 스스로 수영을 해서 저 강을 건너느냐, 아니면 힘들지 않게 남의 배를 타고 건너느냐" 하는 것과 같은 이치이다. 그런데 남의 배에 오르려면 미리 태워달라고 원해야 한다. 이 원이 지극하지 않으면 절대로 배에 오를 수 없다. 왜냐하면 이 배는 세간의 배가 아니고 아미타불의 원력으로 만들어진 자비와 지혜의 배이기 때문이다. 이른바 반야선이다. 그래서 위에서 소개한 모든 논사들은 오직 발원을 강조하였다고 본다.

「제망매가」의 작자 월명사는 이 도리를 이미 알고 지극한 마음으로 왕생발원하여 죽은 누이동생을 이 반야선에 오르게 하였다고 본다. 이러한 발원신앙을 앞에서 학자들은 재래적인 신앙관점에서 무속의 기복신앙이라 운운하는데, 이러한 논의는 불교적인 신앙관점으로 볼 때는 당연성이 부족한 논리라고 본다.

이상과 같이 「제망매가」에 스며 있는 발원신앙을 경전과 논사들의 증명을 통하여 살펴보았다. 「제망매가」의 신앙적 특성을 요약해보면, 죽은 자가 산 자의 발원으로 왕생하고 있다. 이것은 아미타불의 대자비심과 원력을 보여주는 것으로서 다른 신앙에서 찾아볼 수 없는, 미타정토신앙이 지닌 특수성을 보여주는 것이다. 월명사가 아무리 법력 높은 고승이라 할지라도 불보살의 화신이 아닌 이상, 중생의 발원으로서 월명사의 발원은 아미타불이 세운 본원에 의지한 발원이라는 것이다. 이러한 신앙심을 통해, 이때부터 신라 민중에게 뚜렷한 내세관을 심어주게 되는 동기가 되었다고 할 수 있다.

3. 도솔가와 왕생발원

「도솔가」는 앞에서 고찰한 바와 같이, 그 내용은 월명사가 꽃을 매개체로 하여 도솔천과 신라, 미륵과 신라, 미륵과 화랑을 하나로 일체화하려는 염원을 담은 노래로서, 현세 정토가 이루어지기를 희구하고 있는 노래라고 밝혔다. 그러나 좀 더 새겨보면 이 노래에는 두 가지의 성격이 있다. 즉 노래의 외면에는 미륵불에게 산화가를 지어 올리며 미륵의 하생을 염원하고 있지만, 내면에는 미륵불이 계시는 도솔천에 상생하고자 하는 발원심이 스며 있는 노래라고 해석할 수 있다. 즉 양면을 다 동경하고 희구했음이 노래에 잘 나타나고 있다. 노래를 다시 보자.

오늘 여기 산화가를 부를 제
솟아나게 한 꽃아, 너는
곧은 마음의 명을 받들어
미륵좌주를 모셔라.[278]

이 노래를 잘 새겨보면, 표면에는 산화가를 부르며 도솔천에 계시는 미륵보살을 신라로 청해 모시겠다는 의도가 나타나고 있지만, 또 다른 면으로는 도솔천에 왕생하고자 하는 염원이 잠재해 있음을 알 수 있다. 이 염원이 곧 발원심인 것이다. 따라서 본 고찰에서는 도솔천에 상생하고자 어떻게 발원했으며, 또한 이 발원심의 성취는 어떤 인에 의한 것인가를 경론을 근거로 밝혀보고자 한다.

---

[278] 『삼국유사』 卷5 感通 第7 「月明師 兜率歌」 (대정장 49, p.1013중)

발원심은 정토행자가 반드시 구족해야 할 행도 가운데 하나이다. 이러한 행도는 경전의 곳곳에 설해져 있지만 여기서는 도솔천 발원을 주제로 하므로, 먼저 『미륵삼부경』을 통해 밝혀보기로 하겠다. 『상생경』에서는 하늘사람들이 다음과 같이 상생발원을 하고 있다.

이 사람이 지금부터 12년 뒤에 목숨이 끝나서는 반드시 도솔타천에 왕생할 것이고, 그때 도솔타천에는 5백만 억 천자가 있어서 그 낱낱 천자들이 다 깊고 깊은 보시바라밀을 닦아 일생만 지나면 부처님이 될 일생보처 보살에게 공양하기 위해 그 하늘들의 복력으로 궁전을 만들어 두고, 각각 자기 몸의 전단과 마니와 보배 갓을 벗고 깊이 꿇어앉아 합장하고 원을 내어 말하기를 "우리들이 이제 이 값진 보배구슬과 하늘 갓을 지니고 있음은 큰마음인 중생(大心衆生)에게 공양하려는 까닭입니다. 이 사람은 오는 세상에 오래지 않아서 아뇩다라삼먁삼보리를 성취하게 되리니, 우리들이 저 부처님의 장엄한 국토에서 수기를 얻을 것이라면 우리들의 보배 갓을 변화하여 공양거리가 되게 하소서"라고. 이러한 여러 천자들이 각각 깊이 꿇어앉아 넓은 서원을 내리라.[279]

이와 같이 하늘사람들은 곧 일생보처 보살이 될 미륵보살에게 공양을 올릴 것을 다짐하며 큰 서원을 성취하고자 하는 모습이다. 그러면

---

[279] 『彌勒上生經』(대정장 14, p.418하) "此人從今十二年後命終 必得往生兜率陀天上 爾時兜率陀天上 有五百萬億天子 一一天子皆修甚深檀波羅蜜 爲供養一生補處菩薩故 以天福力造作宮殿 各各脫身栴檀摩尼寶冠 長跪合掌發是願言 我今持此無價寶珠及以天冠 爲供養大心衆生故 此人來世不久當成阿耨多羅三藐三菩提 我於彼佛莊嚴國界得受記者 令我寶冠化成供具 如是諸天子等各各長跪 發弘誓願."

월명사가 그토록 동경하는 도솔천의 모습은 과연 어떻게 장엄되어 있을까. 『상생경』에서는 다음과 같이 묘사하고 있다.

> 만약 도솔타천에 왕생한다면 자연 이 천녀들의 시봉을 받으며, 또 일곱 가지 보배로 된 높이 네 유순의 큰 사자좌와 염부단금과 한량없는 뭇 보배로 장엄하는가 하면, 사자좌의 네 모퉁이에는 네 가지 연꽃이 피어나되 낱낱 연꽃이 백 가지 보배로 이룩되고, 낱낱 보배에는 백억의 광명이 나와 그 광명이 미묘하게 오백억의 보배와 갖가지 꽃으로 변화하여 보배장막을 장엄할 때에 …… 여러 누각 사이에는 백천의 천녀가 그 묘한 빛이 견줄 데 없는데다가 손에 악기를 잡은 그 악기의 음성 속에서 괴로움과 공함과 덧없음과 나 없음과 모든 바라밀을 연설하리니, 이와 같이 천궁에는 백억만의 한량없는 보배 빛이 있고 낱낱 천녀들도 역시 보배 빛과 같으며, 그때 시방의 한량없는 하늘들은 목숨이 끝나면 다 도솔천궁에 왕생할 것을 원하느니라.[280]

이와 같이 도솔천은 갖가지 아름다운 꽃으로 장엄되어 있고, 일단 왕생하면 백천의 천녀가 시봉을 하며 갖가지 악기로 바라밀을 연설한다고 하였다. 그래서 시방의 한량없는 하늘사람들은 목숨이 끝나면 다 도솔천궁에 왕생할 것을 발원하고 있다고 하였다. 월명사도 이런 아름다

---

[280] 위의 경전(대정장 14, p.419상중) "若有往生兜率天上 自然得此天 女侍御 亦有七寶 大師子座 高四由旬 閻色檀金無量衆寶以爲莊嚴 座四觸頭生四蓮華 一一蓮華百寶 所成 一一寶出百億光明 其光微妙化爲五百億衆寶雜花莊嚴寶帳 時十方面百千梵 王 各各持一梵天妙寶 …… 時諸閣間有百千天女 色妙無比手執樂器 其樂音中演說 苦空無常無我諸波羅蜜 如是天宮有百億萬無量寶色 一一諸女亦同寶色 爾時十方 無量諸天命終 皆願往生兜率天宮."

운 이상의 세계를 동경하며 하루속히 왕생하여 그곳에 계시는 미륵보살을 만나 뵙기를 발원하며 노래를 지어 올렸을 것이라고 생각된다. 그래서 위의 경에서는 다음과 같이 설한다.

> 만약 미륵보살마하살의 명호를 듣고서 환희심을 내며 공경하고 예배한다면, 이 사람은 목숨이 끝나는 대로 손가락 한 번 튕기는 사이 곧 도솔천에 왕생한다.[281]

이와 같이 미륵보살의 이름을 듣고 공경하고 예배하는 사람은 목숨을 마치면 곧 도솔천에 왕생한다고 하였다. 월명사는 이 말씀을 깊이 믿고 그곳에 왕생하기를 발원한 것이라고 본다. 그런데 아무나 손가락 한 번 튕기는 사이에 곧 도솔천에 왕생하는 것은 아니다. 여기에는 조건이 따른다. 그 조건이란 위의 경에서 설한 바와 같이 미륵보살의 명호를 듣고서 환희심을 내며 공경하고 예배한 자라야 한다. 이뿐만이 아니다.『상생경』에서는 도솔천에 왕생하고자 하는 자는 미륵보살의 이름을 듣고서 미륵의 상호를 만들어 세우거나 향·꽃 등을 공양하여 예배하고 오로지 미륵의 명호를 부르는 염불, 그리고 오계와 팔계, 구족계, 십선법을 갖추어 지키는 것 등을 실천하며 발원해야 한다고 했다. 또한 비록 번뇌는 완전히 끊지 못해 해탈에 이르지는 못하는 자라 할지라도 지극한 마음을 가지면 신통을 얻고, 미륵의 형상을 항상 염하면 도솔천에 반드시 상생할 수 있다고 하였다. 이것이 원생자가 지녀야 할 조건이다.

---

[281] 위의 경전(대정장 14, p.420중) "若有得聞彌勒菩薩摩訶薩名者 聞已歡喜恭敬禮拜 此人命終如彈指頃卽得往生."

이로 볼 때 미륵신앙은 계율 중심의 신앙이라는 것을 말해주고 있다. 그래서 앞에서 살펴본 『유심안락도』에서는 이 엄한 계율 때문에 도솔천에는 왕생하기 어렵고 극락정토에는 나기가 쉽다고 극락 우위를 주장했다고 할 수 있다. 그렇다고 하여 계를 어긴 자는 무조건 상생할 수 없다고 말하진 않는다. 『상생경』에서는 금계를 범하여 뭇 악행을 저질렀더라도 미륵의 명호를 듣고 참회하면 청정해질 수 있다고 다음과 같이 설한다.

> 어떤 선남자 선여인이 금계를 범하여 악업을 저질렀더라도 이 보살의 대비한 명자를 듣고서 온몸을 땅에 엎드려 성심껏 참회한다면 이 모든 악업이 빨리 청정하게 되리니, 미래세의 중생으로서도 이 보살의 대비한 명자를 듣고서 형상을 만들어 세우거나 향·꽃·의복과 비단·일산·당기·번기로써 예배하고 전일하게 염한다면, 이 사람은 목숨이 끝나려 할 적에 미륵보살이 그의 눈썹 사이의 백호에서 광명을 내는가 하면 여러 천자들과 함께 만다라 꽃을 뿌리며 맞이할 것이다.[282]

이와 같이 어떠한 죄악범부도 성심껏 참회하고 부지런히 선을 닦고 염불하여 도솔천에 왕생하기를 발원하면, 이 세상을 떠날 때 미륵보살은 이들을 대자비로써 맞이한다고 설하고 있다. 이것이 미륵보살의 자비사상이고 미륵정토신앙의 특수성이라 본다. 그러나 여기에는 또 원생자의

---

[282] 위의 경전(대정장 14, p.420중) "若善男子善女人 犯諸禁戒造衆惡業 聞是菩薩大悲名字 五體投地誠心懺悔 是諸惡業速得清淨 未來世中諸衆生等 聞是菩薩大悲名稱 造立形像香花衣服繪蓋幢幡禮拜繫念 此人命欲終時 彌勒菩薩放眉間白女大人相光 與諸天子雨曼陀羅花 來迎此人."

근기마다 품이 따른다. 그래서 원효는 『미륵상생경종요』에서 도솔천에 상생하는 사람의 근기를 상중하로 나누어 다음과 같이 설명하고 있다.

상품에 속하는 사람은 부처님을 관하는 삼매나 참회하는 수행법을 닦음으로써 현재의 이 몸으로 미륵보살을 만나는 사람을 말하는데, 그 마음의 우열을 따라 보이는 형체가 크고 작은 차이가 있게 된다. 자세한 것은 『관불삼매경』과 『대방등다라니경』에 말씀하셨다. 중품에 속하는 사람은 부처님을 관하는 삼매를 닦거나 깨끗한 업을 지음으로써 이 몸을 버린 뒤에 도솔천에 태어나서 미륵보살을 만나 뵙고 물러남이 없는 법을 얻게 된다. 이에 대해서는 『상생경』에서 말씀하시었다. 하품에 속하는 사람은 보시·지계 등의 여러 가지 착한 일을 하고 미륵보살을 뵙기를 발원함으로써 이 몸을 버린 뒤에 업을 따라 태어났다가, 미륵보살께서 도를 이루어 중생을 제도하시는 저 세상의 세 번 큰 법회에서 제도 받을 사람을 말한다. 이것은 『하생경』과 『성불경』에서 말씀하신 바이다. 그러므로 『상생경』을 공부하는 법은 중품에 속하는 사람을 위한 것이고, 다른 두 경은 하품에 속하는 사람을 위한 것이다.[283]

이와 같이 원효는 중생의 근기를 상중하의 3품으로 분류하였다.

---

[283] 『彌勒上生經宗要』(대정장 38, p.300중) "上品之人 或修觀佛三昧 或因懺悔行法 即於現身 得見彌勒 隨心優劣 見形大小 此如觀佛三昧海經及大方等陀羅尼經說也 中品之人 或修觀佛三昧 或因作諸淨業捨此身後 生兜率天 得見彌勒 至不退轉 是故上生經所說也 下品之人 修施戒等種種善業 依此發願 願見彌勒 捨此身後 隨業受生 乃至彌勒成道之時 要見世尊三會得度 是如下生成佛經說 是卽上生所爲 爲中品人 餘二經者 爲下品人也."

제5장 향가와 왕생발원 신앙 229

위의 논을 보면 상품인과 중품인은 부처님을 관하는 삼매나 참회하는 수행법을 닦음으로 미륵보살을 만날 수 있고, 하품인은 보시·지계 등의 여러 가지 착한 일을 하고 미륵보살을 뵙기를 발원함으로써 이 몸을 버린 뒤에 업을 따라 태어났다가, 미륵보살께서 도를 이루어 중생을 제도하시는 저 세상의 세 번 큰 법회에서 제도 받을 사람을 말한다고 하였다.

도솔천에 왕생하기를 발원하여 왕생한 사례를 보면, 『고승전高僧傳』에 의해 중국 최초의 미륵신앙자로 알려진, 불도징의 제자 도안(道安, 312~385)은 제자들과 함께 도솔정토에 태어나기를 서원하였는데, 다음과 같이 기록되어 있다.

도안 스님이 장안에서 제자인 법우 등과 함께 미륵상 앞에서 서원을 세워 도솔천에 태어나기를 발원하였다. 385년(건원 21) 1월 27일 남루한 행색의 스님이 찾아와 숙박을 청하였다. 어떤 스님이 그 행색이 범상치 않음을 보고 도안 스님에게 알렸다. 도안 스님이 직접 찾아가 절에 온 이유를 물으니 그 스님은 자신(도안)을 인도하기 위해 온 것이라고 말하였는데, 도안은 그 스님에게 죄로부터 벗어날 수 있는 방법을 알려 달라고 하였다. 그가 성승을 목욕시켜주면 된다고 하자 다시 내세에 갈 곳을 물었다. 그가 서북쪽 하늘을 가리키며 구름을 걷어내자 거기에 도솔천의 오묘하고 수승한 과보가 보였다. 도안이 목욕도구를 준비하자 범상치 않은 수십 명의 어린아이들이 나타나 목욕을 하였는데, 이것은 미륵의 성스러운 감응이었다. 그해 2월 8일에 도안은 아무런 병도 없이 세상을 떠났다.[284]

---

[284] 『高僧傳』(대정장 50, p.353중하) "安每與弟子法遇等 於彌勒前 立誓願生兜率 後至

이와 같이 발원하여 도안은 미륵의 감응을 받아 도솔천에 왕생하였다. 이러한 도솔천 왕생신앙을 시작으로, 중국에는 동진東晉 이래 미륵신앙이 성행하게 되어 신라에도 전파되었다고 본다.『삼국유사』에 미륵계율을 철저히 지켜 도솔천에 왕생하고자 한 사례는 백제의 법왕(法王, ?~600)과 신라의 진표율사眞表律師이다. 법왕 설화의 내용을 보면, 앞에서도 언급하였지만 "법왕이 즉위한 개황 10년(기미년, 599) 그해 겨울, 온 나라에 조서를 내려 살생을 금하고 민가에서 기르는 매 같은 새들을 놓아주게 하고, 또 고기 잡는 도구를 불태워 모두 금지시켰다"[285]고 하였다. 이와 같이 법왕은 도솔천 왕생의 인을 짓기 위해 평소에 계율을 철저히 실천한 것이다. 한편 진표율사 이야기는「진표전간」조와「관동풍악발연수석기」조[286]에 실려 있는데,「진표전간」조에는 다음과 같은 수행담이 전해지고 있다.

처음에는 7일 밤을 기약하고 오체를 바위에 부딪쳐 무릎과 팔뚝이 모두 부서지고 바위언덕이 피로 물들었다. 그래도 부처의 감응이 없자 몸을 버리기로 결심하고 다시 7일을 예정하여 14일이 지났을 때, 마침내 지장보살을 뵙고 정계淨戒를 받았다. …… 그러나 미륵보

秦建元二 十一年正月二十七日 忽有異僧形甚庸陋 來寺寄宿 寺房旣迮處之講堂 時維那直殿 夜見此僧從窓隙出入 遽以白安 安驚起禮訊問其來意 答云相爲而來 安曰 自惟罪深詎可度脫 彼答云 甚可度耳 然須臾浴聖僧願必果 具示浴法 安請問來生所往處 彼乃以手虛撥天之西北 卽見雲開 備睹兜率妙勝之報 爾夕大衆數十人 悉皆同見 安後營浴具 見有非常小兒伴侶數十來入寺戲須臾就浴 果是聖應也 至其年二月八日 忽告衆曰 吾當去矣 是日齋畢無疾而卒."

[285] 『삼국유사』 卷3 興法 第3「法王禁殺」(대정장 49, p.988중)
[286] 위의 책, 卷4 義解 第5「關東楓岳鉢淵藪石記」(대정장 49, p.1008상)

살에 뜻을 두었으므로 감히 중간에 그만두려 하지 않고 영산사靈山寺로 옮겨가서 처음과 같이 부지런하고 용감하게 수행하였다. 과연 미륵보살이 나타나 『점찰경』과 증과의 점치는 패쪽(簡子) 108개를 주었다.[287]

위의 수행담을 보면 진표는 미륵보살로부터 계를 받기를 발원하며 얼마나 피눈물 나는 수행을 했는지 알 수 있다. 진표율사가 미륵을 찾는 이유는 미륵이 계신 도솔천에 상생하고자 하는 이유도 있겠지만, 오로지 현실에서 미륵으로부터 계율을 받아 그 착한 법으로 미륵세상을 만들어 여러 중생을 이익 되게 하려는, 미륵보살과 같은 서원을 지녔던 것으로 보인다.

이와 같이 도솔천 왕생발원신앙을 살펴보았다. 그러면 이러한 감응과 왕생의 성취는 무엇으로 인한 것인가. 이것은 다름 아닌 미륵보살의 본원에 의한 것이라고 하겠다. 이에 대해 부처님께서는 『대보적경』에서 미륵보살의 본원을 다음과 같이 설명하신다.

보살에게는 두 가지 장엄과 두 가지의 거둬들임이 있나니, 이른바 중생을 거둬들여 중생을 장엄하며, 불국토를 거둬들여 불국토를 장엄하는 것이니라. 미륵보살은 과거 세상에 보살의 행을 수행하면서 항상 불국토를 거둬들여 불국토를 장엄하기를 좋아하였느니라. 나도 예전에 보살행을 닦으면서 항상 중생을 거둬들여 중생을 장엄하기를 좋아하였느니라. 또한 저 미륵은 보살행을 사십 겁 동안 수행하였다. 내가 그때 아뇩다라삼먁삼보리를 일으키자 나로 인하여 용맹

---

[287] 위의 책, 卷4 義解 第5 「眞表傳簡」條(대정장 49, p.1007중)

스럽게 정진한 힘 때문에 곧 아홉 겁을 뛰어넘어 한 겁 동안에 아뇩다라삼먁삼보리를 증득하였느니라.[288]

이와 같이 미륵보살이 본원을 성취하였다고 부처님은 증명하신다. 이에 미륵보살은 모든 부처님 앞에서 서원을 세운다. 전문의 내용이 장황하므로 대강의 뜻을 축약해 보면, 과거에 지은 신·구·의 삼업의 죄를 모두 참회하고, 특히 보시·지계·인욕·정진·선정·지혜의 육바라밀을 수행하여 보리를 증득하겠다는 굳은 맹세를 하며, 일체 중생이 비록 번뇌가 많더라도 큰 자비로써 생사의 바다를 건너게 하고, 모든 부처님의 훌륭한 모습(色身)과 광명과 큰 위덕과 보살이 정진하는 행을 모두 구족하도록 해달라고 서원하고 있다.[289]

이와 같이 미륵보살은 영겁을 수행하여 최상의 보리도를 증득하여 장차 일체 중생을 대자비심으로 구제하겠다는 맹세를 하였다. 이것이 미륵보살의 본원인데, 이러한 서원은 너무도 넓고 커서 진정 보살이 아니고는 이러한 서원을 세울 엄두조차 나지 않는다고 본다. 그래서 『상생경』에서는 하늘의 모든 천자들마저도 미륵보살의 서원을 굳게 믿고 이 서원에 의지하여 그 서원으로 이룩된 이상세계에 왕생하고자 지극한 발원을 하고 있다. 그러므로 사바세계의 죄악 범부중생이 이 거룩한 서원에 의지하지 않고 어떻게 왕생을 한다는 말인가. 미륵신앙이

---

[288] 『大寶積經』(대정장 11, p.629하) "菩薩有二種莊嚴二種攝取 所謂攝取衆生 莊嚴衆生 攝取佛國 莊嚴佛國 彌勒菩薩 於過去世修菩薩行 常樂攝取佛國 莊嚴佛國 我於往昔修菩薩行 常樂攝取衆生 莊嚴衆生 然彼彌勒 修菩薩行經四十劫 我時乃發阿耨多羅三藐三菩提心 由我勇猛精進力故 便超九劫 於賢劫中 得阿耨多羅三藐三菩提."
[289] 위의 경전(대정장 11, p.630상중하)

철저한 계율을 지키며 업장을 참회하며 왕생을 발원하여야만 상생할 수 있으므로 미륵신앙을 자력적인 수행법이라고 하지만, 이 자력수행도 본원에 의지한 가운데 자력수행을 하는 것임을 알 수 있다. 월명사는 이러한 미륵보살의 서원에 의지하여 깊은 믿음으로 도솔천 상생을 발원하였다고 본다.

「도솔가」를 살펴보면 월명사의 염원은 크게 두 가지이다. 하나는 중생들이 살고 있는 현재의 탁한 세상과 정반대되는 맑고 아름다운 이상세계에 가보기를 몹시도 희구한 것이고, 또 하나는 그 아름답고 풍요로운 이상세계가 신라에 하루속히 이루어지기를 희구한 점이다. 즉 현세 정토를 염원하고 있는 것이다. 그러나 이러한 사실은 앞에서 언급한 바와 같이 경전과는 정반대의 이론이다. 그런데 신라인은 이 반대의 이론이 성취되기를 염원하였다. 여기서 신라인의 진취적인 창의성이 나타나고 있다. 그런데 이와 같은 신라의 창의적인 신앙성이 전혀 이론적 근거가 없는 것이 아니라고 생각한다. 그 근거란 바로 불교의 시간 초월 관념에서 이루어지는 것이라고 본다. 이 시간 초월 관념이란 곧 깨달음의 관념을 말하는 것으로서 이 초월관을 성취하지 않고는 여태까지 고찰한 현신성불, 현신왕생, 현세 정토, 유심정토, 현실감응 등은 이루어질 수 없다는 논리이다.

이러한 불가사의한 신비의 초월성은 경전 곳곳에 설해져 있다. 예를 들자면 앞에서 살펴본 『상생경』에서는 "만약 미륵보살의 명호를 듣고서 환희심을 내며 공경하고 예배한다면 이 사람은 목숨이 끝나는 대로 손가락 한 번 튕기는 사이 곧 도솔천에 왕생한다"[290]고 하였다. 어떻게

---

[290] 『彌勒上生經』(대정장 14, p.420중)

손가락 한 번 튕기는 사이에 도솔천에 도달할 수가 있을까? 이것은 모두 염불삼매에 들어 시공을 초월한 것이라고 해석할 수 있다. 또 『상생경』에 "생각 생각에 부처님 형상을 염하고 미륵의 이름을 칭한다면 이러한 무리들은 한 찰나 사이나마 팔재계를 받고 청정한 업을 닦아 큰 서원을 냄으로써 목숨이 끝난 뒤에는 마치 장사가 팔을 한 번 굽었다 펴는 그러한 찰나에 곧 도솔타천에 왕생한다"[291]고 하였다. 논자의 소견이지만 이러한 신비스런 초월관은 곧 불교의 시간 초월 관념과 무관하지 않다고 본다.[292]

여기서 잠시 용수와 승조(僧肇, 383~414)의 시간론을 언급하고자 한다. 이 논사들의 설로써 왕생의 도리를 직접 증명하는 것은 다소 무리겠지만, 참고 삼아 살펴보기로 하자. 먼저 용수는 『중론』에서 시간 초월관에 대해 다음과 같이 논한다.

묻는다. "과거를 인하지 않고, 미래와 현재가 이루어진다면 어떤 허물이 있는가?" 답한다. "과거를 인하지 않으면 미래의 시간도 없고 현재란 것도 있을 수 없나니, 그러므로 두 시간은 없다. 과거를 인하지 않으면 미래와 현재가 이루어지지 않는다. 무슨 까닭인가? 과거를 인하지 않고 현재가 있다면 어디에 현재가 있겠는가. 미래도 그러하니 어디에 미래가 있겠는가. 그러므로 과거를 인하지 않으면 미래와 현재가 없다. 이와 같이 서로 상대해서 있으므로 실제로는

---

[291] 위의 경전(대정장 14, p.420상) "念念佛形像稱彌勒名 如是等輩若一念頃受八戒齋 修諸淨業發弘誓願 命終之後譬如壯士屈申臂頃 即得往生兜率陀天."

[292] 김승호는 불교적 시간관에 대하여 승조와 용수의 설 등을 인용하여 심도 있게 설명하였다. 金承鎬, 『韓國僧傳文學의 硏究』(民族社, 1992) pp.101~102 참조.

시간이 없다.²⁹³

　이와 같이 용수에 의하면, 시간이란 과거에 의하지 않으면 미래의 시간이 있을 수 없고, 현재란 것도 있을 수 없다. 그러므로 결국 두 시간은 없다. 즉 과거를 인하지 않으면 미래와 현재가 이루어지지 않는다는 논리이다. 서로 상대해서 있으므로 실제로는 시간이 없다는 결론이다. 다음은 승조의 시간론인데, 용수의 설과 다르지 않다. 승조는 그의 저서 「물불천론」의 첫머리에서 다음과 같이 논한다.

　중생에겐 생사가 교대로 뒤바뀌고, 대지에는 한서가 번갈아 천류하면서 사물은 움직이면서 유전함이 있다 함은 일반 사람들의 일상적인 감정이다. 그러나 나는 그렇지 않다고 말한다. 왜냐하면 『방광반야경』에서 말하기를 "법에는 오고감이 없고, 움직이는 것도 전변하는 것도 없다"고 하였기 때문이다.²⁹⁴

　이 논은, 곧 깨달은 자는 번뇌의 미혹을 벗어났으므로 천류하지 않는다고 한 것이다. 다시 말해 인과는 천류하지 않는데 중생들은 번뇌의 미혹, 즉 무명 때문에 사물은 천류하는 것으로 본다는 것이다. 이것이 깨달음의 세계에서 보는 시간관념이라고 본다. 이러한 이치를

---

293 『中論』「觀時品」(대정장 26, p.26상) "問曰 若不因過去時 成未來現在時 而有何咎 答曰 不因過去時 則無未來時 亦無現在時 是故無二時 不因過去時 則不成未來現在時 何以故. 若不因過去時 有現在時者 於何處有現在時 未來亦如是 於何處有未來時 是是不因過去時 則無未來現在時 如是相待有故."

294 『肇論』「物不遷論」(대정장 45, p.151상) "夫生死交謝 寒暑迭遷 有物流動 人之常情 余則謂之不然 何者 放光云 法無去來 無動轉者."

본 노래에 대비하여 본다면, 월명사가 부른 『도솔가』는 결국 상생과 하생이 서로 분리된 것이 아니라고 본다. 즉 상생하는 바도 없고 하생하는 바도 없다는 결론에 도달한다. 따라서 신라가 먼 미래를 기다리지 않고 곧바로 미륵불이 하생하여 미륵세상이 이루어지기를 염원한 것도 불교의 시간관념으로 본다면 충분히 가능한 것이라 생각한다.

    이상과 같이 『도솔가』에 나타난 왕생발원심에 대하여 살펴보았다. 위의 내용을 간추려보면 월명사의 염원은 두 가지로 나타난다. 하나는 도솔천에 상생하기를 발원하고, 또 하나는 신라에 미륵불이 하생하기를 발원한 것으로 나타난다. 그런데 중요한 것은, 이 두 가지 발원은 스스로의 발원이 아니라 미륵보살의 본원에 의해 이루어졌다는 것이다. 여기서 미륵신앙도 순수한 타력신앙임을 보여주고 있다. 한편 월명사가 미륵하생을 발원하는 데는 경전의 근거에 의한 것이라고 할 수 있다. 그것은 미륵경전에서 설한 바와 같이 미륵보살은 먼 훗날에 하생할 것을 약속했기 때문이다. 다만 월명사는 이 시기를 앞당기고자 발원한 것이다. 여기서 신라인의 시간을 초월한 창의적인 신앙성이 나타나고 있다고 하겠다. 이러한 신앙성은 『도솔가』에서 뿐만 아니라 이 책에 등장하는 모든 주인공들이 시간을 넘나드는 신비한 초월성이 나타나고 있는데, 이와 같은 도리는 불교의 시간 초월 관념과 무관하지 않다고 본다. 따라서 월명사의 현세 정토 추구는 신앙적으로 볼 때 막연한 동경과 희구만은 아닌 것으로 보인다.

제6장 염불결사와 정토신앙

1. 만일염불결사

이 장에서는 『삼국유사』에 나타난 설화의 기록을 통해 염불결사의 맥락과 그 정신을 살펴보는 데 그 목적이 있다. 이러한 고찰에서 크게 두 가지 결과를 얻을 수 있다고 본다. 첫째는 선인들이 왜 정토염불을 개인적 내지 집단적으로 실천하고자 했는지에 대한 목적의식을 알 수 있고, 둘째는 이를 통하여 현대불교의 오늘과 내일의 실천방향을 세울 수 있는 토대를 마련할 수 있다는 점이다. 이에 본 절에서는 염불결사의 원류와 『삼국유사』의 설화에 나타난 신라의 만일염불결사에 대한 역사적 내지 신앙적 의의를 간략하게 살펴보고자 한다.

'결사結社'라는 말은 여러 사람이 공동 목적을 가지고 어떠한 단체를 결성하는 것을 말한다. 그러나 이것은 세속의 결사를 포함한 해석이고, 불교는 신앙결사라고 해야 한다. 신앙결사의 의미는 뜻을 같이 하는 승속의 도반들이 모여 자신들이 추구하는 신앙을 실천하기 위하여 하나의 집단을 결성한다는 뜻이다. 이에 대해 보광 스님은 다음과 같이 설명하였다. 즉 우리나라에서 널리 유행된 신앙결사의 유형은 결사, 향도香徒, 매향埋香, 보寶, 계契가 대표적이며 도량道場, 회會, 사社 등도 있으나 이는 모두 결사에 포함된다고 볼 수 있다. 또한 이러한 신앙결사를 사상적으로 정토형淨土型, 선정형禪定型, 교리형敎理型, 불사형佛事型, 상호부조공동체형相互扶助共同體型으로 분류할 수 있다. 이러한 결사의 역할을 기능적인 측면에서 크게 분류하면 국가에 예속된 경우와 교단의 정화, 가람수호, 신앙의 결속, 친목단체나 지역사회 결속 등으로 나눌 수 있다고 하였다.[295]

이와 같은 신앙결사는 내부적으로는 어떤 관념적인 단계에 머물러 있으면서, 외부적으로는 지방사회를 중심으로 사회변혁운동의 성격을 지니고 있다고 본다. 그 대표적인 결사운동의 원류는 동진시대 여산혜원이 동림사東林寺에서 결성한 백련결사白蓮結社를 그 시초로 보고 있다. 『출삼장기집전』에 실린 혜원의 전기를 보면, 혜원은 원흥 원년(402) 7월에 동지 123명의 무리와 함께 여산의 반야정사 아미타상 앞에서 단을 차리고 다음과 같이 서원을 세우며 왕생극락하기를 서원하고 있다.

(바라옵건대, 법사 혜원은) 부처님의 혜명을 이으려는 동지와 번뇌를 그친 청신사 123명은 여산의 북쪽 반야대 정사의 아마타불상 앞에 모여 향과 꽃을 공경히 공양하며 서원합니다. 바라옵건대 이 모임의 대중들은 인연과 조화의 이치에 이미 밝아 업이 삼세로 전해짐을 분명히 알고 있고, 감응을 옮길 수 있는 이치에 이미 부합되었으니

---

[295] 韓普光, 『信仰結社硏究』(如來藏, 2000) p.55 참조.

선악의 보응도 반드시 일어날 것입니다. 걸어갈 때 팔이 서로 엇갈리는 사이에 시간이 과거로 사라지는 이치로 미루어 무상의 시기가 절박하다는 것을 깨달으며, 과거·현재·미래의 업보가 서로를 재촉함을 살피고는 험난한 악취에서 빠져 나오기가 어렵다는 것을 알게 됩니다. 이것이 뜻을 같이 하는 제현들이 저녁이면 두려워하고 밤에도 부지런히 정진하며 우러러 제도받기만을 생각하는 까닭입니다. 무릇 신이란 감응으로는 교섭할 수 있어도 그 자취로는 찾을 수는 없는 것입니다. 그러나 반드시 신이 감응하는 사물이 있기에 아득히 먼 길도 지척이 되는 것이니, 만약 신을 찾으면서도 신주가 없다면 망망한 고해에서 어디를 나루로 삼겠습니까? 지금 다행히 모두들 부와 명예를 도모하지 않고 서방정토에 마음을 모으게 되었고, 책을 살피고 마음을 열어 밝은 마음이 저절로 일어나게 되었습니다. 이에 기상機象은 꿈에 그리던 것과 통하니 그 기쁨은 아들이 찾아온 것보다 백배나 더합니다. …… 그러나 크고 빛나는 업적은 들쭉날쭉하고 공과 복도 같지 않으며, 비록 새벽에는 함께 기도하지만 저녁이면 제각기 돌아가 멀리 떨어져 있게 되니, 이것이 곧 우리의 스승과 벗들이 자못 슬퍼하는 일입니다. 따라서 이를 개탄하며 서로에게 명하여 법당에서 옷깃을 바로잡고서는 다 같이 한마음으로 그윽함의 극치에 심회를 머물고서, 이 동지들과 함께 절역에서 노닐게 되기를 서원합니다. …… 이 도를 궁구함이여! 어찌 큰 일이 아니겠습니까![296]

---

[296] 『出三藏記集傳』「慧遠法師傳」(대정장 55, p.109하) "乃延命同志息心淸信之士百有二十三人 集於廬山之陰般若臺精舍阿彌陀像前 率以香華敬薦而誓焉 惟斯一會之衆 夫緣化之理旣明 則三世之傳顯矣 遷感之數旣符 則善惡之報必矣 推交臂之潛淪 悟無常之斯切 審三報之相催 知嶮趣之難拔 此其同志諸賢所以夕惕宵勤仰思攸濟者也 蓋神者可以感涉而不可以跡求 必感之有物則幽路咫尺 苟心之無主則眇茫

이와 같이 혜원은 동지 123인과 함께 염불결사문念佛結社文을 지어 아미타불 앞에 왕생극락을 서원하며 염불결사를 시작하였다. 그런데 이러한 결사가 시작되는 데에는 필연적으로 사회적 배경 등의 동기가 따른다. 즉 전쟁 등으로 인한 사회적 혼란이 가장 큰 동기라 할 수 있는데, 혜원의 염불결사가 시작된 것도 이와 같은 사회적 불안이 근본적인 동기가 되었다고 볼 수 있다. 위의 「혜원법사전」에 기록된 혜원의 행적을 보면 "혜원이 스승 도안을 따라 남쪽 번면(樊河) 지방을 유행하다 양양이 함락(晉 太元 초, 373년)되어 도안은 관중으로 돌아가고 혜원은 심양으로 옮겨가 여산에 띠집을 지었다"[297]고 하는 것을 보아도 당시는 전쟁이 잦았던 혼란한 시기였음을 알 수가 있다.

또한 위의 결사문 내용 가운데 "무상의 시기가 절박하다는 것을 깨달으며, 삼세의 업보가 서로를 재촉함을 살피고는 험난한 악취에서 빠져 나오기가 어렵다는 것을 알게 됩니다. 이것이 뜻을 같이 하는 제현들이 저녁이면 두려워하고 밤에도 부지런히 정진하며 우러러 제도 받기만을 생각하는 까닭입니다"라고 한 것이 그 동기임을 말해주고 있다.

위의 결사문은 불교의 인과응보의 도리를 말하고 있지만 그 근원에는 침울한 사회적 배경이 깔려 있는 것을 짐작할 수 있다. 결사란 이러한 사회적 배경이 가장 큰 요인이라고 할 수 있다.[298] 예를 들자면 혜원

何津 今幸以不謀而僉心西境 叩篇開信亮情天發 乃機衆通於寢夢 欣歡百於子來 …… 然其景績參差功福不一 雖晨祈云同夕歸悠隔 卽我師友之眷 良可悲矣 是以慨焉 胥命整襟法堂 等施一心亭懷幽極 誓玆同人俱遊絶域 …… 究玆道也 豈不弘."
297 위의 책(대정장 55, p.109중) "後隨安公南遊樊河 晉太元之初 襄陽失守 安公入關 遠乃遷于尋陽 茸宇廬岳."

후대의 일이지만, 도작과 선도가 말법사상을 강조하며 정토교를 크게 일으킨 동기도 그 근원은 불안한 시대적 배경에 의한 것임을 중국불교사를 통해서 충분히 알 수 있다. 이러한 시대적 배경 속에서 결사를 시작한 혜원은 여산의 언덕에 자리 잡고부터는 30여 년 동안 그의 그림자가 산문 밖을 나가지 않았고, 그의 발자국은 세속에 들어가지 않았다고 한다.[299] 그런데 혜원의 염불사상은 그의 스승 도안의 반야사상을 상당 부분 계승한 것으로 생각된다.[300]

위 전기의 다른 부분을 보면 "혜원은 지혜와 이해력을 전생에 이미 마련해 놓고, 뛰어난 마음을 광겁 동안 쌓아 와서 정신의 밝음이 아득히 초월할 수 있었고, 심기心機의 감식이 멀고도 깊을 수 있었다. 무생실상無生實相의 현묘함과 반야중도의 오묘함과 즉색공혜卽色空慧의 비밀함과 연문적관緣門寂觀의 요점에 있어서 어떤 미묘한 의미도 분석하지 못하는 것이 없었고, 어떤 깊은 의미도 드러내지 못하는 것이 없었다. 또한 그 뜻은 이치에 명합하였고, 말은 도에 계합하였다"[301]고 하였다.

---

298 사회적 배경이란 이러한 무상함에도 승려들은 인과응보를 믿지 않고 莫行莫食하고, 파계행을 일삼으며, 권력에 아부하여 승단의 타락은 날로 더해만 가는 것이었다. 결사는 이러한 세속적인 출세욕에 눈이 어두웠던 승려들에 대한 새로운 반성운동인 것이다. 韓普光, 앞의 책, p.108 참조.

299 위의 책(대정장 55, p.110하) "廬阜三十餘載 影不出山跡不入俗."

300 『高僧傳』에 보면 도안이 주석한 대표적 경전은 『반야도행경』・『안반수의경』・『밀적금강경』(대정장 50, p.352상) 등이다. 또한 도안은 번천・면천에 있던 15년 동안에 해마다 늘 두 번씩 『방광반야경』을 강의하고 한 번도 그만두거나 빠트린 일이 없었다고 한다.(대정장 50, p.352하) 이러한 기록을 보아도 도안이 반야사상에 매우 심취되어 있음을 짐작할 수 있다.

301 위의 책(대정장 55, p.109중) "遠藉慧解於前 因資勝心於曠劫 故能神明英越機鑒遐深 無生實相之玄 般若中道之妙 卽色空慧之祕 緣門寂觀之要 無微不析 無幽不暢

이러한 기록에서 혜원의 정토염불사상은 반야사상에 입각한 염불사상인 것이 나타나고 있다. 그의 『염불삼매시집서』를 보면 이러한 염불사상이 잘 나타나 있다.

삼매란 무엇인가? 그것은 사고를 오로지하고 생각을 고요하게 하는 것이다. 사고를 오로지한다는 것은 뜻을 하나로 하여 분별하지 않음이며, 생각을 고요하게 한다는 것은 기를 텅 비우고 정신을 맑게 하는 것이다. 기를 비우면 지혜는 고요하여 그것을 비추고, 정신이 맑아지면 어떠한 깊고 미세한 도리에도 투철하지 않음이 없다.[302]

이와 같이 혜원은 삼매를 '전사적상專思寂想'이라고 하여 사고를 오로지하고 생각을 고요하게 하는 것이라고 하였다. 이것은 칭명염불이 아니고 마음을 오로지하여 하나의 대상에 집중하여 일체 잡념이 없게 하는 선정삼매와도 같다고 본다. 혜원의 염불사상은 『반주삼매경般舟三昧經』을 소의경전으로 삼고서, 여기서 교리적인 근거를 마련하여 이를 염불결사의 수행문으로 삼았다고 할 수 있다. 즉 반주삼매로써 견불見佛을 하고자 하는 것이었다. 『반주삼매경』에서는 다음과 같이 설하고 있다.

이 행법을 지킨 까닭에 삼매에 이르나니, 곧 삼매를 얻어 현재의 여러 부처님이 모두 앞에 나타나셨다. 어떻게 하여야 현재 여러

志共理冥 言與道合."
302 『念佛三昧詩集序』(대정장 52, p.351중) "三昧者何 專思寂想之謂也 思專則志一不分 想寂則氣虛神朗 氣虛則智恬其照 神朗則無幽不徹."

부처님 앞에 서 있는 삼매의 경지에 이르겠는가? 이와 같이 발타화여, 무릇 비구·비구니·우바새·우바이가 있어 계를 지니고 완전히 갖추어 혼자 한곳에 머물러 마음을 서방 아미타불을 생각하되, 지금 현재 들은 바에 따라 마땅히 생각해야 할 것이다. 여기를 떠나 천만억 불토를 지나니 그 나라를 서방극락세계(수마제)라고 하느니라. (아미타불은 그곳에서) 여러 보살의 중앙에서 경을 설하시니 모두가 항상 아미타부처님을 생각하였다. …… 한결같은 마음으로 아미타불을 염하기를 혹은 하루 밤낮이나 칠일 밤낮으로 하면 칠일이 지난 후에 아미타불을 뵙게 되느니라. 깨어나서 뵙지 못하면 꿈속에서라도 뵙게 되느니라.[303]

이와 같이 혜원은 부처님을 눈앞에서 친견하는 견불삼매見佛三昧 수행법을 스스로 수행하며 모든 이들에게 가르치고자 하였다. 이 견불수행법은 마음으로 부처님을 생각하고 일심으로 아미타불을 염하면 곧 삼매에서 아미타불을 뵙는다는 수행법이다. 이러한 수행법은 어려운 관법의 수행이 아니라는 인식으로 출가자를 비롯한 일반 재가자들에게도 많은 호응을 얻었을 것이라고 본다. 이렇게 시작된 혜원의 염불결사 정신은 당시 승단의 지계 문란으로 사회로부터 지탄받던 불교계에 새로운 계율 부흥운동의 촉매제가 되었다고 할 수 있다.[304]

---

[303] 『般舟三昧經』(대정장 13, p.905상) "持是行法故致三昧便得三昧 現在諸佛悉在前立 何因致現在諸佛悉在前立三昧 如是颰陀和 其有比丘比丘尼 優婆塞優婆夷 持戒完具 獨一處止 心念西方阿彌陀佛 今現在隨所聞當念 去是間千億萬佛剎 其國名須摩提 在衆菩薩中央說經 一切常念阿彌陀佛 …… 一心念若一晝夜 若七日七夜 過七日以後 見阿彌陀佛 於覺不見 於夢中見之."

[304] 韓普光, 앞의 책, pp.110~111 참조.

이상과 같이 대강 혜원의 전기를 통하여 염불결사를 일으킨 동기와 그의 실천행도를 살펴보았다. 이러한 사상과 결사신앙은 중국을 비롯하여 한국, 일본 등에 널리 전파되어 각 나라마다 새로운 수행공동체가 정착되기 시작했다고 볼 수 있다.

신라의 만일염불결사의 형태를 알려주는 설화는 「욱면비 염불서승」조와 「포산이성」조이다. 먼저 「욱면비 염불서승」조를 보면, 일연은 이 설화에 향전鄕傳과 승전僧傳의 두 기록을 실었는데, 두 기록 다 염불결사를 기록했지만 내용은 서로 다르다. 향전의 기록은 앞의 제2장에서 살펴보았으므로, 여기서는 승전의 기록을 살펴보기로 하겠다.

승전을 살펴보면, 동량팔진棟梁八珍은 관음의 현신으로서 승도 천 명을 모아 둘로 나누어, 한 쪽은 일을 하도록 하고 다른 한 쪽은 정수精修를 하게 하였다. 그 노력하는 무리들 가운데 일을 맡아보는 자가 계戒를 얻지 못하고 축생도에 떨어져 부석사의 소가 되었다. 그 소가 일찍이 불경을 싣고 가다가 불경의 힘을 얻어 다시 사람으로 환생하여 아간 귀진阿干貴珍의 집 계집종으로 태어나 이름을 욱면이라 하였다. 욱면이 볼일이 있어 하가산下柯山에 갔다가 꿈에 감응을 받아 불도를 닦을 마음이 생겼다. 아간의 집이 혜숙惠宿법사가 지은 미타사와 가까운 거리에 있었으므로 아간은 매일 그 절에 가서 염불을 했는데, 계집종도 따라가 뜰에서 염불을 하였다. 욱면은 이렇게 하기를 9년 동안 계속하였다. 을미년(755) 정월 21일에 욱면이 예불하다가 지붕을 뚫고 나가 소백산에 이르러 신발 한 짝을 떨어뜨려 그 자리에다 보리사를 지었다. 욱면이 산 아래에 도착하여 그 육신을 버렸으므로 그곳에 두 번째 보리사를 짓고 그

불당에 방榜을 써서 '욱면등천지전勖面登天之殿'이라고 하였다.³⁰⁵

이와 같이 살펴본 대로 승전은 향전과 기록의 차이가 있다. 위의 승전에는 전생에 욱면이 계를 범하여 축생도에 떨어져 부석사의 소가 되어 불경을 싣고 가다가, 불경의 힘을 입어 다시 사람으로 환생하여 아간 귀진의 집 계집종으로 태어났다는 욱면의 전생을 기록하고 있다. 이 기록은 향전에는 없다. 그런데 이 두 기록이 연대 차이가 난다는 것이 학자들 사이에 논란이 되었다. 일연도 두 기록을 찬술하면서 연대적으로 60년의 차이가 난다고 하였다. 이 왕생 시기와 연대 차이에 대해서 선학들의 논의가 많으나³⁰⁶ 여기서는 양전兩傳의 내용을 모두 참조하며 고찰하여도 무리가 없다고 본다. 왜냐하면 본 고찰의 목적이 연대의 차이 등을 역사적으로 증명하는 것이 아니고 염불결사와 설화에 나타난 신앙관을 고찰하는 것이기 때문이다. 즉 양전에는 모두 욱면이 대중의 염불결사에 참석하여 현신왕생했다는 기록은 틀림없기 때문이다. 따라서 본 설화의 연대 차이 등의 분석은 다음으로 미루고, 여기서는 염불결사에 대한 것에 국한하여 살펴보고자 한다.

본 설화의 중심 내용은 앞에서도 살펴본 바와 같이 첫째는 비천한 노비의 몸으로 왕생했다는 것이고, 둘째는 여인의 몸으로 왕생했다는 것이고, 셋째는 염불결사가 시작되었다는 점이다. 이 세 가지 특성은

---

305 『삼국유사』 卷5 感通 第7 「郁面婢 念佛西昇」(대정장 49, p.1012상)
306 韓普光, 『信仰結社硏究』(如來藏, 2000) pp.135~145 ; 金英美, 「統一新羅時代 阿彌陀信仰의 歷史的 性格」(『韓國史學會』 50·51, 1985) pp.47~55 ; 崔成烈, 「삼국유사 郁面婢 念佛西昇條의 몇 가지 문제점」(『韓國佛敎學』, 한국불교학회, 1981) pp.143~158 등의 논의가 있다.

당시의 사회적 배경을 그대로 표출하고 있다. 본 설화의 고찰도 위에서 살펴본 여산혜원의 고찰과 맥을 같이 하여 염불결사의 동기와 염불수행의 성격을 간략히 살펴보는 것으로 하겠다.

먼저 시대적 배경을 보면, 설화에 기록된 연대는 경덕왕 대(742~764)인데, 이때는 미타신앙이 한창 성행할 때이다. 본 설화가 그 증거라고 할 수 있다. 이때는 신라가 불연국토라는 관념을 온 백성에게 심어주기 위하여 경덕왕이 많은 노력을 한 것은 사실로 보인다. 그것은 이때에 불국사, 석불사 등을 창건한 것을 보아도 짐작할 수가 있다. 여기에는 왕권강화의 목적도 있었겠지만 경덕왕이 그만큼 불심도 돈독했음을 보여준 것이다. 이러한 좋은 예도 염불결사를 시작하게 되는 하나의 동기가 될 수는 있지만, 근본적인 동기는 사회적 불안이 가장 큰 원인이라고 할 수 있다. 이를 역사적인 사실로 증명하지 않아도 알 수 있는 것은, 경덕왕 시대에 지어진 모든 향가와 설화의 내용을 보면 충분히 사회적 배경을 짐작할 수 있다. 이때에 지어진 향가로는 월명사의 「도솔가」와 「제망매가」, 충담사의 「안민가安民歌」와 「찬기파랑가讚耆婆郞歌」, 희명이 지은 「도천수관음가禱千手觀音歌」 등이다. 이 가운데에서 「제망매가」와 「도천수관음가(천수대비가)」를 제외한 나머지 노래는 모두가 국운을 노래하고 있다. 설화로는 지금 고찰하는 욱면의 설화만 보아도 당시의 사회적 배경을 짐작할 수가 있다. 이러한 기록은 당시 민중들의 고단한 삶과 그 사회상을 그대로 반영하고 있는 것으로서 위로는 왕권강화와 지배층의 권력이 보이고, 아래로는 그를 따르는 민중들의 삶이 보이고 있다.

결사는 이러한 배경이 근본적인 동기가 될 수 있다고 본다. 본 설화에서 보듯이 향전에는 남자 신도 수십 명, 승전에는 승도 천 명이 염불결사를 시작하였다. 이것은 앞에서 고찰한 여산의 염불결사와 같은 성격이다. 여산의 염불결사도 재가자 중심으로 시작되었고, 신라의 결사도 스님이 주도했겠지만 재가자 중심이었다. 이러한 상황은 당시의 불교가 민중 중심이 되었다는 것을 말해주는 것이다. 본 욱면비 설화가 비천한 노비의 신분, 여자의 신분으로 대중결사에 동참하여 왕생하였다는 것은 시대적으로 민중을 향한 불교가 시작되었음을 알 수 있게 한다. 또한 이것은 민중이 지향하는 신앙이 극락정토를 구하는 미타신앙이라는 것을 역사적으로 증명해주고 있는 것이다. 다만 본 설화에서 좀 아쉬운 것은 여산의 염불결사처럼 결사문을 지어 이를 밝힌 증거가 없다는 점이다. 그러나 이때 만일염불결사는 분명히 시작된 것이라고 본다.

그런데 위의 설화에서 욱면이 9년 동안 염불하여 현신왕생을 하였다고 기록되었는데 혹자는 이 햇수로 어떻게 만 일이 되는가라는 의문이 들 수도 있다. 그러나 이 9년은 만일염불의 일수를 말한 것이 아니다. 여기서 욱면이 9년 동안 염불했다는 것은 만일염불결사를 시작하고 9년 만에 왕생했다는 것을 말하는 것이고, 만일염불의 근거는 본 승전에서는 언급하지 않았지만, 앞에서 살펴본 향전에는 첫머리에 "남자 신도 수십 명이 극락세계를 정성껏 구하여 주의 경계에 미타사를 짓고 만일을 기약하며 계契를 만들었다"[307]고 기록하였는데, 이 기록으로서 만일염불결사를 시작했음을 알 수 있다.

그러면 본 염불결사에서는 어떠한 염불법을 수행했을까? 기록 내용에는 그냥 신도 수십 명이 극락세계를 구하였다고만 했다. 그래서

---

[307] 『삼국유사』(대정장 49, p.1012상) "善士數十人志求西方 於州境創彌陀寺 約万日爲契."

자세한 염불의 유형은 알 수 없으나 칭명염불이라고 짐작할 수 있는 것은, 이 염불결사가 개인이 아닌 단체가 모여 수행했다는 점에서 알 수 있다. 또 하나의 증거는 경덕왕 대에는 칭명염불이 한창 성행할 때라는 점이다.[308] 또한 본 설화에서 중요한 것은 일정한 기일을 정해놓고 기일염불을 했다는 점이다. 오늘날 각 사찰에서 백일기도, 천일기도를 기약하여 기도하는 것은 이때의 전통을 이어온 것이라고 할 수 있다.

이와 같이 신라 경덕왕 대에 시작된 만일염불결사는 고려로 그 맥을 계승하였다. 이를 알려주는 설화가 「포산이성」조이다. 본 설화는 포산의 두 성사가 수행하여 승천하였는데, 후에 승려 성범(成梵, 고려 成宗 元年, 982)이 그곳의 절에 와서 머물면서 만일미타도량을 열고 50년간 도를 닦았다는 내용이다.

신라시대에 관기觀機와 도성道成이란 두 명의 성사가 있었는데, 어느 곳 사람인지는 알 수 없으나 함께 포산에 살고 있었다. …… 도성은 늘 그가 살고 있는 뒷산의 높은 바위 위에 조용히 앉아 있었다. 어느 날 바위틈에서 몸이 솟구쳐 나와 온몸이 공중으로 올라가 간 곳을 알 수가 없었다. 어떤 이는 수창군에 이르러 죽었다고 한다. 관기도 그 뒤를 따라 죽었다. 지금은 두 대사의 이름으로서 그 터의 이름을 삼고 있는데, 모두 터가 남아 있다. 도성암은 높이가 두어

---

[308] 김영미는 논하기를, 경덕왕 대에 행해진 두 차례의 萬日念佛會는 두 가지 중요한 공통점을 전해주고 있는데, 첫째는 왕생의 行因으로 칭명염불이 강조되었다는 점과, 둘째는 칭명염불을 수행하기 위한 전문적인 만일염불회가 구성되었다는 점을 들었다. 첫째의 근거는 원효와 경홍, 특히 의적의 칭명염불의 강조에 기인한다고 하였다. 金英美, 「統一新羅時代 阿彌陀信仰의 歷史的 性格」,(『韓國史硏究』 50·51, 1985) p.53 참조.

길이나 되는데, 후세 사람들이 그 굴 아래 절을 세웠다. 태평흥국 7년 임오년(982)에 승려 성범이 처음으로 이 절에 와 머물면서 만일미타도량을 열고 50여 년 동안 부지런히 도를 닦았는데, 여러 차례 특이한 조짐이 있었다. 이때 현풍에 사는 신도 20여 명이 해마다 사社를 만들어 향나무를 주워 절에 바쳤다. 그들은 늘 산에 들어가 향나무를 거두어들여 쪼갠 다음 씻어서 발 위에 펼쳐 두었는데, 그 나무는 밤이 되면 촛불처럼 빛났다.[309]

이와 같이 두 승려가 만일미타도량을 열고 50년 동안 부지런히 수행하였다고 하였다. 만 일이면 햇수로 30년 가까이 되는데, 50년이면 그 배에 이른다. 이 말의 뜻은 만 일을 기약했지만 이들 두 성사는 기일에 염두를 두지 않고 평생 염불을 했다는 것을 보여주는 것이라고 할 수 있다. 이러한 염불관념은 경전에서 잘 나타나고 있다. 『아미타경』에서 "만일 선남자 선여인이 아미타불의 이름을 듣고 그 이름을 마음속으로 간직(執持名號)하고 외우기를 하루나 이틀, 사흘, 나흘, 닷새, 이레 동안 한결같은 마음으로 염불하여 마음이 조금도 흐트러지지 아니하면"[310]이라고 설하고 있는데, 경설에서 '하루 내지 칠일간'이라고 한

---

[309] 앞의 책, 卷5 避隱 第8 「包山二聖」(대정장 49, p.1016중) "羅時有觀機道成二聖師 不知何許人 同隱包山(鄕去所瑟山 乃梵音 此云包也)機庵南嶺 成處北穴 相去十許 里 披雲嘯月 每相過從 成欲致機 則山中樹木皆向南而俯 如相迎者 機見之而往 機欲邀成也 則亦如之 皆北偃 成乃至 如是有年 成於所居之後 高巖之上 常宴坐 一日自巖縫間透身而出 全身騰空而逝 莫知所至 或云 至壽昌郡(今壽城郡)指骸焉 機亦繼踵歸眞 今以二師名命其墟 皆有遺趾 道成巖高數丈 後人置寺穴下 大平興國 七年壬午 有釋成梵 始來住寺 敞萬日彌陀道場 精懃五十餘年 屢有殊祥 時玄風信士 二十餘人歲結社 拾香木納寺 每入山採香 剪折淘洗 攤置箔上 其木至夜放光如燭."

것은 평생을 쉬지 말고 계속하라는 의미라고 본다.[311] 여기서 '내지 칠일간'이라는 것은 『무량수경』 제18원의 '내지십념乃至十念'과 같은 뜻이라고 할 수 있다. 이에 대하여 원효는 『아미타경소』에서 다음과 같이 논하고 있다.

"하루나 이틀이나 내지 이레 동안"이라고 한 것은 뛰어난 사람은 빨리 이루고 졸렬한 사람은 더디 익히기 때문이다. 그래서 『성왕경』에 말씀하시기를 "열흘 동안 명호를 외우라 한 것은 졸렬한 사람은 열흘에 비로소 이루기 때문이다"라고 했다. 그런데 혹 "하루나 이틀 등은 하품의 인이고, 닷새 엿새 이레라 한 것은 중품의 인이며, 내지 열흘은 상품의 인을 이루기 때문이다"라고도 한다.[312]

이와 같이 원효는 숫자의 개념을 수행의 계위에 비교하였다.[313] 이

---

310 『阿彌陀經』(대정장 12, p.347중) "若有善男子 善女人 聞說阿彌陀佛 執持名號 若一日 若二日 若三日 若四日 若五日 若六日 若七日 一心不亂."
311 이 期日念佛思想은 염불을 하도록 하기 위한 하나의 방편으로 아미타불을 念하는 사상이 발전하면서 형성된 것이며 이와 같은 期日念佛思想은 우리나라에 많은 영향을 주어 萬日念佛·千日念佛·百日念佛·四十九日念佛·二十一日念佛 등으로 발전되었다. 李太元, 『念佛의 源流와 展開史』(운주사, 1998) p.165.
312 『阿彌陀經疏』(대정장 37, p.350중) "一日乃至七日者 勝人速成劣者遲熟故 聲王經 說 十日誦名者 劣人十日乃成故 或一二日等是下品因 五六七日者 是中品因 乃至十 日成上品因."
313 원효의 논에 대해 보광 스님은 "원효가 주장하는, 일수가 많을수록 상위의 극락에 왕생한다고 하는 설은 대단히 새로운 학설이다. 신라에서 日數 신앙의 교리적 근거는 원효의 학설에 의해서 시작되었다고 할 수 있다"고 하였다. 韓普光, 『信仰結 社研究』(如來藏, 2000) p.119.

설명은 결국 평생 염불을 하라고 권하는 것이라고 본다. 그래서 선도는 『관경소』에서 다음과 같이 해석하였다.

> 일체범부의 죄와 복이 많고 적음, 시절이 오래되고 가깝고를 묻지 않고 다만 능히 위로는 백년을 다하고, 아래로는 1일, 7일에 이르기까지 일심으로 미타의 명호를 전념하면 결정코 왕생할 수 있다는 것에 반드시 의심이 없어야 한다.[314]

여기서 선도가 1일 내지 7일이라고 한 것은 반드시 한정된 날짜를 정하라는 것이 아니고 날짜의 길고 짧은 것을 묻지 말고 오랫동안 계속하라는 의미라고 본다. 「포산이성」조의 결사가 특이한 점은, 앞의 욱면비 염불결사는 신도가 수십 인(승전에는 승도 천 명)이 모여서 결사를 했다고 했는데 여기서는 승려 단 둘이서 결사를 시작하였다. 이것은 결사의 개념이 결사 인원의 많고 적음에 상관하지 않는다는 것을 보여주는 것으로 이해할 수 있다. 또 특이한 점은, 설화에 현풍에 사는 신도 20여 명이 해마다 사社를 만들어 향나무를 주워 절에 바쳤다고 했다. 여기서 '사社'를 만들었다는 것은 재가자들이 어떤 계와 같은 모임을 만들었다고 볼 수 있다. 그래서 이들 신도가 사찰의 부족한 물품을 보시하면서 결사자들이 수행에 전념하도록 조력한 것이라 할 수 있다. 이것은 앞의 욱면비 설화에서 '승도 천 명을 모아 둘로 나누어, 한 쪽은 일을 하도록 하고 다른 한 쪽은 정수精修를 하게 하였다'고 한 내용도 본 결사의 경우와 같은 성격이라 볼 수 있다. 이것은 다 같이

---

[314] 『觀無量壽佛經疏』(대정장 37, p.272상) "一切凡夫不問罪福多少時節久近 但能上盡百年下至一日七日 一心專念彌陀名號 定得往生 必無疑也."

수행을 하되 수행처가 제대로 유지되어 결사가 원만히 회향되도록 소임을 담당한 것으로 본다. 오늘날 각 사찰의 신도들이 사찰이 원만히 유지되도록 어떤 이름을 정하여 신도회를 조직하는 것과 같다.

한편, 포산의 결사는 설화 내용으로 보아 인적이 드문 깊은 산속임을 짐작할 수 있다. 일연의 찬시를 보면 그 정경을 상상할 수가 있다.

> 자색 띠풀과 거친 수수로 배를 채우고
> 입은 옷은 나뭇잎이지 베가 아니더라.
> 솔바람이 차갑게 부는 험한 바위산
> 해 저문 숲 아래로 나무꾼이 돌아오네.
> 깊은 밤 밝은 달 아래에 앉아 있으니
> 반쯤 젖혀진 옷깃이 바람에 나부낀다.
> 부들자리 깔고 누워 잠이 드니
> 꿈에도 혼히 티끌 같은 세상에 얽매이지 않는다.
> 구름은 무심코 떠가는데 두 암자의 터에는
> 산 사슴만 제멋대로 뛰놀고 인적은 드물다.[315]

이 찬시를 보면 세속의 인연을 완전히 끊고 소욕지족少欲知足하며 살아가는 수행자의 모습이 보인다. 본 찬시는 『삼국유사』의 「피은」편에 실려 있는데 일연이 본 설화를 이 「피은」편에 실은 것을 보면 필시 어떤 이유가 있다고 본다. 이것은 일연이 단순하게 숨어사는 이들의 멋이나 기리고자 한 것이 아니라 수행자가 취해야 할 본연의 자세를 알려주기 위한 것으로 보고 싶다. 수행자의 근본정신에 대해 『정법념처

---

315 앞의 책, 卷5 避隱 第8 「包山二聖」(대정장 49, p.1016중)

경』에서는 다음과 같이 설하고 있다.

> 욕심이 적어 만족할 줄 아는 법을
> 집을 나온 이는 수행해야 하나니
> 계율을 지닌 그런 사람은
> 열반의 길에 가까이 가리.
> 지은 바 있어도 바라지 않고
> 열반의 길을 부지런히 구하면
> 악마의 경계에 묶이지 않고
> 악마의 경계에 이르지 않으리.
> 만일 사람이 언제나 수행하되
> 바라는 마음을 내지 않으며
> 부지런히 정진하여 행을 닦으면
> 거기는 어떠한 고뇌도 없으리.
> 이미 지은 생각을 두려워하고
> 현재를 생각하여 또한 미래를 알면
> 번뇌의 결박을 벗어나리라.[316]

이러한 마음가짐이 수행자가 취해야 할 근본자세라고 하겠다. 일연은 이것을 보여주고자 본 설화와 찬시를 「피은」편에 수록했을 것으로 여겨진다. 그런데 문제는 이렇게 세속과 단절하여 수행하는 은둔의

---

[316] 『正法念處經』(대정장 17, p.196중) "少欲知足法 出家應修行 如是持戒人 則近涅槃道 所作不悕望 勤心涅槃道 不爲魔境縛 不至魔境界 若人常修行 不生悕望心 修行勤精進 則無有衆苦 念已作怖畏 思惟於現在 亦知於未來 則脫煩惱縛."

행각이 과연 민중을 위한 방편이 되겠느냐는 의문이 앞설 수 있다. 그러나 이 문제의 답은 있다. 그것은 현재 당장의 이익은 없더라도 미래를 위해서는 충분한 이익이 있다고 생각한다. 예를 들자면 현재 우리나라의 천년고찰들이 처음 불사를 시작할 때 사람이 많은 도시에서 시작한 것이 아니다. 인적이 끊어진 깊은 산중에 초막을 짓고 수행을 시작하였다.『삼국유사』에 기록된 창건설화들이 이를 말해주고 있다. 예를 들어 자장율사가 세웠다고 전해지는 설화「오대산 월정사 오류성중」조를 보면 알 수가 있다.

자장법사가 처음 오대산에 와서 부처의 진신을 보려고 산기슭에 띠를 엮어 집을 짓고 살았으나 7일 동안 나타나지 않았다. 그래서 묘범산妙梵山에 이르러 정암사淨岩寺를 세웠다. …… 이 월정사月精寺는 자장이 처음 띠를 엮어 지었고, 그 다음에 신효거사信孝居士가 와서 살았으며, 그 다음에는 범일의 제자 신의信義가 와서 암자를 짓고 살았다. 뒤에 수다사水多寺의 장로 유연有緣이 와서 살게 되면서 점점 큰절이 되었다.[317]

이와 같이 대찰이 세워질 때 처음에는 인적도 없는 깊은 산중에 띠집을 짓고 시작하였다. 선각자들은 미래의 중생요익을 위해 깊은 산중에 들어가 피나는 수행으로 부처님의 법을 닦으며 불사를 일으켰던 것이다. 포산의 결사도 이러한 미래의 중생요익을 위해 결성된 것이라고 볼 수 있다. 이에 대해 보광 스님은 논하기를, 신라의 염불결사는 교단의

---

317 앞의 책, 卷3 塔像 第4「五臺山 月精寺 五類聖衆」(대정장 49, p.1000상)

부패와 승려의 기강문란 등에 대한 새로운 반성과 자각 및 자정自淨 운동으로서 신앙결사가 조직되었다고 하였다. 특히 기성교단은 부패했다 하더라도 개인적으로 일부의 승려들은 출가수행자로서의 본분을 자각하여 청정한 승풍을 진작하려고 하는 움직임에 의해 신앙 공동체가 형성되었고, 이러한 염불결사는 도시를 떠나 깊은 산중에서 형성되었으며, 또 확고한 의지와 원력을 담은 결사문과 엄격한 청규清規, 철저한 수행 등 평생 신앙의 동지로서 서원을 가짐으로 가입이 가능하였다고 하였다.[318]

이상과 같이 설화를 통해 신라의 만일염불결사의 역사적, 신앙적 의의를 살펴보았는데, 신라시대의 염불결사는 귀족화된 불교를 서민을 위한 대중불교로 전환시키는 데 큰 역할을 하였다는 것을 알 수 있다. 『삼국유사』에는 크고 작은 결사 형식의 설화가 있으나 '만일염불'이라는 숫자를 기록한 설화는 지금까지 고찰한 단 두 편의 설화뿐이다. 본 고찰에서 아쉬운 점이 있다면 본 결사들이 결사명結社名이 없다는 점이다. 위 여산혜원의 염불결사처럼 합의된 결사의 이름이 지어졌더라면 좋았으리라는 생각이 든다. 예를 들자면 건봉사의 결사를 "건봉사 만일염불결사"라고 한 것과 같이 「포산이성」조의 염불결사를 "포산 만일염불사" 등으로 이름이 지어졌으면 좋았으리라는 것이 논자의 소견이다. 본 절에서 고찰한 만일염불결사에 대한 것을 정리해보면 다음과 같다.

만일염불결사의 원류는 동림사에서 시작한 여산혜원의 백련결사이다. 이 결사를 계기로 하여 신라에도 염불결사가 시작되었다. 신라에

---

318 한보광, 앞의 책, p.125 참조.

최초의 만일염불결사를 알리는 자료는 신라 경덕왕 때(742~764)의 「욱면비 염불서승」조이고, 그 다음은 고려시대(成宗 元年 982)로까지 이어진 「포산이성」조이다. 두 결사의 특징을 보면, 「욱면비 염불서승」조의 결사는 재가자들이 중심이 되어 일으킨 결사이고, 「포산이성」조의 결사는 출가자의 결사라는 점이다. 또한 「욱면비 염불서승」조의 결사는 결사 인원이 신도 수십 명(승전에는 천 명)이 결사를 시작했고, 「포산이성」조의 결사는 단지 출가자 두 명이 시작했다는 점이다. 이것은 시대적으로 민중을 향한 불교가 시작되었음을 알려주고 있는 것이다.

염불결사가 맺어지는 데에는 사회적 배경이 가장 근본적인 동기라고 할 수 있다. 혜원의 염불결사 당시는 전쟁이 잦았던 혼란한 시기였고, 신라 또한 전쟁의 후유증과 자연재해 등에서 오는 불안이 크던 시대였다. 이러한 사회적 상황을 배경으로 염불결사가 시작되었다고 본다. 이와 같은 동기를 지니고 출발한 염불결사의 본래 목적은 승려의 본분을 되살려 청정한 승풍을 진작하는 것이었다. 그 결과 당시 사회로부터 지탄받던 불교계는 새로운 계율 부흥운동의 촉매제가 되었으며, 출가자들은 반성과 자각의 자정 운동으로 인하여 승려의 본분을 되살리게 되었고 승풍이 진작되었다고 본다.

신라의 염불결사는 당시의 귀족화된 불교를 서민을 위한 대중불교로 전환시키는 데 큰 역할을 하였다고 본다. 이 염불결사로 인해 의지할 곳 없던 소외된 하층의 민중들에게 몸과 마음의 귀의할 곳을 생기게 하였고, 불교를 잘 모르는 민중들에게 불교를 알게 하였고, 특히 뚜렷한 정토신앙관을 심어주는 데 큰 역할을 하였다고 본다.

2. 오대산의 염불결사

신라에 염불결사의 형태를 뚜렷이 알려주는 것은 설화 「오대산 오만진신」조이다. 그런데 특이한 것은 이 설화에서 여러 유형의 신앙결사가 함께 맺어지고 있다는 점이다. 즉 어느 신앙을 특별히 정해서 결사를 맺은 것이 아니라 오방(五方, 동·서·남·북·중앙)에 오불(五佛, 관음·지장·미타·석가여래·비로자나불)을 정하여 오불에 대한 통합적인 결사가 이루어졌다는 점이다. 염불결사는 이 오불의 결사 가운데 하나인 미타염불결사를 말하며, 자세히는 '수정사水精社'를 말한다. 이 오대산의 신앙결사는 후대에 불국토사상, 밀교사상, 정토신앙 등 우리 고대 민중의 불교 신앙관을 연구하는 데 중요한 자료가 되고 있는데 이에 대한 선학들의 연구를 보면 주로 오대산 신앙에 대한 역사적 연구[319]와 오대산 신앙의 밀교적 연구,[320] 그리고 신앙사적인 관점[321]에서 논증하고 있고, 미타염불결사에 대해서는 보광 스님의 연구가 있다.[322]

본 고찰의 목적은 크게 두 가지다. 첫째는 오대산 신앙결사가 이루어진 동기와 목적이 무엇인가를 살펴보는 것이고, 둘째는 본 결사의

---

[319] 朴魯俊,「五臺山 信仰의 起源研究-羅·唐 五臺山 信仰의 比較論的 考察-」(『嶺東文化』 2, 강릉 관동대학 영동문화연구소, 1986)
辛種遠,「新羅五臺山史蹟과 聖德王의 卽位背景」(『韓國史學論叢』, 탐구당, 1987)
신동하,「新羅 五臺山信仰의 구조」(『人文科學研究』, 1997)
[320] 종석(전동혁),「밀교의 수용과 그것의 한국적 전개(2)」(『논문집』 4, 중앙승가대학, 1995),「密敎思想の新羅的展開-華嚴密만다라思想-」(大正大學大學院 研究紀要, 1987)
[321] 金相鉉,「統一新羅時代의 華嚴信仰」(『新羅文化』 2, 동국대 신라문화연구소, 1985)
[322] 韓普光,『信仰結社研究』(如來藏, 2000)

신앙적 성격을 살펴보는 데 있다. 설화의 전문이 장황하므로 편의상 필요한 부분만을 인용하며 살펴보고자 한다. 먼저 설화를 통하여 본 결사가 이루어진 최초의 동기를 보면, 신라의 오대산 신앙이 처음으로 생기게 된 동기는 자장법사에 의해서임을 알 수 있다. 그것은 자장의 행적이 잘 말해주고 있는데 자장에 대한 기록은 『삼국유사』의 「자장정률」조,[323] 「명주 오대산 보질도 태자 전기」조[324]와 본 설화 「오대산 오만진신」조에 나타나고 있다. 이 세 기록 가운데 자장의 행적에 대해서는 「오대산 오만진신」조가 가장 구체적으로 기록되어 있다. 내용은 다음과 같다.

이 산은 자장법사 때부터 진성眞聖, 즉 문수보살이 살던 곳이라 부르기 시작하였다고 한다. 처음에 법사가 중국 오대산의 문수진신을 보려고 선덕왕 시대인 정관 10년 병신년(636)에 당나라에 들어갔다. 처음에 중국 태화지太和池 가의 문수석상이 있는 곳에 도착하여 경건하게 7일 동안 기도를 드렸더니, 갑자기 부처님으로부터 4구로 된 게偈를 받는 꿈을 꾸었다. 꿈에서 깨어나 4구의 뜻은 기억할 수 있었으나 모두 범어여서 그 뜻을 도무지 풀 수가 없었다. 다음날 아침 어떤 승려가 붉은 비단의 금색가사 한 벌과 부처의 바리때 한 개와 부처의 머리뼈 한 조각을 가지고 법사의 옆으로 와서 물었다. "왜 그리 수심에 쌓여 있으시오?" 법사가 대답했다. "꿈에 4구게를 받았는데 범어로 되어 있어 풀 수가 없기 때문이오." 승려가 게를 번역하여 말하였다. …… 그리고는 가져온 가사 등을 주면서 부탁하

---

[323] 『삼국유사』 卷4 義解 第5 「慈藏定律」(대정장 49, p.1005상)
[324] 위의 책, 卷3 塔像 第4 「溟州 五臺山 寶叱徒 太子 傳記」(대정장 49, p.999하)

였다. "이것은 우리 스승 석가모니께서 쓰시던 물건이니 그대가 잘 보관하시오." 또 말하기를 "그대의 나라 동북쪽 명주溟州 경계에 오대산이 있는데 1만의 문수보살이 언제나 그곳에 머물러 있으니 가서 뵙도록 하시오." …… 법사는 정관 17년(643)에 오대산에 이르러 문수보살의 진신을 보려고 하였으나 사흘 동안이나 계속 날이 흐려 보지 못하고 다시 원녕사元寧寺에 머물면서 마침내 문수보살을 보게 되었다. 그 이후 문수보살이 이른 대로 칡넝쿨이 서려 있는 곳으로 갔는데, 그곳이 바로 지금의 정암사淨嵓寺이다.[325]

이와 같이 설화에서는 신라 오대산 신앙이 최초로 자장법사에 의해서 그 기초가 이루어진 것임을 알리고 있다. 또한 이 기록에서 신라 오대산 신앙이 중국의 오대산 신앙으로부터 영향을 받아 이루어졌음을 알 수가 있다. 그리고 또 신라의 오대산 신앙은 화엄사상을 모태로 하고 있는데, 그것은 그 원류인 중국의 오대산 신앙이 화엄사상을 모태로 하고 있기 때문이라는 것은 이미 밝혀진 바이다.[326] 그 근거는 『화엄경』에 의한 것임을 알 수 있다. 경설을 보면

동북방에 청량산이 있으니 옛적부터 보살들이 거기에 있었으며, 지금은 문수보살이 그의 권속 1만 보살과 함께 그 가운데 있으면서 법을 설하느니라.[327]

---

[325] 위의 책, 卷3 塔像 第4 「臺山五萬眞身」(대정장 49, p.998중하)

[326] 박노준은 오대산 신앙의 기원에 대해서 자세히 밝히고 있다. 앞의 논문, pp.51~69 참조.

[327] 『華嚴經』(80화엄) 「諸菩薩住處品」(대정장 10, p.241중) "東北方有處 名淸涼山

라고 하였는데, 중국의 오대산 신앙은 이와 같은 『화엄경』의 사상에 의하여 발생되었다고 본다. 위의 경설에서 "동북방에 청량산이 있으니"라고 한 것이 그것을 증명하고 있다.[328]

이와 같은 역사성을 지닌 중국의 오대산 신앙이 자장법사에 의해 신라의 오대산에 전해지게 되었다고 본다. 신라 오대산 신앙결사의 대표 명칭을 '화엄결사'라고 부르게 된 것도 이와 같은 사상에 연유한 것임을 짐작할 수 있다. 이렇게 전해진 오대산 신앙은 정신대왕淨神大王[329]의 태자 보천寶川과 효명孝明 두 형제에 의해 나름대로의 첫 행보를 시작하게 된다.

설화에 의하면, 두 형제는 각기 천 명의 무리를 이끌고 오대산으로 숨어들어 형인 보천은 푸른색 연꽃이 땅을 뚫고 올라온 곳에 보천암을 짓고, 동생 효명도 동북쪽으로 600여 보 떨어진 푸른색 연꽃이 피어난 곳에 암자를 짓고 각기 부지런히 업을 닦으며 수도를 시작하였다. 그러던 어느 하루 형제가 함께 다섯 봉우리에 예배하기 위해 올라가는데 동쪽 대(東臺)인 만월산滿月山에 1만의 관음진신이 나타나고, 남쪽 대인 기린산麒麟山에는 여덟 보살을 우두머리로 하여 1만의 지장보살이 나타나고, 서쪽 대인 장령산長嶺山에는 무량수여래를 우두머리로 하여 1만의 대세지보살이 나타나고, 북쪽 대인 상왕산象王山에는 석가여래를 우두머리

從昔已來 諸菩薩衆 於中止住 現有菩薩 名文殊師利 與其眷屬 諸菩薩衆 一萬人俱 常在其中 而演說法."

328 박노준은 중국 오대산의 기원이 『화엄경』에 의거했다는 것을 여러 가지 예를 들어 밝혔다. 앞의 논문, p.59 참조.

329 정신대왕은 『삼국사기』에는 보이지 않는데, 보통 신라 32대 왕인 孝昭王(692~702 재위)으로 본다.

로 하여 5백의 대아라한이 나타나고, 지로산地盧山이라고도 하는 중대中臺 풍로산風廬山에는 비로자나불을 우두머리로 하여 1만의 문수보살이 나타났다. 두 형제는 마침내 감응을 받았다. 형제는 이와 같은 5만의 진신들에게 하나하나 경배했는데 매일 새벽마다 문수보살이 진여원(眞如院, 지금의 上院)에 36가지 형상으로 변하여 나타났다고 한다. 그런데 이때에 나라의 신하들이 두 형제에게 임금 자리를 권유하였다. 형 보천은 울면서 임금 자리를 사양하므로 동생 효명이 하산하여 성덕왕聖德王으로 즉위(702)하게 되어 여러 해 동안 나라를 다스렸다. 그렇게 나라를 다스리던 성덕왕은 즉위 4년 만에 직접 모든 관료를 거느리고 다시 산으로 들어와 불전과 불당을 짓고 또 문수대성의 형상을 진흙으로 만들어 법당 안에 모시고, 지식을 갖춘 영변靈卞 등 5명에게 돌아가면서 『화엄경』을 오랫동안 읽게 하고 화엄모임을 조직토록 하였다.[330]

이것이 이른바 오대산의 '화엄결사'가 이루어진 동기이다. 그런데 특이한 것은 이 결사를 국가가 주도했다는 점이다. 이 결사의 유형을 보광 스님은 '국가주도형' 결사라고 했다.[331] 여기에서 결사의 목적이 나타나고 있다. 당시는 왕권국가이므로 그 목적이 왕권의 강화를 위한 것도 있었겠지만, 무엇보다 나라의 안녕을 기원하고자 했음이 나타난다. 그 증명은 성덕왕이 다시 산으로 돌아와 불사를 일으킨 것을 보아도 알 수가 있고, 또한 성덕왕은 결사에 소용되는 비용을 왕명으로 모두 국가에서 부담하게 했다는 것을 보면 알 수가 있다. 다음의 기록이 이를 말해준다.

---

[330] 앞의 책, 卷3 塔像 第4「溟州 五臺山 寶叱徒 太子 傳記」(대정장 49, p.998)
[331] 보광 스님은 결사의 유형을 국가주도형과 민간주도형으로 분류하여 체계적으로 논의하였다. 앞의 책, p.14 참조.

성덕왕은 오랫동안 공양 비용을 대기 위해 매년 봄과 가을이면 그 산과 가까운 고을이나 현에서 창고의 곡식 100석과 맑은 기름 한 섬씩을 바치게 하고 이것을 일정한 규칙으로 삼았고, 진여원에서 서쪽으로 6천 보 떨어진 곳에 이르러 모니재(牟尼岾)와 고이현 밖에 시지柴地 15결, 밤나무 밭 6결, 좌위坐位 2결을 내어주고 장원(莊舍)을 세웠다.[332]

이와 같이 성덕왕은 왕명으로 결사의 모든 비용을 국가에서 부담하게 하였다. 여기서 성덕왕의 성품이 잘 나타나고 있다. 즉 성덕왕은 임금의 신분으로서 국사를 돌보고 있지만 마음은 언제나 불도를 염두에 두고 있었음이 나타나 있다. 그것은 성덕왕이 처음부터 나라 정치에는 관심이 없이 형 보천과 함께 불도에 정진한 것을 보아도 알 수 있다. 그러나 이때까지는 완전한 결사의 체계가 없었다. 구체화된 결사체계가 이루어진 것은 보천이 입적하면서부터이다. 그것은 보천이 입적하는 날, 앞날의 행사에 대해 남긴 글에서 알 수가 있다. 이 글은 각 방의 결사명과 수행시간표인데 원문 내용을 보면 다음과 같다.

이 산은 곧 백두산의 큰 줄기로 각 대는 진신이 상주하는 곳이니, (다음과 같이 하라.)
① 푸른색(靑)은 동쪽 대의 북쪽 모퉁이 아래와 북쪽 대의 남쪽 기슭 끝이므로 마땅히 관음방을 설치하여 원상圓像 관음과 푸른 바탕에 1만 관음상을 그려 모시고, 복전승福田僧 5명이 낮에는 8권의 『금경』・『인왕반야경』・『천수주』를 읽고, 밤에는 『관음경』 예참을 외우

---
[332] 앞의 책(대정장 49, p.998)

게 하여 이곳을 원통사圓通社라 부르도록 하라.
②붉은색(赤)은 남쪽 대의 남쪽에 있으니 지장방을 두어 원상 지장과 붉은 바탕에 8대 보살을 우두머리로 하여 1만 지장상을 그려 모시고, 복전승 5명을 두어 낮에는 『지장경』과 『금강반야경』을 읽고, 밤에는 『점찰경』예참을 외우게 하여 금강사金剛社라 부르게 하라.
③흰색(白)은 서쪽 대 남쪽에 있으니 미타방을 두고 원상 무량수불과 흰 바탕에 그린 무량수여래를 우두머리로 한 1만 대세지보살을 모시고, 복전승 5인을 두어 낮에는 8권의 『법화경』을 읽고, 밤에는 『미타예참彌陀禮懺』을 외우게 하여 수정사水精社라 일컬어라.
④검은색(黑)은 북쪽 대 남쪽에 있으니 나한당을 설치하여 원상 석가불과 검은 바탕에 석가여래를 우두머리로 하여 5백 나한을 그려 모시고, 복전승 5명을 두어 낮에는 『불보은경』과 『열반경』을 읽고, 밤에는 『열반경』예참을 외우게 하여 백련사白蓮社라 일컬으라.
⑤누런색(黃)은 중앙 대 진여원에 있으니 중앙에는 진흙으로 만든 문수보살과 부동명왕을 모시고, 뒷벽에는 누런 바탕에 비로자나불을 우두머리로 하여 36화형을 그려 모시고, 복전승 5명을 두어 낮에는 『화엄경』과 『육백반야경』을 읽고, 밤에는 문수예참을 외우게 하고 화엄사華嚴社라 일컬으라. 보천암은 화장사華藏寺로 고쳐 세워 원상 비로자나 삼존과 『대장경』을 모시고, 복전승 5명을 두어 낮에는 『문장경』을 읽고, 밤에는 화엄신중을 외우되 매년 백일 동안 화엄회를 설치하여 법륜사法輪社라 불러라.
이렇게 하여 화장사를 오대사五臺社의 절로 삼아 튼튼하게 지키고, 정행복전淨行福田에게 명하여 길이 향화를 받들게 하면 국왕이 천추千秋를 누리고 백성들이 평안하고 태평하며, 문무가 모두 화평하고

온갖 곡식이 풍년들게 될 것이다. 또 하원에 문수갑사를 배치하여 모임(社)의 도회로 삼고, 복전승 7인을 두어 밤낮으로 언제나 화엄신중 예참을 시행하게 하라.

하서부 도내道內 8주州의 세금으로 위의 37인[333]의 재의 비용, 옷의 비용, 공양 하는 데 필요한 네 가지 물건의 비용을 충당하라. 군왕이 대대로 이것을 잊지 말고 받들어 행한다면 다행한 일이겠다.[334]

---

[333] 여기서 37인이라고 한 것은 밀교의 成身會 37尊 만다라를 말하는 것이다. 『金剛頂經瑜伽十八會指歸』에 보면 다음과 같이 나와 있다. "瑜伽教十八會는 5부와 4종만다라와 四印, 그리고 37존으로 구성되어 있다. 곧 각 部마다, 그리고 각 尊마다 37존과 4만다라와 四印이 갖추어져 상호 섭입하고 있는 것이다. 마치 제석천의 網珠처럼 그 광명이 서로 비추어서 無限을 이룬다. 따라서 수행자가 이『瑜伽經』의 대의를 통달할 것 같으면 遍照佛과 같은 복덕과 지혜 자량을 갖추게 되어 自性身과 受用身과 等流身의 四種法身을 증득하게 되어 능히 일체 유정과 제보살과 성문연각을 비롯한 모든 외도를 利樂하게 하기 때문에 이름하여 瑜伽金剛乘이라 하는 것이다."(대정장 18, p.284하)

이 「五臺山 五萬眞身」條에 기록된 37존에 대해 종석 스님은 설명하기를, 소위 五臺山曼陀羅道場佛事로 알려진 이 道場記事는 五方, 五色, 五佛, 37員 등에 의해 구성된 금강계만다라를 기본으로 하면서 당시(702년경 전후) 민중에 성행했던 관음신앙, 지장신앙, 화엄신앙 등을 합성해 놓은 道場佛事인데, 이것은 顯과 密이 하나로 통일된 新羅의 密嚴曼陀羅道場佛事였다고 하였다. 다시 말해 만다라의 中臺에 비로자나를 중심으로 문수보살과 不動明王을 봉안하였다. 또 총지종 개산조 혜통에 의해 신라에 전해진 聖觀音信仰과 원광과 밀본에 의해 신앙화 된 占察懺法, 그리고 의상과 원효에 의해 뿌리를 내린 화엄신앙 등 당시 민중 속에 깊이 뿌리 내리고 있던 각종 신앙들을 복합시켜 놓은 것이 五臺山曼陀羅道場佛事라고 하였다. 종석(전동혁),「밀교의 수용과 그것의 한국적 전개(2)」(『논문집』 4, 중앙승가대학, 1995) p.14 참조.

[334] 앞의 책(대정장 49, p.998)

위의 내용을 보면 관음, 지장, 미타, 석가여래, 비로자나불을 오방에 각각 우두머리로 하여 각 방위마다 그곳에 해당하는 1만의 상을 그려 모시고 경전과 다라니 등을 염송하게 하라고 하였다. 이것은 당시 신라인의 신앙성을 볼 수 있는 것으로서, 이 신앙관은 어느 특정된 신앙에 치우치지 않았다는 것을 말해주고 있다. 또한 위의 행사문에는 "국왕이 천추를 누리고 백성들이 평안하고 태평하며, 문무가 모두 화평하고 온갖 곡식이 풍년들게 될 것이다"라고 하여 결사의 동기와 목적을 분명하게 명시하고 있다.

정토염불결사는 위의 행사문 ③에 "서쪽 대 남쪽에 미타방을 두고 무량수불과 1만 대세지보살을 모시고, 낮에는 8권의 『법화경』을 읽고 밤에는 『미타예참』을 외우게 하여 수정사라 일컬어라" 하였는데 이 결사가 바로 미타염불결사이다. 명칭도 '수정사'라고 분명히 하였다. 이와 같이 명칭이 지어진 결사는 신라시대에서는 처음 있는 일이다. 이 명칭만 보아도 염불결사가 매우 체계적으로 계획된 것임을 알 수가 있다.

그런데 위의 행사문을 보면 염불수행법이 나오는데, 낮에는 『법화경』을 읽고 밤에는 『미타예참』을 외우게 하였다. 『미타예참』은 아미타불을 본존으로 모시고 예경하고 참회하는 의례를 말하는 것으로, 그동안 자신이 지은 죄를 깊이 참회하고 염불하며 극락왕생을 발원하는 것이므로 염불결사의 수행법으로는 당연한 것이지만, 낮에 『법화경』을 읽으라고 한 것은 무슨 이유일까? 본 설화에서는 이를 밝힌 바 없지만, 논자의 생각으로 이것은 법화사상과 미타사상이 서로 연관성이 있기 때문이라고 본다. 즉 아미타불의 협시보살은 관세음보살과 대세지보살인데, 관세음보살이 등장하는 경전이 『법화경』의 「관세음보살보문품觀世音

菩薩普門品」이기 때문이라고 볼 수 있다. 또한 이것은 보천이 천태종의 법화사상을 가지고 있었다는 것을 말해주는 것이다. 왜냐하면 천태종은 법화사상을 근본으로 삼기 때문이다. 그래서 보천은 천태종의 법화사상과 미타정토사상을 하나로 융합하고자 한 것이라고도 볼 수 있다. 즉 법화의 열반관과 미타의 왕생관을 하나로 통일시키고자 한 것이라고 본다. 만약 보천에게 이러한 사상이 없다면 『법화경』과 『미타예참』을 같이 독송하라고 할 이유가 없었을 것이다. 이러한 예는 훗날의 일이지만, 고려시대 원묘국사圓妙國師 요세(了世, 1163~1245)가 맺은 백련결사에서도 볼 수가 있다. 백련결사는 천태종 수행의 결사로서 그 수행법으로는 법화삼매와 정토에 태어나기 위한 수행법이었다.[335]

여기서 잠시 백련사 제2대 법주法主인 정명국사靜明國師 천인(天因, 1205~1248)이 지은 「미타찬게」를 보자. 이 게송은 아미타불을 찬탄하며 극락정토에 왕생할 것을 권하는 게송으로 되어 있는데, 말미에 보면 법화사상과 극락정토사상의 통일을 강조하고 있다.

내가 듣건대 아미타부처님의 법성신은
그 양이 허공과 같아서 걸림이 없으시며,
법성에 근거하여 존대함과 특수함을 드러내시니,
서방극락세계에서 움직이지 않고서도 사바세계에 두루하시네.
이러한 즉 나의 몸과 마음이 따로 있지 않은데도
마음 밖에서 구하니 전도됨이 심하구나.
무릇 상이 있는 모든 것은 허망하나

---

[335] 韓普光, 앞의 책, p.166 ; 이병욱, 『고려시대의 불교사상』(혜안, 2002) p.295.

그 근원은 청정하여 오는 것도 없고 가는 것도 없다네.
마음의 청정함을 믿어 깨침이 곧 청정한 부처의 세계라는
생각을 낸다면 서방정토에 태어날 것이나,
오염된 마음을 가지고 극락세계에 왕생하고자 한다면
마치 네모난 나무토막을 둥근 구멍에 맞추려는 것과 같으리라.
아미타부처님은 전생에 왕자였을 때
『법화경』을 외운 공덕으로 속히 성불하셨으니,
누구든 금세에 『법화경』과 인연을 맺은 자는
극락정토에 태어나 몸소 가장 묘한 법을 들으리라.[336]

이와 같이 아미타불이 전생에 왕자였을 때 『법화경』을 읽은 공덕으로 성불하였다는 것을 예로 들고 있다. 그래서 금생에 『법화경』과 인연을 맺은 사람은 극락정토에 태어난다는 경전의 예를 들면서 법화와 정토를 하나로 통일할 것을 강조하고 있다. 이러한 사례를 볼 때 보천도 법화사상과 미타신앙을 하나로 융합하려고 한 것이라고 볼 수 있다.

다음 결사의 일수日數를 보면, 오대산 결사는 기일을 분명하게 정한 것이 없으므로 만일염불결사와 같은 기일결사의 형식은 아니다. 그러나 이 결사를 처음부터 기일로 따진다면 만 일도 넘는다. 그것은 보천의 행적을 보면 알 수가 있다. 기록 내용은 다음과 같다.

---

336 「彌陀讚偈」,(한불전 6, p.195) "我聞彌陀法性身 量等虛空無罣碍 衣於法性現尊特 不動四方徧沙界 是則不離我身心 心外別求甚顚倒 凡聖有相皆虛妄 一源清淨無來往 信知心淨佛土淨 動念卽是生淨土 心染欲生蓮華界 如將方木逗圓孔 彌陀昔爲王子時 覆講法華疾成佛 今世結緣法華者 生彼親聞轉最妙."

보천寶川은 언제나 영험 있는 골짜기의 물을 길어다 먹었기 때문에 늘그막에는 육신이 허공을 날아 유사강流沙江 밖의 울진국蔚珍國 장천굴掌天窟에 이르러 머물면서 『수구다라니경』을 외우는 것을 하루의 일로 삼았다. 그러자 장천굴의 신이 현신하여 말했다. "내가 이 굴의 신이 된 지 벌써 2천 년이나 되었지만, 오늘에야 비로소 『수구다라니경』의 진리를 들었습니다. 청컨대 보살의 계를 받고자 합니다." 계를 받고난 다음 날 굴의 형체가 없어져, 보천이 놀랍고 이상하게 생각하여 머문 지 20일 만에 오대산 신성굴神聖窟로 돌아왔다. 다시 50년 동안 수도를 하니 도리천의 신이 하루 세 번 와서 설법을 듣고, 정거천의 무리들이 차를 끓여 바쳤으며, 40명의 성인은 10척 높이의 공중을 날면서 언제나 호위하고, 가지고 다니던 지팡이는 하루에 세 번씩 소리를 내며 방을 세 바퀴씩 소리를 내며 돌아다녔으므로, 이것을 쇠북과 경쇠소리로 삼아 시간에 맞추어 수업하였다.[337]

위의 내용에서 보천은 50년을 수도했다고 하였다. 50년이면 만일염불의 거의 두 배에 가까운 날짜이다. 따라서 오대산 염불결사는 평생의 결사라고 할 수 있다. 여기까지 살펴보는 과정에서 본 고찰의 목적인 오대산 신앙결사의 동기와 결사의 목적 및 역할 등이 잘 나타나고 있음을 볼 수 있다.

다음은 본 결사의 신앙적 성격에 대해서 살펴보자. 본 결사의 신앙적 성격은 처음부터 밀교의 신앙체계를 갖추고 있음을 볼 수 있다. 위에서 보천이 "『수구다라니경』[338]을 외우는 것을 하루의 일로 삼았다"고 하는

---

[337] 앞의 책(대정장 49, p.999중)
[338] 隨求陀羅尼는 중생의 구하는 원에 따라 성취한다는 뜻이다. 이 경에 의하면 파계한

것으로 보아 보천은 밀교의 수행법을 닦았다는 것을 알 수가 있다. 이것만 보아도 오대산 신앙결사가 근본적으로 밀교사상을 근간으로 이루어졌다는 것을 의미하고 있다. 따라서 본 고찰은 보천이 임종 시에 남긴 위의 행사에 대한 글에 나타난 밀교적 신앙체계에 대해 간략히 언급하고자 한다. 그런데 위의 행사에 대한 글을 보면 밀교적 체계는 분명하지만 경전상의 배치와는 차이가 있다. 우선 위의 보천이 설계한 행사표를 보면, 오방오색五方五色을 다음과 같이 배치하였다.

동東 — 청靑

서西 — 백白

남南 — 적赤

비구가 중병에 들었을 때 우바새 바라문이 이 신주를 써서 병든 비구의 머리에 매면 이 사람이 죽어서 일단 지옥에 들어가나 이 신주의 공덕으로 자신과 다른 사람들이 모두 지옥의 고통을 면하고 도리천에 태어난다고 한다. 『隨求陀羅尼經』 (대정장 20, p.616) 참조.

종석 스님은 『隨求陀羅尼經』이 오대산 道場佛事에서 외우게 된 경로와 동기를 다음과 같이 추정하였다. 개산조 혜통으로부터 밀교의 총지법을 부촉 받은 총지종의 승려 명효는 종단의 사명을 안고 입당하여 당시 당에서 활약하고 있던 밀교승 實思惟를 만나 총지법을 배워 701년 신라에 귀국하였는데, 이때 보사유로부터 자신이 역출한 『不空羂索陀羅尼自在王經』(3권)과 『隨求得大自在羅尼經神呪經』 (1권)과 더불어 다른 밀교경전들을 선사받았다고 한다. 명효의 귀국 후 총지종은 교리의 정비와 종파 세력 확보에 박차를 가하게 되며, 이러한 노력으로 다라니지송 신앙은 점점 일반 민중에게 파급되게 되었다고 한다. 이러한 원류가 있는 『隨求陀羅尼經』은 오대산 도량불사, 곧 금강계만다라법을 기본으로 하면서 당시 민중에 성행했던 관음·지장·화엄신앙 등을 융합시켜 놓은, 이른바 '顯密綜合信仰佛事'는 바로 이러한 과정 속에서 탄생된 도량불사, 다시 말해 만다라와 다라니를 중심교리로 삼고 있던 총지종의 불사였을 것이라고 하였다. 종석, 앞의 논문, p.14 참조.

북北 — 흑黑

중앙中央 — 황黃

    이와 같이 보천은 동방엔 청색, 남방엔 적색, 북방엔 흑색, 중앙엔 황색으로 배치했다. 그런데 이러한 배치는 밀교의 배치와 차이성이 있다. 『묘길상평등비밀최상관문대교왕경』에서는 다음과 같이 배치하고 있다.

동 — 청靑

남 — 황黃

서 — 홍紅(赤)

북 — 녹綠

중앙 — 백白[339]

    이와 같이 경전과 다르게 색이 배치되는 것은 중국의 오행五行사상에 따른 것이라고 할 수 있다.[340] 신라에서도 이러한 오행사상을 따랐다는 것이 『삼국유사』에 나타나고 있다. 『삼국유사』의 「선덕왕 지기삼사」조에 보면

---

[339] 『妙吉祥平等秘密最上觀門大敎王經』(대정장 20, p.909중) "加持五色綵 東靑南黃色 西紅北綠色 中方用白色."

[340] 신동하는 설명하기를, 중국 漢代에는 四神信仰이 발달하여 東-靑龍, 西-白虎, 南-朱雀, 北-玄武가 각각 방향에 따라 배정되어 古墳이나 畵像石 등에 나타나는 예를 볼 수 있다고 하였다. 「新羅 五臺山信仰의 구조」(『人文科學硏究』, 1997) p.14 참조.

꽃 그림에 나비가 없어 향기가 없는 것을 알았다. 이는 당나라 황제가 배필이 없는 나를 놀린 것이다. 개구리의 성난 모습은 군사의 형상이고, 옥문玉門이란 여인의 음부로서 여인은 음이 되며 그 색깔이 흰데, 흰색은 서쪽을 나타내기 때문에 군사가 서쪽에 있음을 알았다.[341]

라고 하였다. 이것은 당시 신라에 음양오행설이 보편화되었다는 것을 의미하는 것이다. 이러한 오방오색설五方五色說의 관념이 오대산 신앙에서도 나타나고 있다. 다음 오방오불五方五佛의 배치를 보면 오대산 신앙에서는 오방오불을 다음과 같이 배치하고 있다.

동 — 관음보살
서 — 아미타불
남 — 지장보살
북 — 석가여래불
중앙 — 비로자나불

이와 같이 배치하여 밀교의 오방불 체계를 따르고는 있지만 밀교의 배치와는 또 다르다. 『보리심론』[342]에 보면 다음과 같다.

---

341 앞의 책, 卷1 紀異 第1 「善德王知幾三事」(대정장 49, p.986중)
342 『菩提心論』(대정장 32, p.573하) "東方阿閦佛 因成大圓鏡智 亦名金剛智也 南方寶生佛 由成平等性智 亦名灌頂智也 西方阿彌陀佛 由成妙觀察智 亦名蓮華智 亦名轉法輪智也 北方不空成就佛 由成成所作智 亦名羯磨智也 中方毘盧遮那佛 由成法界智爲本."

동 — 아촉불
남 — 보생불
서 — 아미타불
북 — 불공성취불
중앙 — 비로자나불

이것이 금강계만다라의 위치다. 두 배치를 비교해 보면 서방과 북방, 중앙은 서로 일치하고[343] 동방과 남방은 서로 다르다. 즉 오대산의 동방은 관음보살을 배치하고, 금강계만다라에서는 아촉불을 배치하고 있다. 또 오대산의 남방은 지장보살이고, 금강계만다라에서는 보생불을 배치하고 있다. 이것이 각각 일치하지 않는다. 이에 대해 금강수우는 설명하기를, 밀교에서는 불공성취여래를 석가여래와 동체로 생각하고 있고, 남방의 지장보살을 금강계만다라에서는 보생여래가 그 4권속 가운데 금강당보살로 변화하는 것이므로 보생여래가 지장보살로 변화한 것이라고 볼 수 있기 때문이라고 하였다.[344] 다만 동방에 관음보살이 배치된 것에 대해 홍윤식은 설명하기를, 금강계만다라에서는 서방의

---

[343] 북방의 佛名이 서로 다른데 일치한다고 한 것은, 석가모니불과 『菩提心論』의 不空成就佛은 같은 불이기 때문이다. 不空成就佛(Amogha-siddhi)은 밀교의 五佛, 곧 五智如來 가운데 한 부처님으로 阿目伽悉地라 음사한다. 밀호는 悉地金剛 또는 成就金剛이며, 삼매야형은 羯磨杵이다. 갈마저란 사업을 완성한다는 뜻이다. 불공성취불은 북방의 주존불로서 중생을 교화하는 사업이 원만하게 성취되어 허망하지 않다는 뜻에서 불공이라 한 것이다. 『諸佛境界攝眞實經』에 "북방에 계신 불공성취여래의 4대보살을 관상하라"(대정장 18, p.278중)고 하였다. 종석, 『밀교학개론』,(운주사, 2000) p.112. p.114. p.178 참조.

[344] 金剛秀友, 『密敎の哲學』(平等寺書店, 1972) pp.168~178.

아미타불에 부속하는 것이나, 한국에서는 일찍부터 관음신앙이 성행하여 동방에 독립적으로 배치한 것이라 보인다고 하였다.[345]

이와 같은 이치로 본다면 보천의 오방불 배치는 결국 틀리지는 않는다. 다만 동방의 관음보살이 밀교의 만다라와 다르다고 할 수 있는데, 이것은 보천이 밀교의 금강계만다라를 몰라서 그렇게 배치한 것이 아니라고 본다. 이는 위의 설명을 참조해 볼 때, 보천은 나름대로 신라에 신라적 만다라를 정착시키고자 하는 의도가 있었기 때문에 동방에 배치했다고 볼 수 있다. 그 의도란 이미 그때는 시기적으로 의상으로 하여금 동해안에 관음보살이 상주한다는 관음진신 주처 신앙이 알려져 있었기 때문이라고 본다. 이러한 짐작이 맞는다면 결론적으로 보천도 의상처럼 신라의 불국토를 꿈꾸었던 것이라고 할 수 있다.

이상과 같이 살펴본 바에 따르면, 오대산 결사신앙이 그 명칭은 화엄결사라고 하지만 결사의 신앙적 성격은 밀교적 사상과 신앙체계에서 이루어졌다[346]는 것을 알 수 있다. 이상의 두 가지의 주제를 가지고 오대산의 염불결사에 대해 고찰한 것을 종합적으로 정리해보면 다음과 같다.

오대산 신앙의 원류는 중국의 오대산 신앙에서 비롯되었으며 신라의 오대산 신앙은 자장에 의해 그 기초가 마련되었고, 자장의 사상을 이어받은 신라 오대산의 신앙결사의 체계적 출발은 보천과 효명에 의한 것이라 본다. 또한 결사의 규모를 보면 설화에서 두 형제가 각각 천 명의 무리를 이끌고 결사를 시작했다고 하는 기록으로 볼 때 결사가

---

345 홍윤식, 「新羅華嚴思想의 社會的 展開와 만다라」(『韓國史學論叢』 20, 1983) pp. 296~297 참조.
346 종석, 앞의 논문, pp13~15 참조.

매우 대규모 결사임을 말해주고 있다. 그리고 오대산 신앙결사의 명칭을 화엄결사라고 한 것은 중국 오대산 신앙이 화엄사상을 모태로 하고 있기 때문이다. 그러나 명칭은 화엄결사이지만 신앙적 성격은 밀교적 바탕으로 이루어졌음이 나타나 있다. 이는 설화의 오방오불설의 배치가 이를 증명하고 있다.

한편 오대산 신앙의 동기와 목적은 설화에 실린 행사표에 잘 나타나고 있는데, 행사문 말미에 "국왕이 천추를 누리고 백성들이 평안하고 태평하며, 문무가 모두 화평하고 온갖 곡식이 풍년들게 될 것이다"라고 한 것에서 이미 동기와 목적이 설정된 것이라 본다.[347] 오대산 신앙의 가장 큰 특징은 국가가 주도하여 결사가 원만히 진행되도록 지원을 아끼지 않았다는 점이다. 행사문 끝에 "하서부 도내 8주의 세금으로 위의 37인의 재의 비용, 옷의 비용, 공양하는 데 필요한 네 가지 물건의 비용을 충당하라. 군왕이 대대로 이것을 잊지 말고 받들어 행한다면 다행한 일이겠다"고 한 것이 이를 증명하고 있다.

본 절의 중심주제인 정토염불결사는 행사표에서 서쪽 대 남쪽에 미타방을 두고 원상 무량수불과 흰 바탕에 그린 무량수여래를 우두머리로 한 1만 대세지보살을 모시고, 복전승 5인을 두어 낮에는 8권의 『법화경』을 읽고 밤에는 아미타불 예참을 외우게 하였다는 것으로 증명된다. 그런데 이 염불결사의 특이한 점은 『법화경』과 미타예참을

---

[347] 이러한 경우에 있어서 결사의 경비는 국가에서 충당하고 있는 것이 상례이다. 그러나 신앙결사가 본래의 의미는 상실하게 되고 국가를 위한 하나의 조직체로 전락할 수가 있다. 그러므로 국가주도형의 신앙결사는 왕실을 위한 祈福延命과 除災招福에 더욱 비중을 두었으며, 전제군주에 예속된 하나의 기복단체로서의 역할을 하였던 것이다. 韓普光, 앞의 책, p.28 참조.

병행하여 수행하라고 한 것이다. 이것은 보천이 법화사상와 정토신앙을 하나로 융합하고자 하는 목적으로 볼 수 있다.

또 하나의 특이한 것은 '수정사'라는 결사명이 있다는 점이다. 이와 같은 결사의 이름이 정해졌다는 것은 염불결사가 체계적으로 이루어졌다는 것을 의미한다. 이 염불결사는 신라에는 처음 있는 일이며, 이 결사가 훗날의 크고 작은 결사의 원동력이 되었다고 본다. 또한 이 염불결사는 기일염불의 성격을 띠고는 있지만 만일염불결사와 같은 기일을 정하지 않았다는 것이 특징이다. 그러나 보천의 결사를 기일로 따진다면 1만 일의 두 배에 가까운 평생 염불을 하였다. 이것은 모든 염불행자로 하여금 기일에 얽매이지 말라는 것을 보여주는 사례라고도 할 수 있다.

결론적으로, 오대산 신앙결사는 어떤 한정된 신앙에 치우치지 않는 통합적인 신앙결사이다. 이것은 각 종파간의 갈등을 해소시키는 효과도 있지만, 법화와 정토를 하나로 통일시키고자 한 것처럼 여러 갈래의 신앙성을 하나로 일치시키고자 하는 목적의식에서 그러한 통합적 신앙결사를 주도한 것으로 볼 수 있다.

3. 신라 비구들의 결사 정신

본 절에서는 신라 비구승들의 염불결사 정신을 살펴보고자 한다. 『삼국유사』에서 출가자의 결사 정신이 잘 나타나고 있는 설화는 앞에서 살펴본 포천산의 오비구와 연대미상의 염불사를 들 수 있다. 이들 오비구와 염불사의 특징은 순수한 비구들이 결사를 했다는 점이다. 앞에서 살펴본 여산혜원의 염불결사, 오대산 보천의 염불결사는 모두 승속이 함께 결사를 이룬 데 비해 포천산의 오비구와 염불사는 승려들의 결사라는 점이 특징이다. 그런데 아쉬운 것은 설화에 결사라는 말을 명시하지는 않았다는 것이고, 너무 소수의 인원이 결사를 했다는 점이다. 그래서 엄밀히 따진다면 결사가 아니라고 볼 수 있다. 왜냐하면 결사라는 말은 여러 사람이 어떤 목적을 이루기 위해 단체를 조직하는 것인데 오비구의 경우 다섯 명이 결성했으므로 그나마 결사라고 할 수도 있지만 염불사의 경우는 1인 혼자서 시작한 것이므로 결사라고 이름할 수 없다고 본다. 그러나 이들의 염불수행을 보면 결사의 정신을 충분히 갖추고 있다.

따라서 본고에서는 오비구와 염불사의 투철한 결사 정신을 밝혀보고자 한다. 본 고찰에서는 오비구와 염불사의 행적을 다시 새겨보면서 여기에 나타난 결사 정신을 여산혜원의 저술인 『사문불경왕자론沙門不敬王者論』과 대비하여 보고자 한다. 그 이유는 『사문불경왕자론』에는 오비구와 염불사의 결사 정신과 같은 형태의 결사정신이 잘 나타나고 있기 때문이다. 오비구와 염불사의 행적은 다음과 같다.

「포천산 오비구」
삽랑주 동북쪽 20리쯤 되는 곳에 포천산이 있는데, 석굴이 기이하고 빼어나 마치 사람이 깎아놓은 듯하다. 이곳에 이름이 자세하지 않은 비구 다섯 명이 머물면서 아미타불을 염송하며 극락을 구한 지 거의 10년이 되었는데, 보살들이 서방으로부터 와서 그들을 맞이하였다. 그러자 다섯 비구가 각기 연화대에 앉아 공중으로 올라가더니, 통도사 문밖에 이르러 머물렀다. 그러자 하늘에서 음악을 연주하는 소리가 간간히 들렸다. 절의 승려가 나가보니, 다섯 비구가 인생이 무상하고 괴롭고 허무하다(無常·苦·空)는 이치를 설명하고는, 유해를 벗어 버리고 큰 빛을 발하면서 서쪽을 향해 갔다. 그들이 유해를 버린 곳에 절의 승려들이 정자를 세우고 치루置樓라 이름했는데, 지금도 남아 있다.[348]

「염불사」
남산 동쪽 기슭에 피리촌이 있고, 그 마을에는 절이 있었으므로 (마을) 이름을 따서 피리사라고 하였다. 절에 이상한 승려가 있었는데, 자신의 성씨를 말하지 않았고 항상 아미타불을 외워 소리가 성안에까지 미쳐 1,360방, 17만 호에서 그 소리를 듣지 않은 사람이 없었다. (염불)소리는 높고 낮음이 없이 옥 같은 소리가 한결같았다. 이로써 그를 괴이하게 여겨 모두 존경하고 염불스님(염불사)이라고 불렀다. 죽은 후에는 진의眞儀를 흙으로 빚어 민장사 안에 모셔두고, 그가 본래 살던 피리사를 염불사라고 고쳤다. 절 옆에 또 절이 있었는데 이름을 양피사讓避寺라 하였으니, 이는 마을 이름을 따라 지은 것이다.[349]

이와 같이 살펴본 바, 각 설화에는 두 가지 공통적 특성이 나타나고 있다. 첫째는 설화의 주인공들이 모두 비구라는 것이고, 둘째는 두 설화가 모두 『삼국유사』의 「피은」편[350]에 실려 있다는 점이다. 여기서

---

348 『삼국유사』 卷5 避隱 第8 「布川山 五比丘」(대정장 49, p.1017중)
349 위의 책(대정장 49, p.1017중)
350 「避隱」篇에는 피하고 숨어사는 사람에게 내재되어 있는 능력과 가치를 주제로 하고 있다.

피은避隱이란 단어를 잘 새겨보아야 할 일이다. 피은이란 말 그대로 세속을 피하여 은신하는 것이지만, 불교적 관점에서 해석한다면 이것은 출가인의 무소유 정신을 보여주는 것이고, 비구들의 진정한 출가 정신을 보여주는 것이라고 본다.

그런데 이러한 사문의 고고한 정신에 대해, 앞에서 이기백은 오비구를 현세를 부정하는 염세적 경향을 지닌 사람들로 보았다. 이는 불법의 근본진리를 올바로 이해하지 못한 까닭에 표출한 세속적인 견해라고 본다. 이것은 출가인의 진정한 본분사를 보여주는 것이다. 즉 혼탁한 세속사와는 절대로 결탁을 하지 않겠다는 의지를 보여주는 결사 정신이라고 할 수 있다.

이러한 사상과 신앙성을 논증하기 위해 본 논고에서는 혜원의 『사문불경왕자론』을 본 설화들과 대비하고자 한다. 혜원이 『사문불경왕자론』을 짓게 된 동기를 보면 당시의 시대 상황에 큰 자극을 받았기 때문이다. 혜원이 이 논을 짓기 전인 402년 초에는 환현桓玄이 동진군東晉軍을 멸하고 스스로 태위양주목太尉揚州牧이라고 칭하면서 연호를 대형大亨으로 개원하였다. 환현은 임금의 위엄을 떨치게 되자, 혜원에게 간절하게 초청하는 편지를 보내어 벼슬에 오르도록 권하였다. 그러나 혜원의 답변은 견고하고 바르며 확고부동하였고, 그 지조는 단석丹石보다도 굳어 끝내 그의 뜻을 굽힐 수가 없었다고 한다.[351] 그 후 환현은 고숙(姑熟, 안휘성의 당도현)에 있으면서 사문들은 모두 왕자를 공경하도록 명하였다. 이에 혜원은 대법의 권위가 실추될까 두려워 편지로 다음과 같이 답하였다. "가사는 조정과 종묘에서 입는 옷이 아니며

---

[351] 『出三藏記集傳』「慧遠法師傳」(대정장 55, p.110중) "後桓玄以震主之威苦相近致 乃貽書躬說勸令登仕 遠答辭堅正確乎不拔 志踰丹石終莫能屈."

발우는 낭묘에서 쓰는 그릇이 아니다."³⁵² 이와 같은 상황에 처한 혜원은 더 나아가 불법을 지키고자 『사문불경왕자론』을 지어 올렸던 것이다. 이것이 진정 출가자의 기백이며 본분사라고 하겠다. 이와 같이 굽히지 않는 굳센 마음으로 세속의 권위가 한 걸음도 접근하지 못하게 하고서 여산의 염불결사는 출발하였다. 이와 같은 투철한 결사 정신을 볼 때, 우리 신라의 오비구와 염불사도 혜원의 결사 정신과 조금도 다를 바가 없다고 본다. 다만 다르다면 여산의 결사처럼 결사의 체계가 형성되지 않았을 뿐이다.

혜원의 『사문불경왕자론』은 환현이 동진군을 멸한 2년 뒤인 404년에 지은 것인데, 내용은 '제1 재가, 제2 출가, 제3 구종불순화求宗不順化, 제4 체극불겸응體極不兼應, 제5 형진신불멸形盡神不滅'의 총 5편으로 구성되어 있다. 내용을 간단히 설명하면, 제1과 제2의 '재가, 출가'편에서는 불교에서 뜻하는 출가의 본질을 논하고 있다. 즉 출가자의 생활은 세속을 초월해야 된다는 것이고, 제3의 '구종불순화'편에서는 종宗을 구하는 것은 화化에 따르지 않는다고 하는 것에 대해 논하는데, 구극의 도를 구하는 것은 세속적인 생계를 부정하는 것이라고 논한 것이고, 제4의 '체극불겸응'편에서는 구극의 도를 체득한 것은 겸하여 응하지 않는다는 것을 논한 것이고, 제5의 '형진신불멸'편은 형(形, 육체)은 다하더라도 신(神, 정신)은 불멸이라는 것을 논하고 있다. 여기서 이를 다 살펴보는 것은 무리이고, 이 가운데 두 번째인 '출가'에 대한 논을 살펴보기로 하겠다. 전문은 다음과 같다.

---

352 위의 책(대정장 55, p.110중) "玄在姑孰欲令盡敬 乃書與遠具述時意. 遠懼大法將墜 報書懇切 以爲袈裟非朝宗之服 砵盂非廟之器."

출가자는 방외의 세계에서 노니는 사람이므로 그 생활은 속세를 초월한 것이다. 출가의 가르침은 인간의 고통이 육체가 있음으로 인하여 생기는 것임을 깨닫고 그 육체를 보양하지 않아 고통을 끊고, 또한 생생生生의 영위가 교화를 받음으로 인하여 행해지는 것을 알아 그 교화에 순응하지 않고 궁극적인 도를 추구하는 데에 있다. 궁극의 도를 추구하는 것은 교화에 순응하는 것으로는 얻을 수 없기 때문에 천지의 화육을 인도하는 군주의 정치적인 도움을 존중하지 않고, 고통을 끊어버리는 것은 육체를 보양하는 것으로는 얻을 수 없기 때문에 백성의 생활을 유익하게 하는 군주의 은혜를 귀하게 여기지 않는 것이다. 이것이 이치와 육체와 괴리되는 것이고, 도속이 상반되는 점이다.

이러한 출가자는 먼저 삭발을 함으로써 자신에게 맹세하고, 그 뜻을 세속의 옷을 버리고 승복으로 갈아입는 것으로 나타내는 것이다. 그러므로 무릇 출가한 사람은 세간으로부터 은둔하여 자기의 뜻을 추구하고 세속과는 다른 생활로써 자신의 도를 실현해 나가는 것이다. 세속과 다른 생활을 하기 때문에 그 복장은 세속의 예의와는 같을 수가 없고, 세간으로부터 은둔하기 때문에 그 행위는 고상하지 않으면 안 되는 것이다.

원래 출가란 이와 같은 것이기 때문에 유전하는 밑바닥에 침잠하는 속세의 미혹함을 구제하고, 아득한 과거세로부터 눈에 보이지 않는 업근을 끊어버리며, 멀리 삼승의 계율을 통하여 널리 천상계와 인간계에 태어날 수 있는 길을 열게 할 수 있는 것이다. 그리고 혹시 한 사람이라도 덕을 완전히 닦으면 그가 얻은 도는 일족 모두에게 흡족한 감화를 주고, 그 은택은 세계 전체에까지 미치는 것이다.

비록 몸은 왕후의 지위에 있지 않더라도 이미 천하를 다스리는 제왕의 도와 일치하고 일체 중생을 자유롭게 할 수가 있는 것이다. 그러므로 사문은 안으로는 육친의 무거운 은애를 등지고 출가하였어도 불효가 되지 않으며, 밖으로는 군주에 대한 공경의 예가 결여되어도 불경이 되지 않은 것이다.

이와 같이 생각해보면, 교화의 바깥을 뛰어넘어 궁극의 도를 추구하는 것은 이치가 깊고 뜻도 돈독해지며, 태평한 세상을 가르치며 인仁을 말하는 것은 그 공이 지엽적이고 그 은혜는 천박한 것임을 알 수가 있다. 이와 같다면 명산冥山을 가려고 행보를 돌리는 사람들도 오히려 그들의 가르침에 귀를 기울인 것에 부끄러움을 느끼게 되는 것이다. 하물며 이러한 군주의 교화에 삼가 순응하는 속세의 인간이나 헛되이 군주의 녹을 탐하는 자들의 효경과 어떻게 동일하게 볼 수가 있겠는가.353

이와 같이 문장에는 구구절절 투철한 결사 정신이 배어 있다. 이러한 글은 오늘날 우리 수행자들도 가슴 깊이 새겨야 할 교훈적인 경책문이라

---

353 『弘明集』「沙門不敬王者論」(대정장 52, p.30중) "出家則是方外之賓 跡絶於物 其爲敎也 達患累緣於有身 不存身以息患 知生生由於稟化 不順化以求宗 求宗不由於順化 則不重運通之資 息患不由於存身 則不貴厚生之益 此理之與形乖 道之與俗反者也 若斯人者 自誓始於落簪 立志形乎變服 是故凡在出家 皆遯世以求其志 變俗以達其道 變俗則服章不得與世典同禮 遯世則宜高尙其跡 夫然 故能拯溺俗於比流 拔幽根於重劫 遠通三乘之津 廣開天人之路 如令一夫全德 則道洽六親澤流天下 雖不處王侯之位 亦已協契皇極在宥生民矣 是故內乖天屬之重而不違其孝 外闕奉主之恭而不失其敬 從此而觀 故知超化表以尋宗 則理深而義篤 照泰息以語仁 則功末而惠淺 若然者雖將面冥山而旋步 猶或恥聞其風 豈內與夫順化之民 尸祿之賢同其孝敬者哉."

할 수 있다. 혜원은 이처럼 투철한 출가자의 정신을 가지고 결사를 맺었다. 위의 문 말미에 보면, 한 사람이라도 덕을 완전히 닦으면 그가 얻은 도는 일족 모두에게 흡족한 감화를 주고 그 은택은 세계 전체에까지 미친다고 하였다. 그러므로 비록 몸은 왕후의 지위에 있지 않더라도 이미 천하를 다스리는 제왕의 도와 일치하고 일체 중생을 자유롭게 할 수가 있다고 하였다. 그러므로 사문은 안으로는 육친의 무거운 은애를 등지고 출가하였어도 불효가 되지 않으며, 밖으로는 군주에 대한 공경의 예가 결여되어도 불경하지 않다고 하였다. 이것이 왕에게 예경하지 않는다는 이유이다. 여기서 출가자의 기상이 보이고 있다. 이러한 이유로써 군주의 정치적인 도움을 존중하지 않고, 군주의 은혜를 귀하게 여기지 않는다고 하였다. 그러므로 출가한 사람은 세간으로부터 은둔하여 자기의 뜻을 추구하고 세속과는 다른 생활로써 자신의 도를 실현해 나가야 한다고 하였다.

　이것이 혜원과 오비구와 염불사가 산속으로 은둔한 까닭이다. 이 비구들의 은둔은 세속을 등지고자 한 것이 아니라 다시 세속을 구하고자 하는 것으로 보아야 한다. 그래서 혜원은 "유전하는 밑바닥에 침잠하는 속세의 미혹함을 구제하고, 아득한 과거세로부터 눈에 보이지 않는 업근業根을 끊어버리며, 멀리 삼승의 계율을 통하여 천상계와 인간계에 태어날 수 있는 길을 열게 할 수 있는 것이다"라고 하였다. 여기서만 중생을 구제하겠다는 결사 정신이 표출되고 있다. 이상과 같이 혜원은 『사문불경왕자론』을 지어 출가인의 본분사를 보여주었다.

　그런데 여기서 우리는 한 가지 생각해볼 것이 있다. 환현이 불교를 왕권으로 다스리기 위해 탄압한 것은 사실이다. 그러나 환현이 무조건 아무런 까닭도 없이 탄압을 자행한 것이 아니라는 것이다. 이것은 당시의 승단에도 문제가 있었던 것으로 보아야 한다. 구도심도 없는 출가자들이 수행은 하지 않고 세속의 출세욕에 눈이 어두워 계율을 무시하고 정치권력에 아부하며 파계행을 일삼으며 타락한 모습을 보여 사회로부터 비난의 대상이 되기도 했다고 보아야 한다. 또한 서민들은 부역을 면제받고자 구도심도 없으면서 사원에 들어와 생활하는 사람들도 적지 않았다고 한다. 그래서 환현은 엄중한 조칙을 내렸는데, 잘 새겨보면 당시 출가자들에게도 문제가 있었던 것을 알 수 있다. 그 칙령이 『환현보정욕사태중승여료속교』인데, 내용은 다음과 같다.

부처님께서 귀중하게 여기신 것은 무위이며, 그 간절하게 설명하고 있는 것은 욕심을 끊는 것이다. 그런데 요사이는 불교도 차츰 쇠퇴하여 가르침의 근본인 무위절욕을 드디어는 잃어버려, 경도(京都, 健康의 불교계)에서는 다투어 사치스러워져 훌륭한 당탑 가람이 조정이나 시가지에 가득 들어섰으니, 조정의 재정은 이로 인하여 궁핍하게 되었고, 국가의 예제는 그 때문에 문란해지고 혼탁해졌다. 또 국가의 부역을 피하는 무리는 어느 현에나 모여 있고, 도망자는 어느 사묘에든 넘쳐나서, 이에 한 현에 수천 명이 모여 제멋대로 마을을 이루어 어느 마을에도 놀고먹는 무리가 모여 있고, 어느 토지에도 국법을 무시하는 무리가 쌓여 있다. 그리고 국가의 정치를 해치고 불교를 더럽히는 그들의 행위는 진실로 오래전부터 국가와 불교를 다함께 피폐시켜 참으로 풍교규범을 더럽히고 있으니, 지금 다음의 건을 엄중하게 하달한다.
각지의 사문 중에 경전의 가르침을 설명해 표현할 수 있는 사람, 혹은 정해진 행을 바르게 행하고 계율을 어김이 없고 항상 청정한 지역에 살고 있는 사람, 혹은 산림에 살면서 자기의 뜻을 기르고 세속의 일을 꾀하지 않는 사람, …… 만일 이것에 해당되지 않는 사문이 있으면 모두 다 추방하고, 각자의 소속지에 있어서 호적을 관리하여 엄중하게 통제를 할 것이다. 이 건은 속히 하달하고 동시에 그 처리를 조서로 만들어 올리도록 하라. 다만 여산만은 유덕한 사문이 살고 있으므로 이 교령의 적용에서 빼고 숙청을 하지 않도록 하라.354

이와 같이 환현은 불교를 강하게 탄압은 하였지만 무조건 이유 없이 탄압한 것은 아니었다. 위의 교령 내용에 보면, 각지의 사문 중에 경전의 가르침을 설명해 표현할 수 있는 사람과 혹은 정해진 행을 바르게 행하고, 계율에 어김이 없고 항상 청정한 지역에 살고 있는 사람과, 혹은 산림에 살면서 자기의 뜻을 기르고 세속의 일을 꾀하지 않는 사람 등은 숙청하지 말고 이에 해당하지 않는 사람들은 모두 추방하라고 하였다. 또한 말미에 "다만 여산만은 유덕한 사문이 살고 있으므로 이 교령의 적용에서 빼고 숙청을 하지 않도록 하라"고 칙령을 내렸다. 이와 같은 상황을 볼 때 환현이 무조건 사문을 탄압한 것이 아님을 알 수 있다. 즉 여기서는 당시의 승가 타락상을 그대로 보여주고 있다.

---

354 『弘明集』「桓玄輔政欲沙汰衆僧與僚屬教」(대정장 52, p.85상) "佛所貴無爲 慇懃在於絶欲 而比者凌遲遂失斯道 京師競其奢淫 榮觀紛於朝市 天府以之傾匱 名器爲之穢黷 避役鍾於百里 逋逃盈於寺廟 乃至一縣數千猥成屯落 邑聚遊食之群 境積不羈之衆 其所以傷治害政塵滓佛教 固已彼此俱弊寔汚風軌矣 便可嚴下 在所諸沙門有能申述經誥暢說義理者 或禁行修整奉戒無虧 恆爲阿練者 或山居養志不營流俗者 皆足以宣寄大化 亦所以示物以道弘訓作範幸兼内外 …… 所在領其戶籍嚴爲之暇 速申下之幷列上也 唯廬山道德所居 不在搜簡之例."

이에 혜원은 환현에게 다음과 같이 답을 올렸다. 여기에는 당시 혜원의 안타까운 심정이 잘 나타나고 있다.

불교가 점차 쇠퇴해 더럽혀지고 혼합해진 지도 벌써 오랜 세월이 흘러 매번 일단 이 일에 생각이 미칠 때마다 마음은 분노와 개탄으로 꽉 찹니다. 항상 불교가 뜻밖에 나쁜 세상을 만나서 정正과 사邪가 뒤섞여 다함께 쇠퇴하여 없어질까 염려되니, 이 때문에 아침 일찍부터 저녁 늦게까지 두려워 침식을 잊을 정도입니다. 이런 와중에서 당신이 사문들을 숙청한다는 교령을 보니 나의 본마음과 일치하는 것입니다. 경수涇水와 위수渭水가 나뉘면 청탁이 달리 흘러, 굽은 것이 곧은 것에 의해 바르게 되면 어질지 못한 사람들은 스스로 멀어질 것입니다. 이 점을 미루어 말한다면 사문 숙청의 교령이 행해지고 나면 반드시 청탁·정사正邪가 확실하게 나누어질 것입니다. 이리하여 거짓으로 꾸며 사문의 용모를 취하는 자들은 저절로 거짓으로 통하는 길이 끊어지게 될 것이며, 도를 믿고 진실을 품는 사람들은 다시 세속을 등진다는 의심을 받는 일이 없어지게 될 것입니다. 이와 같다면 도와 세상이 서로서로 일어나고 불법승 삼보도 다시 여기에서 융성해질 것입니다.[355]

이와 같은 글을 볼 때 혜원이 얼마나 불교를 걱정했는지 잘 알 수가

---

355 『弘明集』「遠法師與桓太尉論簡沙門書」(대정장 52, p.85중) "佛敎凌遲穢雜日久 每一尋思憤慨盈懷 常恐運出非意混然淪滑 此所以夙宵歎懼忘寢與食者也 見檀越澄清諸道人教 實應其本心 夫涇以渭分則清濁殊流 枉以正直則不仁自遠 推此而言 符命旣行必二理斯得 然令飾僞取容者 自絶於假通之路 信道懷眞者 無復負俗之嫌 如此則道世交興三寶復隆於玆矣."

있다. 혜원의 결사는 승려들이 파계행을 일삼으며 세간의 출세욕에 눈이 먼 승려들에 대한 반성운동으로 출발했다고 할 수 있다.

이상과 같이 『사문불경왕자론』과 몇 가지 글을 통해 결사의 정신을 살펴보았다. 본 논고의 주제는 신라의 오비구와 염불사의 결사 정신을 혜원의 결사 정신과 대비하여 보는 것이었다. 그 결과 다음과 같은 결론을 얻었다.

진정한 결사 정신은 세속의 권위와 결탁하지 말아야 한다. 왜냐하면 세속의 권위와 결탁을 하게 되면 진정한 출가자의 정신을 잃게 되기 때문이다. 본 설화에서 오비구와 염불사가 인적이 드문 깊은 산속으로 은둔하여 일심으로 정토를 구한 것은 혜원의 정신과 다를 바가 없다고 본다. 또한 오비구와 염불사는 세속을 피한 것이 아니라 장차 세상을 건지려고 한 것으로 보아야 하므로, 그들의 결사는 진정한 출가인의 본분사를 보여주는 행각이라 할 수 있다.

물론 오비구와 염불사는 설화의 내용에는 결사라고 증명할 만한 문구를 명시하지는 않았으므로 엄밀히 따진다면 결사는 아니라고 할 수도 있겠지만, 이들 비구들의 수행은 분명 투철한 결사 정신에 입각한 것이 보인다. 염불사가 '항상 아미타불을 외워 소리가 성안에까지 미쳐 1,360방, 17만 호에서 그 소리를 듣지 않은 사람이 없었다'고 한 것은 이 한 몸 결사하여 장차 신라를 극락국토로 만들겠다는 굳센 의지를 나타낸 것이라 할 수 있다. 이러한 뜻은 앞에서 살펴본 『사문불경왕자론』의 구절에 "혹시 한 사람이라도 덕을 완전히 닦으면 그가 얻은 도는 일족 모두에게 흡족한 감화를 주고 그 은택은 세계 전체에 까지 미치는 것"이라고 한 말과 일맥상통하는 것이라 본다. 이것은 물의 근원이 맑으면 언젠가는 혼탁한 물이 맑아진다는 도리를 보여준 것이다.

앞에서 오비구의 은둔행각에 대해 이기백은 현세를 부정하는 염세적 관념이라고 했는데, 이는 불법의 근본진리를 잘 이해하지 못한 데서 나오는 말이다. 이들의 결사는 모름지기 출가 수행자는 허무한 현상에 집착하지 말아야 한다는 것을 보여준 사례이다. 현상에 집착하게 되면 곧 그것들과 결탁을 해야 한다. 오비구는 바로 그것을 경계한 것이다. 이러한 사상 관념을 가지고 오비구와 염불사는 마음의 결사를 시작하였다고 본다.

오늘날 염불결사의 맥이 소리 없이 이어져 오는 것도 이러한 선각자들이 그 기초를 마련했기 때문이라고 하겠다. 따라서 우리는 이러한 결사 정신을 계승하여 새롭게 출발해야 한다. 이것은 승가의 의무요, 염불행자의 사명이기도 하다. 이상과 같이 본 절의 고찰을 마치면서 그동안 살펴본 신라의 염불결사를 유형별로 표를 만들어 보았다.

관련설화	결사유형	결사명	결사시기와 기일	결사인원	신분	수행법
「오대산 오만진신」條	국가주도형 단체주도형	수정사	성덕왕대 (702~737) 50년	2천 명	재가자 출가비구	법화경, 미타예참, 칭명염불
「욱면비 염불서승」條	민간주도형 단체주도형	없음	경덕왕 대 (742~764) 만 일 기약	천 명	재가자 출가비구	칭명염불
「포천산 오비구」條	민간주도형 단체주도형	없음	경덕왕 대 (742~764) 십 년 기약	5명	출가비구	칭명염불
「염불사」條	민간주도형 개인주도형	없음	연대미상 경덕왕 대로 추정	1명	출가비구	칭명염불
「포산이성」條	민간주도형 단체주도형	없음	고려 成宗 元年(982) 만 일 기약	2명	출가비구	칭명염불

이상이 신라 염불결사의 전체적인 현황이다. 위의 표에 결사유형에 국가주도형, 민간주도형, 단체주도형, 개인주도형으로 분류하였는데, 이것이 신라 염불결사의 형태이다. 이 유형들을 간단히 설명하면 다음과 같다.

　국가주도형이란 국가에서 결사를 조직하여 국가주도하에 결사에 따른 경영을 하는 것을 말한다. 그 대표적인 예는 신라의 화랑제도이다. 그러나 이러한 배경을 가진 결사는 염불결사라고 할 수 없다. 국가가 주도한 신라의 염불결사는 위의 표에서 보듯이「오대산 오만진신」조의 신앙결사 가운데 '수정사'뿐이다. 오대산 신앙결사의 특징은 결사에 소용되는 일체를 왕명으로 지원하였다. 앞의 고찰에서 보았듯이 "하서부 도내 8주의 세금으로 위의 37인의 재의 비용, 옷의 비용, 공양하는 데 필요한 네 가지 물건의 비용을 충당하라"고 한 것으로 알 수 있다. 이러한 사례는 신라 역사에서는 처음 있는 일이며 훗날에도 없는 일이다. 그런데 문제는 국가가 개입하면서 국가적 이익을 바랄 수 있다는 점이다. 이것은 앞에서 보광 스님이 지적한 것처럼, 이것이 지나치면 "왕실을 위한 기복연명과 제재초복除災招福에 비중을 둔 전제군주에 예속된 하나의 기복단체로서의 역할을 하게 된다."[356] 이렇게 되면 바람직한 결사가 되지 못한다.

　민간주도형이란 국가가 간섭하지도 않고 또한 국가에 간섭을 의뢰하지도 않는 순수한 민간주도형이다. 이러한 결사는 매우 바람직하고 참다운 결사형태라고 할 수 있다. 대표적인 예는 중국 여산혜원의 백련결사이다. 이 결사는 승속이 자발적으로 모여 결사를 이루었다.

---

[356] 韓普光, 앞의 책, p.28 참조.

신라의 민간주도형 결사는 위의 「오대산 오만진신」조를 제외한 나머지 설화들이다. 이 설화들은 모두 승속이 합동하여 자발적인 결성이 이루어졌다. 따라서 규모와 체계는 부족하여도 매우 진취적이고 참다운 결사라 할 수 있다.

단체주도형이란 개인 혼자서 결의를 하는 것이 아니라 여럿이 함께 주도하여 결사를 이루는 것이다. 위의 설화에 오대산 결사는 보천과 효명이 각각 천 명씩 도합 2천 명이 결사에 참여하였고, 욱면비의 결사는 천 명, 오비구는 5명이 결사를 시작하였다. 이 단체의 결사는 공동체 의식을 보여주는 것으로 매우 바람직한 결사이다. 이러한 결사는 오늘의 불교에서 계승 발전시켜야 하는 결사의 형태라고 본다.

개인주도형이란 단체를 결성하지 않고 혼자 스스로 자신과 맺는 결사이다. 이것은 위의 염불사와 같은 경우이다. 그런데 이러한 결사는 엄밀히 따진다면 결사의 형태가 아니다. 즉 결사의 범위에 속하지는 않는다. 하지만 본고에서 오비구와 염불사를 결사의 범주에 넣어 고찰한 것은, 이들의 출가자다운 결사 정신을 살펴보기 위함이었다.

이상과 같이 염불결사의 원류와 전개, 동기와 목적을 대략 살펴보았는데, 아쉬운 것은 신라의 염불결사가 역사적으로 분명하게 증명되지 않았다는 점이다. 이 역사적 사실과 결사 정신을 되살리는 것은 정토행자들의 사명이라고 할 수 있다. 조계종에서는 참선수행을 위주로 하고 있지만, 최근 들어 불교 실천수행법으로 염불·주력·절·간경·사경·사불·계율·참회·대승지관수행법·위빠사나 등의 다양한 수행법을 연구하고 있다.[357] 매우 바람직한 일이라고 생각한다.

필자는 정토행자로서 이 여러 수행 가운데서도 수행법이 쉬우면서도 수승한 염불수행을 체계화하여 대중화하고 싶은 마음이 간절하다. 예를 들자면 종단 차원에서 선원의 안거처럼 염불수행도 안거형식을 취하여 기일을 정한 수행 등을 활성화하면 좋겠다는 생각이다. 그 이유는 종교적 신심을 나게 하는 수행법으로 염불수행만큼 쉽고 빠른 수행법이 없기 때문이다.

---

357 조계종 교육원에서는 다양한 수행법을 연구한 논집이 있다. 교육원 불학연구소 편저, 『수행법 연구』(조계종출판사, 2005)

제7장 결론

지금까지 『삼국유사』에 기록된 미륵·미타신앙 관련 설화 총 22편과 3편의 향가 가운데 중점적으로 7편의 설화와 3편의 향가를 통하여 우리 고대(삼국 및 통일신라) 민중들의 정토신앙관을 경전과 역대 논사들의 논증에 대비하면서 논구하였다. 그 결과, 그들의 정토신앙관은 매우 진취적이며 합리적인 신앙관을 지니고 있었다는 사실이 밝혀졌다.

그 특성들을 대별하면, 첫째가 현실정토를 추구하였다는 것, 둘째가 뚜렷한 내세관을 가지고 그곳에 태어나기를 추구하였다는 것, 셋째가 인간평등을 추구하였다는 점이다. 이 세 가지가 고대 민중들, 특히 신라인의 특수한 신앙관이라고 하겠는데, 그들은 이와 같은 이상적이고 현실 이익적인 신앙관을 성취하고자 신심을 다해 정토업을 닦았다는 것을 알 수 있다. 이들을 부언하면 다음과 같다.

첫째, 신라인들이 현실정토를 추구했음은 제3장에서 언급한 설화 「노힐부득과 달달박박」조와 향가 「도솔가」에 잘 나타나 있다. 이러한 신앙관은 본 설화와 향가의 주인공들이 정토경설의 이론과 다르게 정토를 추구했다는 것에서 비롯한 것으로 본다. 『미륵삼부경』에서 미륵불은 먼 미래인 56억 년 뒤, 사람의 수명이 8만 4천 세 때에 지상에 내려와 용화수 아래에서 성불하여 석가불이 제도하지 못한 중생들을 제도한다는 미래불이다. 또한 『정토삼부경』에서 설하였듯이, 아미타불은 사바세계의 무명에 싸여 허덕이는 중생들을 제도하기 위하여 48대원을 세워 이를 성취하여 사바세계로부터 10만억 국토를 지난 곳에 극락국토를 건설하여 상주하고 있는 부처님이다. 그러나 노힐부득과 달달박박의 현신성불은 이들 경전 내용과는 전혀 반대이다. 이것은 김영태의 언급처럼 두 부처님을 신라의 부처님으로 받들고자 하는 신라인의 신앙적 희원과 창의성이 결국은 이와 같은 현신성도의 신라불을 출현케 하였기 때문이다. 여기서 현실정토를 추구한 신앙관이 잘 나타나고 있다.

둘째, 신라인들이 뚜렷한 내세관을 가지고 그곳에 태어나기를 추구했다는 것은 설화 「욱면비 염불서승」조, 「포천산 오비구」조, 「광덕과 엄장」조, 「노힐부득 달달박박」조, 「염불사」조, 「포산이성」조와 향가 「제망매가」에 잘 나타나 있다. 고대 정토신앙의 특성을 보면 크게 두 가지 유형으로 나타나는데, 하나는 본인 스스로 염불하여 현신왕생하는 것이고, 또 하나는 타인의 추선공덕에 의해 왕생한다는 점이다. 위의 설화 모두는 스스로 염불하여 현신왕생을 이루었음을 보여주고 있고, 추선공덕에 의해 왕생한다는 것은 「제망매가」에서 잘 보여주고 있다. 이와 같은 정토왕생 신앙관은 불교가 전래되면서 극락설, 업보윤회설, 인과응보설의 개념이 확실해지면서 추구한 신앙 관념이라고 할 수 있다. 여기에서 정토신앙은 순수 타력신앙이며, 아울러 그 본질을 보여주고 있는 것이다.

셋째, 신라인들이 인간평등을 추구했다는 것은 설화 「욱면비 염불서승」조, 「노힐부득 달달박박」조, 「광덕과 엄장」조와 향가 「제망매가」에 잘 나타나고 있다. 「욱면비 염불서승」조는 비천한 신분의 노비인 욱면이 고된 일을 하면서도 일심으로 염불하여 성불하였다는 이야기로 남녀의 신분과 승속을 초월하였다. 특히 여인이 왕생하였다고 하는 것은 우리 고대불교가 인간평등을 추구하는 신앙관을 지니고 있었음을 여실히 보여주고 있는 것이다. 「노힐부득과 달달박박」조에서도 서로 처자를 거느리고 생계를 꾸려가면서 부득은 열심히 미륵을 구하고 박박은 일심으로 미타를 염불하여 현신성불하였다. 여기서 처자를 거느리고 생계를 꾸려가면서 불도수행을 한다는 것은 상식적으로 이해가 가지 않는 부분인데, 이것이 분별을 초월한 대승불교의 일체평등사상을 보여주는 사례이다. 또 「광덕과 엄장」조에서도 광덕은 분황사 서쪽 마을에 숨어 신발 만드는 일을 하면서 처자식을 데리고 살았고, 엄장은 남악에 암자를 짓고 살면서 나무를 베고 화전 농사를 지으며 염불하여 각각 왕생하였는데, 여기서도 불교가 빈부·귀천·상하·승속이 없는 인간평등신앙임을 잘 보여주고 있다. 그리고 이러한 인간평등사상은 부처님의 대비대원에 의해 이루어진다는 것을 알게 하고 있다.

한편, 이러한 신앙관은 정토교에서 강조하는 세 가지 왕생행도인 믿음과 발원과 실천행에 의한 것임이 나타나고 있다. 즉 고대 민중들은 미륵·미타의 본원을 믿었다. 그래서 누구라도 염불하면 그 정토에 왕생할 수 있다는 것을 믿었고, 이 순수한 믿음을 바탕으로 지극한 발원을 하였으며, 발원을 성취하기 위하여 계율을 철저히 지키며 염불을 실천했다. 이 세 가지의 왕생행도가 본서에서 고찰한 설화와 향가에 고스란히 들어 있었다. 위 세 가지 신앙관을 그동안 고찰한 설화와 향가에 대비하면 다음과 같이 귀결된다.

첫째, 왕생은 오직 믿음에 의해 성취되었다. 이러한 관념은 특히 욱면의 마음에 잘 나타나고 있다. 욱면의 신분은 여인의 몸, 노비의 몸이다. 당시의 사회에서 여인이, 그것도 노비의 천한 신분이 현신왕생을 했다는 것은 감히 상상할 수도 없는 일이었다. 그러나 욱면은 당당하게 현신왕생하였다. 이것은 부처님의 평등사상과 대자비심을 그대로 보여주는 것으로. 욱면은 이 부처님의 본원을 굳게 믿었다. 욱면의 믿음이 잘 나타나는 대목은, 욱면이 매일 그 힘든 노동을 끝내고 부처님 전에 찾아 올 수 있었던 것을 보면 알 수가 있다. 이것은 오직 믿음이 있었기 때문이니, 욱면이 염불할 때 신심이 흩어지지 않게 하기 위하여 손바닥을 뚫어 새끼줄을 매고 염불 정진한 것은 오직 믿음이 있었기 때문이다. 또 월명사가 죽은 누이동생을 왕생극락 시키기 위해 「제망매가」를 지어 부른 것도 오직 믿음에 의해서이다. 즉 대자대비하신 아미타부처님은 반드시 나의 발원을 들어 주실 것이라는 확고한 믿음이 있었다. 모든 종교가 믿음을 우선으로 하지만 특히 정토문에서는 믿음을 매우 중요시한다. 정토문에서의 믿음이란 『무량수경』의 아미타불의 48원과 『관무량수경』에서 석가세존이 가르치신 말씀과 『아미타경』에서 설한 부처님의 권유를 믿는 것인데, 이와 같은 지극한 믿음이 있었기에 욱면은 현신왕생을 이루었고, 월명사의 누이동생은 즉득왕생을 하였다.

둘째, 왕생은 오직 발원에 의해 성취되었다. 이 발원은 믿음을 바탕으로 일어나는 것이다. 즉 염불행자는 모름지기 자신은 현재 죄악이 많고 생사하는 범부이며, 한량없는 세월 동안 항상 윤회하여 이 사바세계를 벗어날 반연이 없는 줄 깊이 믿고, 광겁에 걸쳐 지은 악업을 참회하고 선업을 닦아 극락에 태어나기를 간절히 원해야 하는 것이다.

그래서 본 설화들은 모두 왕생극락을 발원하고 있음이 나타난다. 본서에서 발원을 다룬 곳은 제5장이다. 노래마다 구구절절 지극한 발원심이 잘 나타나고 있다. 광덕의 처가 지어 부른 「원왕생가」와 월명사가 죽은 누이를 위해 지어 부른 「제망매가」와 도솔천의 미륵보살을 청원하는 「도솔가」에서 보았듯이, 이 세 편의 노래는 신라향가 총 14수 가운데 정토신앙의 본질이 가장 잘 나타나 있는 노래들이다. 특히 「원왕생가」에서 "원왕생, 원왕생을 바치오니, 그리워하는 사람이 있다고 아뢰십시오. 아아! 이 몸 버리시고 마흔 여덟 가지 소원 모두 이루어지실까"[358]라는 부분은 미타신앙의 본질을 그대로 나타내고 있다. 이 노랫말은 발원을 하되 아미타불이 이미 세워놓은 본원에 의지하라는 뜻이다. 여기서 정토신앙은 순수 타력신앙이라는 것이 잘 나타나고 있다. 또한 「제망매가」를 보면 이미 죽은 자가 산 자의 발원공덕으로 극락왕생을 하고 있다. 이것은 미타신앙의 가장 큰 특징이며, 여기서 대승불교의 이념인 이타사상을 잘 보여주고 있다. 그래서 선도는 『왕생예찬게』에서 "명호를 듣고 왕생하기를 원하는 중생은 누구나 그 나라에 들어갑니다. 모든 중생과 함께 안락국에 왕생할 수 있기를 소원합니다"[359]라고 발원한 것이다. 그래서 아미타불의 지혜와 서원이 지닌 공덕은 너무나도 깊고 넓어 그 끝을 알 수가 없는 것이 마치 큰 바다와 같다고 하였다. 아미타불의 서원이 이러하므로 중생은 그 이름을 듣고 발원하면 안락국에 왕생할 수 있다는 것을 보여주었다.

셋째, 왕생은 오직 염불실천에 의해 성취되었다. 이 실천의 행은

---

358 『삼국유사』 卷5 感通 第7 「廣德 嚴莊」(대정장 49, p.1012중)
359 『往生禮讚偈』(대정장 47, p.468하) "彌陀智願海 深廣無涯底 聞名欲往生 皆悉到彼國願共諸衆生 往生安樂國."

모든 설화와 향가에 잘 나타나고 있다. 아무리 금강과 같은 믿음이 있고, 지극한 발원을 하였어도 실천행이 없으면 안 된다는 것을 말한다. 그래서 모든 설화의 주인공들은 왕생극락을 하기 위해 일심으로 염불실천을 하였다. 본서에서는 이 실천행을 증명하기 위한 목적으로 제6장에서 염불결사를 다루었다. 염불결사가 나타난 설화는 「욱면비 염불서승」조, 「포천산 오비구」조, 「염불사」조, 「오대산 오만진신」조, 「포산이성」조 등 5편이다. 각 설화마다 주인공들의 수행법이 특이하지만 이는 근기에 따른 것이고, 결론은 모두 염불수행을 하였다는 것이며, 또한 공통점은 거의가 모두 칭명염불을 수행했다는 점이다.

    칭명염불을 수행한 것에 대한 것은, 본서에서 살펴본 바와 같이 모든 염불수행 가운데 누구라도 할 수 있는 가장 쉬운 이행도易行道이기 때문이다. 이는 원효가 천촌만락을 돌아다니며 사람들에게 '나무아미타불' 부르는 것을 가르친 것과 무관하지 않다. 그런데 이 다섯 편의 설화 가운데 오비구와 염불사는 설화의 내용으로 보아서는 결사라고 증명할 만한 문구를 명시하지는 않았다. 그래서 엄밀히 따진다면 결사는 아니라고 본다. 그러나 이들 비구들은 투철한 결사 정신에 입각하여 피나는 염불수행을 하였다. 염불사가 "항상 아미타불을 외워 소리가 성안에까지 미쳐 1,360방, 17만 호에서 그 소리를 듣지 않은 사람이 없었다"고 한 것은 '이 한 몸 결사하여 장차 신라를 극락국토로 만들겠다'는 굳센 의지를 나타낸 것으로서 염불실천을 가장 뚜렷하게 보여주고 있는 설화라고 할 수 있다. 이와 같이 본서에서 논한 설화의 주인공들은 아미타불이 반드시 우리를 구제하여 줄 것이라는 굳센 믿음을 가지고 그곳에 태어나기 위해, 또는 그러한 안락정토를 이 땅에 구현하기 위해 발원을 하며 피나는 실천을 했던 것이 나타나고 있다.

이상과 같은 고찰을 통해서 볼 때, 고승 일연이 지은 『삼국유사』는 우리의 역사와 문화사는 물론 불교사적으로 매우 의미가 있는 책으로, 특히 우리 민족의 정토신앙의 근원을 잘 간직하고 있는 보고이다. 본서는 그동안 『삼국유사』에 대한 주류적 연구방법이었던 국문학적, 역사학적, 민속학적, 사상사적 관점의 방법을 지양하고, 불교학적 연구 범위 안에서 단편적으로 다루어졌던 연구들을 종합적으로 검토하며, 그 신앙성을 나름대로 경전에 근거하여 증명하고자 하였다는 데 의미를 가진다. 또한 이와 같은 연구는 우리 민중의 뿌리신앙인 정토신앙을 계승하여 우리만의 독특한 신앙으로 되살려 이를 실천불교로서 현재화, 활성화하고자 하는 데 그 목적이 있었다. 그러나 이들 정토사상을 재조명하고 현재화와 활성화하기 위한 대안적 이론을 만들어내지 못했다는 점이 한계로 남는다. 이러한 연구는 추후의 과제로 남겨놓을 수밖에 없다.

참고문헌

가. 원전

『觀無量壽佛經』(대정장 12)
『觀世音菩薩普門品』(대정장 9)
『灌頂經』(대정장 21)
『高僧傳』·『續高僧傳』(대정장 50)
『高王觀世音經』(대정장 85)
『根本說一切有部毘奈耶』(대정장 23)
『大般涅槃經』(대정장 1)
『大寶積經』(대정장 11)
『大佛頂如來密因修證了義諸菩薩萬行首楞嚴經』(대정장 19)
『大乘法苑義林章』(대정장 45)
『大乘大集地藏十輪經』(대정장 13)
『大乘莊嚴寶王經』(대정장 20)
『大阿彌陀經』(대정장 12)
『摩訶般若波羅密經』(대정장 8)
『無量義經』(대정장 9)
『無所有菩薩經』(대정장 14)
『文殊師利發願經』(대정장 10)
『妙法蓮華經』(대정장 9)
『彌勒大成佛經』(대정장 14)
『法苑珠林』(대정장 53)
『般舟三昧經』(대정장 13)
『佛說灌頂經』(대정장 21)
『佛說觀彌勒菩薩上生兜率天經』(대정장 14)
『佛說觀無量壽佛經』(대정장 12)

『佛說阿彌陀三耶三佛薩樓佛檀過度人道經』(대정장 12)

『佛說彌勒下生經』(대정장 14)

『佛說彌勒下生成佛經』(대정장 14)

『佛說施一切無畏陀羅尼經』(대정장 21)

『佛說大乘莊嚴寶王經』(대정장 20)

『佛說玉耶女經』(대정장 2)

『佛說超日明三昧經』(대정장 15)

『佛祖統紀』(대정장 49)

『梵網經』(대정장 24)

『悲華經』(대정장 3)

『三寶感應要略錄』(대정장 51)

『釋禪波羅蜜次第法門』(대정장 46)

『須摩提經』(대정장 12)

『續高僧傳』(대정장 50)

『十善戒經』(대정장 24)

『十善業道經』(대정장 15)

『十一面觀世音神呪經』(대정장 20)

『十一面神呪經』(대정장 20)

『阿彌陀鼓音聲王多羅尼經』(대정장 12)

『藥師本願經』(대정장 14)

『維摩經略疏垂裕記』(대정장 38)

『維摩詰所說經』(대정장 14)

『六度集經』(대정장 3)

『六祖法寶壇經』(대정장 48)

『雜阿含經』(대정장 2)

『長阿含經』(대정장 1)

『中阿含經』(대정장 1)

『正法華經』(대정장 9)

『正法眼藏』(대정장 82)

『淨土往生傳』(대정장 51)

『淨土宗全書續』(16)

『增一阿含經』(대정장 2)
『地藏菩薩本願經』(대정장 13)
『隨求陀羅尼經』(대정장 20)
『出三藏記集傳』(대정장 55)
『華嚴經』80권본(대정장 10)
『華嚴經』60권본(대정장 9)
『賢愚經』(대정장 4)
『弘明集』(대정장 52)

나. 논저

迦才撰, 『淨土論』(대정장 47)
曇鸞撰, 『無量壽經優波提舍願生偈』(대정장 40)
窺基撰, 『大乘法苑義林章』(대정장 45)
馬鳴造, 『大乘起信論』(대정장 32)
道綽撰, 『安樂集』(대정장 47)
普光述, 『俱舍論記』(대정장 41)
不空譯, 『菩提心論』(대정장 32)
婆藪槃豆造, 『無量壽經優波提舍願生偈』(대정장 26)
世親造, 『阿毘達磨俱舍論』(대정장 29)
善導集記, 『觀無量壽佛經疏』(대정장 37)
_____, 『往生禮讚』(대정장 47)
_____, 『法事讚』(대정장 47)
_____, 『觀念法門』(대정장 47)
_____, 『般舟讚』(대정장 47)
善道·道鏡共集, 『念佛鏡』(대정장 47)
勝肇作, 『肇論』(대정장 45)
阿闍梨記, 『大毘盧遮那成佛經疏』(대정장 39)
延壽撰, 『萬善同歸集』(대정장 48)
_____, 『宗鏡錄』(대정장 48)
龍樹造, 『大智度論』(대정장 25)
_____, 『中論』(대정장 30)

_____, 『十住毘婆沙論』(대정장 26)
元曉撰, 『彌勒上生經宗要』(대정장 37)
_____, 『佛說阿彌陀經疏』(대정장 37)
_____, 『兩卷無量壽經宗要』(대정장 37)
_____, 『金剛三昧經論』(대정장 34)
_____, 『發心修行章』(한불전 1)
_____, 『遊心安樂道』(대정장 47)
宗曉編, 『樂邦文類』「盧山白蓮社誓文」(대정장 47)
智者說, 『觀音義疏』(대정장 34)
_____, 『淨土十疑論』(대정장 47)
_____, 『佛說觀無量壽佛經疏』(대정장 37)
_____, 『妙法蓮華經玄義』(대정장 33)
諦觀錄, 『天台四敎儀』(대정장 46)
_____, 『華嚴經疏』(대정장 35)
天因撰, 『萬德山白蓮社第二代靜明國師後集』「彌陀讚偈」(한불전 6)
玄奘譯, 『成唯識論』(대정장 31)
_____, 『俱舍論』(대정장 29)
_____, 『阿毘達磨大毘婆沙論』(대정장 27)
_____, 『阿毘達磨法蘊足論』(대정장 26)
_____, 『大唐西域記』(대정장 51)
惠思撰, 『南嶽思大禪師立誓願文』(대정장 46)
慧遠撰, 『觀無量壽經義疏(末)』(대정장 37)

다. 저서

강동균, 『安心과 平安으로 가는 길』(석효경, 강동균 화갑기념논문집, 2007)
姜仁求 外 4인, 『譯註 삼국유사』 전5권(以會文化社, 2003)
高田修, 『佛像の起源』(東京 岩波書店, 昭和42)
교육원 불학연구소 편저, 『수행법 연구』(조계종출판사, 2005)
金剛秀友, 『密敎の哲學』(平等寺書店, 1972)
琴基昌, 『鄕歌文學에 있어서의 鄕歌論』(太學社, 1993)
鎌田茂雄著 鄭舜日譯, 『中國佛敎史』(경서원, 1996)

참고문헌

金東旭, 『韓國歌謠의 硏究』(乙酉文化社, 1961)
김문태, 『삼국유사의 詩歌와 敍事文脈硏究』(태학사, 1995)
金三龍, 『韓國彌勒信仰의 硏究』(동화출판사, 1983)
김상현, 『역사로 읽는 원효』(고려원, 1994)
_____, 『신라의 사상과 문화』(一志社, 1999)
金善祺, 『옛적노래의 새풀이』(보성문화사, 1998)
김성배, 『韓國佛敎歌謠의 硏究』(동국대 한국학연구소, 1973)
金承鎬, 『韓國佛典文學의 硏究』(民族社, 1992)
金承璨, 『향가문학론』(새문사, 1986)
金煐泰, 『佛敎思想史論』(민족사, 1992)
_____, 『韓國佛敎思想史正論』(경서원, 1997)
_____, 『韓國佛敎思想史』(경서원, 1997)
_____, 『韓國佛敎思想』(경서원, 1997)
_____, 『삼국시대불교신앙연구』(불광출판부, 1990)
金雲學, 『新羅佛敎文學硏究』(玄岩社, 1976)
김정주, 『신라향가연구』(조선대학교출판부, 2003)
김재천 옮김, 『존재론·시간론』(불교시대사, 1995)
金鍾雨, 『鄕歌文學硏究』(三友社, 1975)
김종규, 『향가문학연구』(景仁文化史, 2003)
金晋郁, 『향가문학론』(역락, 2005)
金泰坤, 『韓國民間信仰硏究』(집문당, 1983)
김태곤, 『韓國巫俗硏究』(集文堂, 1981)
김학성, 『한국고시가의 거시적 탐구』(집문당, 1997)
김희영, 『이야기중국사』2권(청아출판사, 2002)
나경수, 『향가의 해부』(민속원, 2004)
道鏡·善道 著, 李太元 譯, 『염불, 정토에 왕생하는 길(念佛鏡)』(운주사, 2003)
望月信亨 著, 李太元 譯, 『中國淨土敎理史』(운주사, 1997)
望月信亨, 『支那淨土敎理史』(東京 法藏館, 1942)
박노준, 『향가여요의 정서와 변용』(태학사, 2001)
박진태 외, 『삼국유사의 종합적 연구』(박이정, 2002)
柏本弘雄, 『대승기신론の연구』(東京:春秋社, 1981)

불광교학부, 『經典의 世界』(불광출판부, 1990)
佛敎史學會編, 『韓國彌陀淨土思想硏究』(민족사, 1988)
佛敎文化硏究會編, 『韓國彌勒思想硏究』(동국대학교출판부, 1987)
서윤길, 『한국밀교사상사』(운주사, 2006)
서영애, 『불교문학의 이해』(불교시대사, 2002)
신형식, 『韓國古代史의 新硏究』(一潮閣, 1986)
안계현, 『新羅淨土思想史硏究』(현음사, 1987)
_____, 『韓國佛敎思想史硏究』(동국대학교출판부, 1983)
元曉全書國譯刊行會編, 『元曉聖師全書』全6卷(寶蓮閣, 第一文化社, 1988)
윤영옥, 『韓國의 古詩歌』(文昌社, 1995)
尹以欽, 『韓國宗敎硏究』 卷6(集文堂, 2000)
은정희·송진현, 『원효의 금강삼매경론』(일지사, 2000)
李基白, 『新羅思想史硏究』(一潮閣, 1986)
이동철, 『한국용설화의 역사적 전개』(민속원, 2005)
이범교, 『삼국유사의 종합적 해석』(상하)(민족사, 2005)
이병도, 『三國史記』(상하)(을류문화사, 1983)
이병욱, 『고려시대의 불교사상』(혜안, 2002)
이은봉, 『한국고대종교사상』(집문당, 1999)
이재선, 『鄕歌의 理解』(삼성미술문화재단, 1979)
李智冠, 『한국불교계율전통』(가산불교문화연구원, 2005)
李太元, 『念佛의 源流와 展開史』(운주사, 1998)
_____, 『왕생론주 강설』(운주사, 2003)
_____, 『淨土의 本質과 敎學發展』(운주사, 2006)
인권환, 『韓國佛敎文學硏究』(고려대학교출판부, 1999)
林基中, 『고전시가의 실증적 연구』(동국대학교출판부, 1992)
_____, 『新羅歌謠와 記述物의 硏究』(이우출판사, 1981)
張德順, 『國文學通論』(박이정, 1995)
장지훈, 『한국고대미륵신앙연구』(집문당, 1997)
장휘옥, 『정토불교의 세계』(불교시대사, 1996)
조동일, 『한국문학통사』 전6권(지식산업사, 2005)
종석, 『밀교학개론』(운주사, 2000)

정상균, 『한국 고대 시문학사』(한국문화사, 2002)
정태혁, 『正統密敎』(경서원, 1983)
崔南善, 『삼국유사解題』(계명 18, 1927)
_____, 『新訂삼국유사』(民衆書館, 1941)
_____, 『增補 삼국유사』(民衆書館, 1946)
최철, 『향가의 문학적 연구』(새문사, 1983)
坪井俊映 著, 李太元 譯, 『淨土三部經槪說』(寶國寺, 1988)
_____, 韓普光 譯, 『淨土敎槪論』(如來藏, 2000)
韓國佛敎文學硏究所編, 『韓國佛敎文學硏究』(上下)(東國大學校出版部, 1988)
韓普光, 『信仰結社硏究』(如來藏, 2000)
_____, 『新羅淨土思想の 硏究』(大阪: 東方出版, 1991)
홍윤식, 『불교민속학의 세계』(집문당, 1996)
_____, 『淨土思想』(경서원, 1980)
華鏡古典文學硏究會編, 『說話文學關係 論著目錄(1893~1998)』(단대출판부 1999)
黃浿江, 『新羅佛敎說話硏究』(一志社, 1975)
_____, 『향가문학의 이론과 해석』(일지사, 2001)
黃浿江 外, 『鄕歌·古典小說關係 論著目錄(1890~1982)』(단대출판부, 1984)
히라카와 아키라 著, 이호근 譯, 『인도불교의 역사』 상권(민족사, 1989)

라. 논문

강혜선, 「求愛의 民謠로 본 서동요」(『한국고전시가작품론』 1, 集文堂, 2002)
金東旭, 「삼국유사 이야기와 時間認識의 세 樣相」(도남학보 7·8합집, 1985)
_____, 「新羅鄕歌의 佛敎文學的 考察」(『韓國歌謠의 硏究』 乙酉文化社, 1961)
金文經, 「三國·新羅時代의 佛敎信仰結社」(『史學志』 10, 단국대학교 사학회, 1976)
金三龍, 「彌勒信仰의 源流와 展開」(『韓國思想史學』 6, 韓國思想史學會, 1994)
金相鉉, 「삼국유사에 나타난 一然의 佛敎史觀」(『韓國史硏究』 20, 한국사 연구회, 1978)
金承璨, 「도솔가」(『향가연구』, 태학사, 1998)
_____, 「혜성가」(『鄕歌文學論』, 새문사, 1986)
金英美, 「統一新羅時代 阿彌陀信仰의 歷史的 性格」(『韓國史硏究』 50·51, 1985)
金煐泰, 「新羅佛敎의 現身成佛觀」(『新羅文化』 1·13, 1984)

_____, 「彌勒仙花考」(『佛敎學報』 3·4합집, 1966)
_____, 「韓國彌勒信仰의史的展開와 그 展望」(『彌勒思想의 現代的照明』, 법주사, 1990)
_____, 「新羅의 彌陀思想」(佛敎史學會編 『新羅彌陀淨土思想硏究』, 民族社, 1988)
_____, 「新羅의 彌陀思想-信仰史料를 中心으로-」(『佛敎學報』 12, 1975)
_____, 「新羅의 觀音思想-삼국유사를 中心으로-」(『佛敎學報』 13, 1976)
金烈圭, 「鄕歌의 文學的 硏究」(金承璨 編著, 『향가문학론』, 새문사, 1986)
金圓卿, 「鄕歌와 샤머니즘에 대한 考察」(南豊鉉 外 26인, 『鄕歌文學硏究』, 一志社, 1993)
金鍾雨, 「薯童謠 硏究」 金東旭 解說(『삼국유사의 문예적 硏究』, 새문사, 1982)
_____, 「慕竹旨郎歌의 性格考」(『韓國文學論叢』 1, 韓國文學會, 1978)
文明大, 「景德王代의 阿彌陀造像問題」(불교사학회 편, 『新羅彌陀淨土思想硏究』, 민족사, 1988)
사재동, 「'薯童謠'의 文學的 考察」(국어국문학회 편, 『향가연구』, 태학사, 1998)
成基玉, 「願往生歌의 生成背景 硏究」(『진단학보』 51호, 1981)
松本文三郎, 「彌勒淨土論」(東京: 內午出版社, 明治 44년)
신동하, 「新羅 五臺山信仰의 구조」(『人文科學硏究』, 1997)
辛種遠, 「新羅五臺山史蹟과 聖德王의 卽位背景」(『韓國史學論叢』, 탐구당, 1987)
尹光鳳, 「民俗劇과 佛敎-스님과장을 중심으로-」(홍윤식 외, 『불교민속학의 세계』, 집문당, 1996)
李英茂, 「元曉의 淨土思想-遊心安樂道를 중심으로-」(『學術誌』 24, 건국대학교, 學術硏究院, 1980)
李龍範, 「처용설화의 일고찰」(『大東文化硏究』 別輯 1(성균관대, 1972)
印權煥, 「新羅 觀音說話의 樣相과 意味」(『新羅文化』 6, 1989)
林基中, 「鄕歌의 呪術性」(南豊鉉 外 26인, 『鄕歌文學硏究』, 一志社, 1993)
赤沼智善, 「佛敎經典史論」(法藏館, 昭和 56년)
鄭炳三, 「인도와 한국의 관음신앙 비교연구」(『韓國學硏究』 6, 숙명여자대학교 한국학연구센터, 1996)
_____, 「統一新羅 觀音信仰」(『한국사론』 8, 서울대, 1982)
조동일, 「삼국유사 설화 연구사와 그 문제점」(『韓國史硏究』 38, 한국사 연구회, 1982)
종석(전동혁), 「밀교의 수용과 그것의 한국적 전개(2)」(『논문집』 4, 중앙승가대학,

1995)

_____, 「密敎思想の新羅的展開-華嚴密만다라思想-」(大正大學大學院 研究紀要, 1987)

崔聖鎬, 「遇賊歌」(金承璨 편저, 『鄕歌文學論』, 새문사, 1986)

蔡印幻, 「新羅佛敎戒律思想硏究」(東京: 國書刊行會, 昭和 52년)

韓泰植(普光), 「來迎院本 遊心安樂道의 資料的 考察」(『佛敎學報』27, 東國大學校佛敎文化硏究院, 1990)

香川孝雄, 「四弘誓願の源流」(『印佛硏究』 38-1號)

洪承基, 「觀音信仰과 新羅社會」(『湖南文化硏究』 8, 전남대 호남문화연구소, 1976)

홍윤식, 「불교민속학의 과제와전망」(『불교민속학의 세계』, 집문당, 1996)

_____, 「新羅華嚴思想의 社會的 展開와 만다라」(『韓國史學論叢』 20, 1983)

玄容駿, 「月明師 兜率歌 背景說話考」(韓國言語文學會, 『韓國言語文學』 10, 1973)

_____, 「兜率歌考」(金烈圭·申東旭 編著, 『삼국유사의 文藝的 硏究』, 새문사, 1982)

찾아보기

【ㄱ】

가재迦才 82, 194
견불見佛 242
견불삼매見佛三昧 28, 243
결사結社 237
『고승전高僧傳』 229
『과도인도경』 177
과위果位 198
『관경소觀經疏』 77, 83, 126, 251
관기觀機 248
『관념법문』 52, 56, 75
관념염불 77
「관동풍악발연수석기」 230
『관무량수경』 50, 53, 64, 204, 209
『관무량수경의소觀無量壽經義疏』 82
『관무량수불경소』 45, 82, 100
관불삼매 77, 84
『관불삼매해경』 31
관세음보살 134
「관세음보살보문품」 134
『관정경』 144
관찰문觀察門 214
광덕廣德 16, 68
『구력가라용왕의궤俱力迦羅龍王儀軌』 22

『구사론』 65
『구사론기』 210
구품왕생 50
극락세계 106
극락정토사상 266
금강계만다라 272
『금강삼매경론』 141
기행起行 204
김인문金仁問 159

【ㄴ】

나요羅謠 156
「낙산 이대성 관음·정취·조신」 131
난행문 30
「남백월 이성 노힐부득 달달박박」 109, 153
남악혜사南岳慧思 43
「남월산 감산사南月山甘山寺」 38, 160
내지십념乃至十念 52, 57, 250
노힐부득 16, 110, 115, 133, 135

【ㄷ】

다라니 143

『단경』 121
달달박박 16, 110, 115, 133, 135
담란曇鸞 30, 196, 217
『대반열반경』 60
『대보적경』 231
대비원력大悲願力 135
『대승기신론』 26
『대아미타경』 40, 188
『대지도론』 140
대현大賢 132
도성道成 248
「도솔가」 17, 18, 137, 143, 144, 147, 149, 152, 223, 233
도솔천 87, 106
도솔천 상생 137
도솔천 상생인上生因 88
도안道安 229
도작道綽 51
「도천수관음가禱千手觀音歌」 246

【ㅁ】
마명馬鳴 26
『만선동귀집』 120
만일염불결사萬日念佛結社 18, 237, 247
말법관 31, 46
말법사상 43
『묘길상평등비밀최상관문대교왕경』 270
『묘법연화경』 165, 173

무량광불無量光佛 97
『무량수경無量壽經』 37, 39, 50, 66, 96, 188, 189, 212
『무량수경수문강록無量壽經隨聞講錄』 203
『무량수경우바제사원생게無量壽經優波提舍願生偈』 214
『무량수경종요無量壽經宗要』 19, 53, 108, 150, 186
무량수불無量壽佛 97
『무량청정평등각경』 176, 179
무상게無常偈 60
무상·고·무아 60
『무소유보살경』 175
무여열반無餘涅槃 63
무연대비 210
무연자비無緣慈悲 209
「무장사 미타전」 160
문명聞名 24, 28
문무왕 159
『문수발원경』 101
「문호왕(문무왕) 법민」 159
「물불천론」 235
미륵·미타의 우위설 103
『미륵발문경』 53
『미륵보살본원경』 115
『미륵삼부경彌勒三部經』 19, 87, 224
『미륵상생경彌勒上生經』 87
『미륵상생경종요彌勒上生經宗要』 19,

228
미륵선화 130
「미륵선화 미시랑과 진자사」 94, 130
미륵정토신앙 87
미륵정토 왕생 107
『미륵하생경』 88, 91
『미륵하생성불경』 145
미륵하생신앙 91
『미타삼부경彌陀三部經』 19
미타염불결사 257
미타정토신앙 95
미타정토 왕생 107
「미타찬게」 266

【ㅂ】
반주삼매般舟三昧 28
『반주삼매경般舟三昧經』 25, 242
『반주찬』 75
『발심수행장』 74
발원發願 192
발원심 18
백련결사白蓮結社 238, 255
범신론적汎神論的 정토설 12
범입보토론凡入報土論 127
『법사찬法事讚』 35, 65, 196, 218
법연자비法緣慈悲 209
「법왕금살法王禁殺」 90
법운法雲 199
『법원주림』 193

법화사상 266
『법화의기』 199
『법화현의』 123
변성남자성불설變成男子成佛說 168, 172, 182
별상別相 51
별원別願 199, 201
병립왕생竝立往生 16, 113, 116, 136
보리심菩提心 36, 73
『보리심론』 271
보문시현普門示現 135
『보살영락본업경』 200
보천寶川 260
본원本願 17, 95, 198
본원사상 98
『불설수마제보살경』 178, 181
『불설아미타경소佛說阿彌陀經疏』 19
『불설옥야녀경』 168
『불설초일명삼매경』 165, 174
불연국토설佛緣國土說 13, 116
『불조통기』 29
불퇴전不退轉 73

【ㅅ】
『사문불경왕자론沙門不敬王者論』 276, 278, 279
48대원大願 97, 201
사홍서원 199
산선散善 45, 78

산선 구품 102
산선 구품관 78, 81
산선散善 3관 78
산화가 138, 144, 147, 149, 223
산화락散花落 146
삼계교三階教 44
『삼국유사三國遺事』 12, 130, 191
삼배三輩 73
『삼보감응요략록三寶感應要略錄』 22
삼심三心 204
상배자 73
『상생경』 89, 224, 227
상적광토설常寂光土 119, 123
상품상생 79
상품중생 79
상품하생 79
「생의사 석미륵」 131
『석문의범』 196
『석선바라밀차제법문』 200
『석정토군의론』 122
「선덕왕 지기삼사」 270
선도善導 30, 52, 65, 100, 127, 195, 204, 251
성범成梵 248
세친 186
소대작법燒臺作法 196
『수능엄경』 134
수명무량원壽命無量願 97
수상관水想觀 64

수자의설隨自意說 78
수정사水精社 257, 275
수타의설隨他意說 78
승조僧肇 234
『신수왕생전』 75
신信·원願·행行 32
신앙결사 237
신출가身出家 70
신행信行 44
심성본정설心性本淨說 119
심성정토설心性淨土說 119
심심深心 79, 204
심정토心淨土 124
심출가心出家 70
십념十念 81
십념상속十念相續 51, 52, 57
십성十聲 52
16관 69, 77
『십주비바사론』 24, 28

【ㅇ】
『아미타경』 34, 95, 249
『아미타경소』 36, 97, 250
아미타불 134
『아비달마법온족론』 71
아유월치 108
『안락집』 44, 52
「안민가安民歌」 246
안심安心 204

『약론안락정토의略論安樂淨土義』 217
억념염불 52
엄장嚴壯 16, 68
여산혜원廬山慧遠 28, 238
여인득도장애설女人得道障碍說 17, 163
여인성불 17
여인성불설 178
여인오장설女人五障說 163, 172, 174
여인왕생 17, 163
여인왕생설 179
여인왕생원 180, 189
염불결사念佛結社 34, 237
『염불경』 205, 220
「염불사念佛師」 58, 277
염불삼매 24, 31, 77, 84
『염불삼매시집서』 242
염불왕생원念佛往生願 39, 50, 57, 189, 201, 203
영명연수永明延壽 119
영장정토설靈場淨土說 12
예배문禮拜門 214
오념문五念門 214
오대산 신앙 259, 273
오대산 신앙결사 268
「오대산 오만진신」 18, 257, 258
「오대산 월정사 오류성중」 254
오방불 271, 273
오방오불五方五佛 271
오방오색설五方五色說 271

『왕생론』 184, 186, 214
『왕생론주往生論註』 30, 51, 217
왕생발원심往生發願心 17
『왕생예찬』 30, 204, 218
왕생인往生因 22, 194
왕생행도往生行道 19, 26
요말澆末 43
요세了世 266
용수龍樹 24, 234
용장사 132
용화삼회龍華三會 89
용화세계龍華世界 92
욱면 33, 48, 183, 247
욱면 설화 17
욱면비 설화 189
「욱면비 염불서승」 16, 32, 183
「원왕생가」 17, 191, 195, 206
원효元曉 53, 131, 186, 228, 250
월명사月明師 18, 38, 137, 147, 207
『유마경維摩經』 70, 119
유마힐 거사 70
유식소변설唯識所變說 119, 122
유심설唯心說 119
『유심안락도遊心安樂道』 16, 42, 103, 108
유심정토관唯心淨土觀 119, 136
유심정토설唯心淨土說 12, 119, 124
유여열반有餘涅槃 63
육념六念 79

육조혜능六祖慧能 119, 121
은밀의隱密義 십념 53, 57
음양오행설 271
의산義山 203
의상대사 131
이세보살利世菩薩 135
이일병현二日竝現 148
이행도易行道 296
이행문 30
인위因位 198
일경이종一經二宗 78
일생보처 117
『입서원문立誓願文』 44

【ㅈ】
자성미타관自性彌陀觀 122
자성청정불성관自性淸淨佛性觀 126
자장율사 254
작업作業 204
작원문作願門 214
『잡아함경』 62
쟁관법錚灌法 69, 76, 85
『정법념처경』 252
정법正法·상법像法·말법末法 91
정선定善 45, 78
정선 13관 78
정영사 혜원 82
정인正因 36, 205
『정토론淨土論』 82, 194

『정토삼부경』 34
『정토십의론』 184
정토염불결사 274
「제망매가」 17, 38, 152, 153, 156, 161, 207, 222
조신 설화 131
제18원 39, 50, 52, 189
조인助因 36
『종경록宗鏡錄』 100
종말론 46
죽지랑 130
『중론』 234
중배자 73
중생연자비衆生緣慈悲 209
『중아함경』 164
중품상생 79
중품중생 80
중품하생 80
즉신성불卽身成佛 124
증상연增上緣 56
『증일아함경』 164
지겸支謙 40, 188
지방입상指方立相 126, 128
지성심至誠心 79, 204, 206
『지장보살본원경』 158
진언밀교 143
진여실상眞如實相 124
진표율사眞表律師 230
「진표전간」 230

【ㅊ】

「찬기파랑가讚耆婆郞歌」 246
『찬아미타불게讚阿彌陀佛偈』 196, 217
찬탄문讚歎門 214
참회발원 220
참회염불 219
천인天因 266
『천태사교의』 200
천태지의天台智顗 119, 123, 126, 128
천태지자 184
총상總相 51
총원總願 199
『출삼장기집전』 216, 238
충담사 246
칭명稱名 24
칭명염불 30, 50, 52, 55, 77

【ㅋ】

카스트 제도 169

【ㅌ】

타력본원설 217
타방정토설他方淨土說 12, 122, 136
「포천산 오비구」 16, 48, 276
피은避隱 278

【ㅎ】

하배자 74
『하생경』 92
하생신앙 94
하품상생 80
하품중생 80
하품하생 81
『해동고승전海東高僧傳』 143
현료의顯了義 십념 53, 54, 57
현신성불 76, 109, 116, 129, 136
현신성불관 124
현신왕생現身往生 15, 21, 31, 48, 76, 129
현실정토 291
「현유가 해화엄」 132
협시보살 134
「혜원법사전」 216, 240
화랑제도 288
화엄결사 261
『화엄경』 99, 259
『화엄경탐현기』 198
화엄사상 274
회감懷感 119, 122
회향문廻向門 214
회향발원심廻向發願心 79, 204, 206
효명孝明 260
「효소왕대 죽지랑」 130

●**현송(南泰淳)**

1957년 강원도 화천에서 태어났다. 중앙승가대학교를 졸업하고, 동 대학에서 석사 및 박사학위를 취득하였다.

현재 한국정토학회 이사, 현대불교문인협회 이사, 중앙승가대학교 외래교수로 있다.

주요 논문으로 「선도의 염불관에 대한 연구」, 「향가에 나타난 미륵신앙 연구」, 「정토경전의 왕생사상과 향가에 나타난 미타신앙 연구」 등이 있으며, 저서로 『유랑별』(시집), 『겨울나무』(시집), 『십선도』(포교서)가 있다.

한국 고대 정토신앙 연구

초판 1쇄 인쇄 2013년 2월 20일 | **초판 1쇄 발행** 2013년 2월 28일
지은이 현송 | 펴낸이 김시열
펴낸곳 도서출판 운주사

(136-034) 서울 성북구 동소문동 4가 270번지 성심빌딩 3층
전화 (02) 926-8361 | 팩스 0505-115-8361

ISBN 978-89-5746-337-6　93220　　값 17,000원
http://cafe.daum.net/unjubooks 〈다음카페: 도서출판 운주사〉